献给 Michal avec amour

美国少年司法

AMERICAN JUVENILE JUSTICE

［美］富兰克林·E. 齐姆林　著
高维俭　译

中国人民公安大学出版社
·北　京·

图书在版编目（CIP）数据

美国少年司法/［美］富兰克林·E. 齐姆林著；高维俭译．—北京：中国人民公安大学出版社，2010.10

书名原文：American Juvenile Justice

ISBN 978-7-5653-0176-6

Ⅰ．①美…　Ⅱ．①齐…②高…　Ⅲ．①青少年犯罪—司法制度—研究—美国　Ⅳ．①D971.26

中国版本图书馆 CIP 数据核字（2010）第 168334 号

著作权登记号　图字：01-2010-4978

美国少年司法

MEIGUO SHAONIAN SIFA

［美］富兰克林·E. 齐姆林　著

高维俭　译

出版发行：中国人民公安大学出版社
地　　址：北京市西城区木樨地南里
邮政编码：100038
经　　销：新华书店
印　　刷：北京蓝空印刷厂

版　　次：2010 年 10 月第 1 版
印　　次：2010 年 10 月第 1 次
印　　张：10.25
开　　本：880 毫米×1230 毫米　1/32
字　　数：266 千字
印　　数：1～3000 册

书　　号：ISBN 978-7-5653-0176-6
定　　价：35.00 元

网　　址：www.cppsup.com.cn　www.porclub.com.cn
电子邮箱：zbs@cppsup.com　zbs@cppsu.edu.cn

营销中心电话：（010）83903254
读者服务部电话（门市）：（010）83903257
警官读者俱乐部电话（网购、邮购）：（010）83903253
教材分社电话：（010）83903259
公安图书分社电话：（010）83905672
法律图书分社电话：（010）83905745
公安文艺分社电话：（010）83903973
杂志分社电话：（010）83903239
电子音像与数字出版分社电话：（010）83905727

《美国少年司法》中文版序

（中国人民公安大学出版社2010年版）

在任何历史时期，本书得以传至中国，都是一种荣耀。而当前，青春期少年的发展和从儿童期向成人期的转型变化迅速，并形成了对法律与社会政策的挑战——在如此的一个时期中，本书能够在中国面世，更是一件特别的乐事。在中国，尤其是都市地区，经济的发展和教育的激增拉长了从儿童期向充分成年期转型的时间段。尽管中国青春期少年发展的风格和风险有异于西方的相关经验，但为应对半自治状态的少年而在21世纪的中国创建相关法律机构及理论学说的战略问题，其难度及重要意义并不亚于在当今世界的其他任何地方。

社会结构从传统向现代的转型意味着社会和教育的变化。在21世纪的中国，儿童不再按照其父母的模式发展成长，而这就要求有家庭之外的社会和法律控制措施。同时，对少年越轨行为加诸刑事惩罚不仅无效，而且不公正。其之所以无效，乃是因为许多少年违法犯罪是在正常的成熟化进程中得以解决的——少年犯罪的最佳治疗方法即成长！其之所以不公正，乃是因为成长是从不可避免的错误中习得的进程。

本书第一部分所描述的青春期发展进程和第二部分所探讨的基础原则适用于现代中国的社会生活状态，而本书第五部分中所讨论的诸多具体问题不太可能类同于中国的情形。手枪的使用不太可能扩散于上海的少年中；少女怀孕问题也不易于在北京成为一种流行。然而，尽管特定问题不同，这些问题的共通原则是可供现代中国制定针对少年违法犯罪的政策使用的。

尽管应对少年违法犯罪者的问题复杂而艰难，现代少年法院法官和服务人员的士气远远高于刑事司法体系中的惩罚措施使用的节制，使得少年司法工作者感觉到：他们是在救助少年。因而，少年法院是大多数西方发达国家控制犯罪法律体系中充满希望的一个部分，而这充满的希望是少年司法的天才智慧。

富兰克林·E. 齐姆林
加州伯克利
2009 年 3 月

Preface to the Chinese edition of American Juvenile Justice, Chinese People's Public Security University 2010

The prospect of this book coming to China would be an honor in any era, but it is a particular pleasure to see these essays become available during a period when adolescent development and the transition from childhood to adulthood are changing quickly and challenging legal and social planning. Economic development and the radical expansion of education have lengthened the period of transition from childhood to full adulthood in the P. R. C. , especially in urban areas. While the strains and risks of adolescent development will differ in the P. R. C. from Western experience, the strategic problem of creating legal institutions and doctrines to cope with semi – autonomous youth is as difficult (and as important) in 21st century China as anywhere else in the modern world.

The transition from traditional to modern social structures means social and educational mobility. In the P. R. C. of the 21st century, children will not grow up to be "just like their parents" and this will require social and legal controls outside familial settings. At the same time, it is both inefficient and unfair to bring the full force of criminal punishment down on adolescent misbehavior. Inefficient because much adolescent offending is resolved in the process of normal maturity – the best known cure for youth crime is growing up! Unfair because part of the process of growing up is learning from inevitable mistakes.

While the process of adolescent development described in Part I of this book, and the basic principles as developed in Part II have parallels in modern Chinese life, many of the specific problems discussed in Part IV of the volume are not likely to be reproduced. Handgun use is not likely to proliferate among teenagers in Shanghai, nor is teen pregnancy apt to become an epidemic in Beijing. Yet the principles employed to sort through these problems can be of use in developing policy for adolescent offenses in modern China even when the particular problems are different.

While the problems of coping with juvenile offenders are complex and difficult, the morale of judges and service workers in modern juvenile courts is very much higher than in the criminal justice system. The restraint in use of punishment allows those who work with young offenders to see themselves as helping. So juvenile courts are the hopeful part of the legal system that controls offending in most Western developed nations, and that hopefulness is the genius of juvenile justice.

Franklin E. Zimring
Berkeley, CA
March 2009

译者序

尽管本译著已经有了原著作者的中文版序、本书简介以及封底的宣传推介，但关于本书，作为中国相关领域的一个学者、本书的译者以及本书的第一个深入、细致的中国研读者，我还有些话要说。我要说的话大致分为两个方面。

第一方面是关于本书的特点。在翻译过程当中，译者大体总结本书的诸多特点如下：

1．原理性。本书以青春期的社会变迁为切入口，锁定了少年司法所针对的核心社会事实——作为人生成长特殊风险时期的青春期。继而，本书作者将潜藏于此社会事实背后的核心矛盾问题定格于“践习许可期”的理念，即少年的社会成熟化过程必经此时期，期间，犯错误是不可避免的，也正是通过错误的教训，少年方能习得社会所期待的身心成熟，并成长为社会的有益公民。至于犯错误的大小，往往是一种社会际遇问题。由此，我们无论如何也应当为犯错误的或偏离社会化正常轨道的越轨少年（juvenile delinquents）保全其正常社会化发展的机会——正常成长是少年违法犯罪的最佳疗法。有鉴于此，并鉴于少年“矫治康复”理想的妄自尊大，本书作者认为，少年司法的总体思路应当定位于“转处”，即从传统刑事司法体系中“转出”，由少年司法体系本着“最少伤害”和保全发展机会原则来予以“处理”的理念。本书还探讨了少年司法中的两个重大的基本原理问题，即个体差异问题和刑罚均衡问题。

2. 贯通性。本书并不止步于对少年司法基本原理的探讨和确立，而是在此基础上，将上述的基本原理系统地贯通于本书问题研究探讨的始终，并从而使得相关问题的论说雄辩有力、令人信服，也同时使得本书的脉络一气呵成。如果将本书比作一棵树的话，那么，前两部分的基本原理建构就好比这棵树的根与本，后两部分就好比这棵树的枝和叶——浑然一体，匀称有秩，枝繁叶茂。而如果将本书比作一部乐章，那么，上述的基本原理就是该乐章的主旋律。

3. 精深性。本书对相关问题的探讨并非浅尝辄止，而是精细而深透的。其精深性不仅体现在其对基本原理问题的发掘和系统深入的贯通，还同时体现在其对具体细节问题的条分缕析、层层深入、探幽发微。前者如对“践习许可”和“转处”之“最少伤害”和“保全发展”理念的发掘和贯通；后者如对少年减轻责任、少年犯罪结伙性、少年死刑宪法案例的精细而深透的分析。

4. 政策性。本书并非通常意义上的对美国少年司法制度的罗列、介绍与评论，而是带有显著的政策性，即本书的论说可以被视为围绕少年司法政策的主题来展开的。本书第一部分可以被视为少年司法政策的社会事实基础；第二部分可以被视为少年司法政策的基本原理；第三部分可以被视为关于少年犯的作为少年司法政策科学决策依据的一些显著事实及重要规律；而第四部分即关于现代美国少年司法政策的一些重大、热点和前沿问题的探讨。

5. 思想性。本书凝结了作者对少年司法的深层次的重大规律问题的长期思想成果。其思想性不仅体现在作者对具体细节问题的深入而独到的见解和作者对关于少年司法的具有贯通性的基本原理的发掘和建构，还体现在作者对全书的系统谋篇以及对相关基本原理和重大事实规律的系统贯通。本书反映了作者对美国少年司法乃至整个少年司法理论问题认识和把握上的系统化、成熟化。而一个学科理论的系统成熟化必定要以理论者的思想的成熟性为支撑。也正是本书的思想性，才使得其中的理论观点具有启迪性和说服力。

6. 前沿性。本书的前沿性是非常显著的。一方面，本书所建构的基本原理和所探讨的重大事实规律皆为目前少年司法制度运作所面临的进退维谷困境所亟待解决的根本、重大问题，具有重大的理论前沿性。另一方面，本书所探讨的现代少年司法的具体政策问题，其前沿性不言而喻。其中大致可分两类：其一，论者颇多但仍脉络不清、悬而未决的热点性前沿问题，如少女怀孕问题、放弃管辖问题、少数民族比例过大问题和少年枪支政策问题；其二，论者较少但矛盾问题突出、亟待解决的开拓性前沿问题，如少年杀人犯的司法问题。

7. 实证性。本书共计有 30 多个数据图表和诸多的实际判例，以及大量的基于有关数据和判例的实证分析。本书中的诸多重要观点都是有实证分析予以支撑的，其说服力也因此而更强。同时，原作者对实证方法的运用是非常娴熟而精到的，其中的诸多实证分析例堪称典范。

译者认为，本书除了可以成为少年司法研究的经典著作和少年司法培训的经典教材，还可以作为刑事政策学、刑事法学实证研究以及犯罪学方面的经典著作和教学典范。

在本书的翻译过程当中，译者进一步地感受到了我国少年司法理论的相对匮乏以及相关学科建设的滞后。译者的这种感受是由来已久的。于是，本译者序的第二方面乃是关于译者与少年司法的机缘和感受的。译者将其大体分为四个阶段：

1. 学习入门、初步研究阶段。

早在十几年前，译者承蒙恩师徐建先生在相关领域的传道、授业和解惑，得以步入少年司法理论殿堂之门，并以《中美少年刑事司法制度比较研究》为硕士论文并获得学位。回顾起来，该论文的写作是在资料相当匮乏的情况下完成的，算是相当不易的，同时也是比较粗浅的。但从其对译者之后的相关学术研究基础的奠定角度而言，其意义是重大的。

2. 实践参与、理论拓展阶段。

1998～2001年，在上海法院系统工作的三年时间中，译者进一步深入相关领域的实践探索和理论研究，收获颇多，但理论的相对匮乏感和学科建设的滞后感却在增加。应该说，上海一直是中国少年司法理论与实践的领先地区。

2001年，译者有幸考取北京大学法学院的刑法学博士研究生，并在恩师储槐植先生“刑事一体化”思想的引领下，对整个刑事学科的发展、刑事政策学以及刑事被害问题有了比较系统深入的研究和思考，并从而全面奠定和充实了译者在刑事学科学术研究的功底。与此同时，译者对少年司法的问题也有了一番认识境界上的提升，即从整个刑事学科发展的宏观视野来看待少年司法的问题。

少年司法是整个刑事学科体系中具有战略意义的领域，在中国，这更是一块亟待全面发展、深入开发的“人烟稀少”的沃土。从刑事一体化论或刑事学科系统论的视野来看，少年司法的意义不仅仅局限于其本身，其对刑法的社会化、理性化有着不可小视的意义，大至行刑社会化及社区矫正、恢复性司法等刑事法律理念，小至暂缓起诉等具体制度，皆与少年司法理念有着密切的渊源关系或内在关联。其战略意义非凡。但与西方法治发达国家少年司法著述丰厚、专家云集、课程广为设置、专门的少年法院（或家事法院）普遍设立的状况相比较而言，我国少年司法领域“人烟稀少”——专门的研究著作寥寥无几，专门的研究人员屈指可数，全国各大法学院校没有专门的课程或专业设置（除华东政法大学外），没有专门独立建制的少年法院（虽有少年刑事审判庭的广泛设置，但离少年司法所要求的专业化、社会化还相去甚远，且基本上没有系统的专业培训……）。然而，我国的少年违法犯罪问题绝不亚于任何一个国家，且全国上下无不关注于此，是为中国少年司法可以根植的“沃土”。对此，相关学者，乃至整个法学界，责无旁贷。

3．翻译著作、深入实践阶段——现在阶段。

要推进中国少年司法的发展，首先可以考虑的是，系统地介绍西方法治发达国家少年司法的上百年的理论和实践经验。就在译者于2004年来西南政法大学任教、正式开始学者生涯之后不久，译者有幸结识了原芝加哥大学、现在加州大学伯克利分校的富兰克林·E. 齐姆林教授（也就是本书的原作者）。是他向我推介了相关的著述，为我拓宽了西方法治发达国家少年司法的视野，让我进一步领略到了相关仁人志士的勇气、智慧和毅力，以及蔚为壮观的理论成果和实践成就，当然也包括少年司法所共通的困惑与问题。

于是，我翻译了《少年司法的一个世纪》（商务印书馆2008年版）——这是一部全面回顾少年司法诞生一个世纪以来西方发达国家的理论与实践的综合性著作。这部译著的面世，业已引起了学界和实务界较大的积极反响。而作为世界少年司法领域“领头羊”的美国少年司法制度与理念，在《少年司法的一个世纪》中的论说，尚不够详尽、深入和系统。本书——齐姆林教授集数十年功力的最新力作《美国少年司法》，基于其上述的特点，满足了进一步深入介绍西方法治发达国家少年司法的需要。至此，如果还加上一本细致、系统、全面介绍美国少年司法制度的具体规程及判例资料的专门著作，译者所设想的为推进中国少年司法发展的对西方法治发达国家少年司法的系统介绍工作就可初步完成。所幸的是，齐姆林教授已经向我推介了一本。我将令其尽早在中国面世。

与此同时，我于2006年开始在重庆市渝北区人民检察院挂职锻炼，至今也快三年时间了。其间，为配合该区全国文明城区的建设工作以及城乡统筹的社会发展战略，我向有关部门和领导多次建议少年司法制度的系统建构，并策划了初步的系统行动方案，并联合有关部门成功申报了重庆市哲学社科项目《城乡统筹视野中的少年司法体系建构》。目前，这一工作得到了有关部门及领导的积极支持，并正在积极地开展实施过程当中。我期待这项工作能够卓有成效，并拟将相关的探索经验系统地总结深化，供全国相关领域的学者和实务工作者参考借鉴，并与世界范围内的少年司法界交流。另外，译者还成功地申请到了重庆市的“优秀人才支持计划项目”——“少年司法与少年法院”，并拟就此研究推进我国少年司法专门机构——少年法院的建立。少年法院的建立应当是少年司法发展步入正轨的一个基本标志。就我国的实际情况而言，系统的理论建构、必要的实证研究和专业的人员培训恐怕是当务之急。

4. 赴美访学、系统建构阶段——将来阶段。

有志事成，天遂人愿。译者于2009年又以《中美少年司法制度比较研究》为题成功地申请到了中美富布赖特访问学者项目，拟从2009年10月至2010年10月赴加州大学伯克利分校做访问学者。译者期待以跨国的视野来全面深入地研究少年司法的理论，并拟借此为全面推进我国少年司法的发展，在理论建构、学科建设、人员培训和实践探索等方面尽绵薄、应有之力。

应当看到的是，中国少年司法全面、长足发展的“天时”已至。社会发展的领域中，人心即天。种种迹象表明：在中国，全面、理性、科学、系统地应对少年违法犯罪问题，无论是在高层，还是在基层，已成广泛共识，亟待理论的支撑和实践的探索、开创。译者的上述学术机缘和志愿遂成，可以被视为“天时”（人心）已至的一种有力印证。同时，少年司法的改革与发展，也是我国司法改革领域内的体制障碍最小的、可期待的成就最大的一个改革领域，且其对司法制度和法学理念的潜在的积极影响效应也是不可小视的。

是为序。

高维俭
2009 年春
于重庆市水木青华寓所

致 谢

计划分期完成一本书的写作，不仅需要好运气，还需要不同机构及个人的支持。对本书写作支持的主要机构首先来自于约翰·D. 和凯瑟琳·T. 麦克阿瑟基金会（John D. and Catherine T. Mac－Arthur Foundation），然后来自于该基金会创建的少年发展和少年司法研究网（the Research Network on Adolescent Development and Juvenile Justice）。来自于该基金会的资助金助我完成了少年暴力和少年法院历史方面的研究工作，构成了本书四个篇章的内容。该研究网委任我完成了另外三个篇章，即转送刑事法院管辖、少年犯之刑罚均衡以及少年司法中的少数民族比例过大。此三个篇章支撑了本书沟通法律理论和政策细节分析之间的割裂的意图。麦克阿瑟基金会的劳里·伽杜克（Laurie Garduque）促成了该基金会对本书工作的支持。该研究网的负责人劳伦斯·斯滕博格（Laurence Steinberg）策划了本书的汇编集成部分，助推了相关政策方面的论文。哥伦比亚大学的杰弗里·费根（Jeffery Fagan）合著了第七章，并帮助塑成了我近期关于少年暴力的主要研究成果。

牛津大学出版社的德迪·弗尔曼（Dedi Felman）对本项目予以了鼓励，并提出了诸多的编辑建议，促成了本书的平实风格，避免了多音节、晦涩语词的错误学术风格。

牛津大学出版社对第八章、第十二章和第十三章的再版予以了许可；西北大学《刑法与犯罪学杂志》（the Journal of Criminal

Law and Criminology）特别许可了第六章的再版；鹿特格斯大学出版社（Rutgers University Press）许可了第九章的再版——该章初版于《20 世纪 90 年代之早期亲子关系与成长》（Early Parenthood and Coming of Age in the 1990s）（玛格丽特·罗森海姆和马克·特斯塔主编，1992 年版）；以及芝加哥大学出版社许可了第四章、第五章和第十章的再版——这些篇章分别为芝加哥大学 2000 年和 2002 年之版权所有。

熟知我无序生活方式的人知道，此类工作的组织整理受恩于他人。加州大学欧文分校（the University of California，Irvine）的戴安妮·克里斯钦森（Dianne Christianson）助力于发起相关工作；沃伦伯爵法律学院（Earl Warren Legal Institute at Boalt Hall）的托尼·门迪西诺（Toni Mendicino）承担了本项目原稿的整理工作；杰米·珀普尔（Jamie Popper）和朱迪思·冉铎（Judith Randle）承担了本项目最后阶段的助理工作。这些年来，在这项工作开展的过程中，我欠下了米歇尔·克劳福德·齐姆林（Michal Crawford Zimring）我最大的一笔个人债务。

富兰克林·E. 齐姆林

目　录

本书简介

21 世纪的少年法院呈现着一种令人困惑的反差：即一方面少年司法机构在全美乃至全世界被广泛设立；另一方面，关于其独特功能的广为接受的正当化理论却是缺乏的。这种发明于 1899 年伊利诺伊州的美国理念所获得的广泛接受程度，甚于其他任何英美法系的制度创新。如今的少年法院遍布世界，而作为基础范本的美国模式为发达国家和发展中国家的众多法律体系所竞相效仿。

但是，自美国联邦最高法院于 1967 年作出其关于高尔特案件（In re Gault）的裁定以来，这种最为成功的美国法律创制一直缺乏一套正规的法学理论。近 40 年前的高尔特判例所抛弃的原初的政府福利和儿童期依赖性（childhood dependence）理论，如今仍未获得任何基本法律原则之实体框架的恢复。就我的整个职业生涯而言，少年司法对少年越轨的管辖一直是一种寻求相关理论的实践，一种对理论家们和实践者们的挑战，即为少年法院提供一套完善的法律理论，并将该理论不断应用于应对现代少年司法实践中涌现出来的纷繁的政策问题。为少年违法犯罪者设立一个单独的法院，其根本理由何在？如何根据这些原则创制关于少女怀孕、移送刑事法院管辖、未成年人获取枪支以及 16 岁杀人者之刑罚适用等问题的政策？

一段时期以来，我一直计划着分期写作一本关于美国少年司法原则与实践之间关系的著作。而近 10 年来所写就的一簇分别论题的文章转而形成了一个更大的项目——一本关于一个单独少年司法体系之理论基础的论著。该书即此！

本书包含着四个紧密相关的论题。

主要论题之一，即在美国，作为一个特别的法律及社会现象的青春期的出现。我们关于少年司法的一切争论皆为旨在解决青春期发展之特殊问题的法律政策的结果。该书本部分的三篇短文即关于：作为一个法律概念和一个人生发展阶段的青春期。

主要论题之二，即少年法院针对违法少年的一般法律政策，以及美国少年法院之少年越轨法学理论。第二部分所包含的两篇文章试图勾勒针对少年越轨者的法律理念和优先政策。本部分是作者关于美国少年司法的核心理论。

主要论题之三，即现代少年犯罪的实证现状。第六章揭示了团伙在少年犯罪中的显著重要性。第七章（与杰弗里·费根合著）描绘了针对各种不同犯罪的少年和成年人的羁押率的升降。第八章揭示了预测少年犯罪规律的人口统计学方法的应用和滥用。

主要论题之四，即通过创制政策分析策略来抉择适当的法律规则。本书第四部分汇集了各种不同问题的政策要旨，诸如将少年移送刑事法院管辖、少女怀孕、少年之枪支持有与使用的法律政策、少年杀人犯的刑罚适用，以及少年司法中少数民族比例过大之弊害的矫正等。本部分的篇章将本书前些部分的一般理念和数据统计知识应用于不同类型的政策抉择中。

将所有这些论文辑成一体，其意图有三：其一，意图展示作为少年司法政策评价方法的有着实证信息支撑的法律理论的优点。其二，本辑册可被用作少年司法的法律理论课程教材，而目前这方面的教材通常缺乏相应的法律理论内容的支撑。其三，通过对这些论文的研究积淀促成少年司法之系统化理论，或至少作为我个人为接近此目标的思索。

第一部分
青春期：社会事实与法律理论 p3

在英美法历史中，将人们的法律身份径直划分为儿童和成人，并在成年期之前保留法律自决权之认可，在某种意义上，或许是有道理的。但在20世纪中，这段时期被长久地删抹而去。为何现代法律制度必须在未成年人远未完全长成之前认可其自决权呢？其原因有二：其一，如今基于儿童晚期的少年体格健壮、老于世故，完全依赖性的法律地位对其而言显然不宜；其二，我们之所以要在少年完全成熟之前赋予其作出某些独立抉择的权利，是因为只有通过作出抉择的实践经验，人们才能学会如何自由行为。

此开篇部分的三个简短篇章探讨了作为一个发展阶段的儿童被赋予了自主抉择权利的青春期，以及这一特殊阶段的历史沿革和法律正当化理由。

第一章揭示了20世纪的社会发展如何改变青春期历程的地位和内容。在儿童所受教育更好且活动能量更大的同时，从小学到中学的教育期得以扩展。15、16岁的中学生既非完全的独立——需要成人监护其生活的每一个细节，亦非充分自主的成年人。

第二章探讨了在一个自由社会中的成长过程中，自由抉择所具有的核心的重要性。获取作出决定的实践经验，乃是少年得以学会自主决定的唯一途径。于是，在少年完全长成之前，我们必须为其提供自由抉择的实践机会。

第三章揭示了几种不同的法律策略何以能够应对儿童成长时间差异的事实。

一本少年司法的论著为何以关于现代青春期内涵的资料作为开端呢？如第二章所示，特权、成熟和责任之间的关系是现代关于适当刑事责任年龄之争议的关键所在。进而，针对青春期的政策是美国少年法院关于少年越轨司法管辖的每个决定的核心所在。

第一章　变革前的儿童期与公共法律 p5

在书写20世纪70年代美国的综合历史时，发现记载着这样一件事：1974年，国会通过了一部法律，该法律旨在规劝各州——不应将那些不服父母管教或逃学的14、15岁的少年羁押于类似监狱的监禁机构中。[①] 该立法的贯彻执行伴随着争议。

如果不了解先前的理论和机构，就无法理解该法律以及新近的其他许多改革。为何不服父母管教的儿童会被关押在“政府训导学校”（state training school，或政府感化院）？怎样的少年法律理论得以将这样一种干预措施正当化？这是怎样的一种政策诉求？该理论即儿童期照管、监护和调教之公共责任。该政策诉求即儿童福利成为政府的责任。政府责任的这种理论是一种被广泛呼吁且为许多名流所真诚追求的自由主义改革。

本章认为：新近的法律变化是对青春期的社会含义在20世纪历史中的变化的迟延反应。笔者以简要描述世纪之交的拯救儿童运动的机构及使命为开端，继而及于支撑这些改革的少年理论，即“少年法学理论”（jurisprudence of juvenility）。最后，笔者系统地审视了对近年相关法律变革起着推动作用的青春期之社会含义的变化。

---

① 《1974年少年司法与少年越轨预防法》。Juvenile Justice and Delinquency Prevention Act of 1974. 42 U. S. C. §3723(10) (H) (1974).

拯救儿童

20 世纪早期，儿童保护主义改革的正式理由即“国家亲权”（parens patriae）学说，一种仅仅与早期普通法（common law）
p6 学说有着不紧密联系的解释。① 这一新理论在 20 世纪的大部分时期内居于主导地位，其三条基本原理如下：（1）儿童期是一段具有依赖性、充满危险的时期，其间，监管是生存的基本需要；（2）家庭在儿童监管中居于首要的地位，但是国家在儿童教育中起着首要的作用，并且当家庭不能提供充足的养育、道德训导或监管的任何时候，国家应当进行强有力的干预；（3）当儿童处于危险境地的时候，政府官员（public official）有权决定何为儿童的最佳利益。

对上述理论予以表达、贯彻的机构包括：公立学校、少年法院、公私福利机构、诸如童子军（Boy Scouts）之类的少年团体，以及为少年提供居住和训导的其他机构。大多数此类机构都有其

---

① 参见桑福德·福克斯（Sanford Fox）：《少年司法改革之历史视角》（Juvenile Justice Reform：An Historical Perspective），载《斯坦福法律评论》（Stanford Law Review）第 22 卷，1970 年版，第 1187～1239 页；道格拉斯·伦德尔曼（Douglas Rendleman）：《国家亲权：从平衡法院到少年法院》（Parens Patriae：From Chancery to the Juvenile Court），载《南卡罗来纳法律评论》（South Carolina Law Review）第 23 卷，1971 年版，第 205～259 页；以及尼尔·科根（Neil Cogan）：《“国家亲权学说”引入前后的少年法律》（Juvenile Law，before and after the Entrance of Parens Patriae），载《南卡罗来纳法律评论》第 22 卷，1970 年版，第 147～151 页。

历史的前身，而“进步时代”（the progressive era）[①] 公众的乐观情绪赋予了其扩展和变化的使命。世纪之交，某些形式的公立等级学校教育已经普及，但在1900年，只有不到7%的年满17岁者高中毕业。[②] 少年矫治机构和都市儿童慈善机构有着广大的19世纪的谱系。

新的立法赋予了这些机构一种20世纪的使命和一种正当的法律理念。公共机构为少年提供其所需的培训和控制。公立小学提供基础培训；而后，公立中学给予增补，且义务教育的年龄得以增加。至1940年，51%的少年完成了中学的学业；至1960

① 19世纪后期至20世纪早期，在工业急速大发展的过程中，美国社会产生了一系列的社会病症，如贫富分化严重，垄断集团左右着国家政治，工业事故、矿难频发，劳工权益、妇女权益以及少年犯罪问题相当突出……但由于美国人民、一大批有识之士以及如西奥多·罗斯福这样伟大的政治家的共同努力，这段时期反而成为美国历史上的“进步年代”（Progressive Era）。一系列被称为“进步运动”（the Progressive Movement）的社会政治运动得以展开，其中包括废奴运动、禁酒运动、妇女权益运动、儿童权益运动、农场运动、反垄断等，美国社会在没有大的动荡中完成了一系列的制度变革，最终使得美国成为世界头号强国。这是美国社会可以引以为豪、值得庆幸的一段历史时期。而处于类似历史阶段的拉丁美洲就没有如此幸运了。正反两方面的历史对当今中国社会改革的借鉴意义恐怕非同一般。——译者注

② 《青春期：成年前的过渡期》（Youth：Transition to Adulthood），载《总统科学顾问委员会专家小组报告》（Report of the Panel on Youth of the President's Science Advisory Committee）（以下简称《少年专家小组》，Panel on Youth），华盛顿特区：政府印刷局1973年版，第26页。

年，这一比率提高至63%。[1]

少年法院追求儿童福利的价值目标，即当儿童处于危境之时，通过调动国家政府机构的力量来保障“儿童之照顾、监护和调教应当接近……其父母所应当给予的”。[2] 这一出自1899年少年法院法的最著名的摘句表明了国家致力于儿童培养的新目标。

在大多数情况下，公立学校、公共价值观念、父母和志愿者机构会完成相应工作。当这些机构履职不力之时，少年法院便予以介入。

这一为儿童设立的新法院被赋予了对监护不力的（neglected）、需要扶助的（dependent）或有越轨行为的（delinquent）未成年人案件的司法管辖权。如果某儿童之危境是其家庭的错误所致，该儿童为监护不力者。如果某儿童之危境不是任何人的错误所致，该儿童为需要扶助者。如果某儿童实施了犯罪行为，或
p7 者居于一种不道德生活方式的险境，或者逃学，则该儿童为有越轨行为者。这一新立法的最终结果相当简单：即不论何种原因，不论是谁的错，国家权力可以且应当被援以救助儿童。理论上，这种令国家干预正当化的特定标签与国家的使命没有关系：少年

---

① 《青春期：成年前的过渡期》（Youth：Transition to Adulthood），载《总统科学顾问委员会专家小组报告》（Report of the Panel on Youth of the President's Science Advisory Committee）（以下简称《少年专家小组》，Panel on Youth），华盛顿特区：政府印刷局1973年版，第26页；以及美国联邦统计局：《殖民时代至1970年美国历史统计数据》（Historical Statistics of the United States，Colonial Times to 1970），华盛顿特区：政府印刷局1975年版，第379页。

② 《伊利诺伊州少年法院法》，1899年第21号，载《伊利诺伊州法律汇编》第137页。Illinois Juvenile Court Act，§ 21［1899］Illinois Laws 137.

法院的目标即为其管辖范围内的所有儿童提供援助。国家干预的程度取决于法官的裁量。宽广的自由裁量、宽泛的管辖范围以及非正式的程序，对推行此新立法的意图而言，是至关重要的。对越轨行为、需要扶助、监护不力的定义越宽泛，得以依法援助的儿童就越多。既然不对儿童进行惩罚，在指明某儿童“越轨”时，就不需要区分罪与非罪。而且，因为法院仅仅受儿童最佳利益原则的指导，正式的事实调查（fact finding）程序即被视为没有必要。

这一套设想持续地影响着20世纪大部分时期的少年法院法学理论。这一最初立法的基本命题和管辖理念，在20世纪的前2/3时间中，基本上原封未动。同时，少年司法成为美国各州的一个重要行业。[①]

随着国家在儿童培养中的角色的扩展，从中衍生出来的家庭和少年的观念值得特别关注。政府在进步时代的儿童监管中的角色定位与其他同时期的管制产业中形成的政府权力分配之间有着显著的相似性。家庭，如同铁路，只有在符合公共标准的范围内才能自由地追求其私人目的。对家庭而言，这意味着儿童福利的标准。消费者的利益，在此即儿童的利益，系由被授予广泛自由裁量权的行政机构来予以保护。但是，有三种情况可以令铁路规则和家庭规则的这种类比不能成立，且其中颇具教益。

---

① 戴维·S. 坦嫩豪斯（David S. Tanenhaus）：《20世纪初少年法院的演化》（The Evolution of Juvenile Courts in the Early Twentieth Century），载玛格丽特·K. 罗森海姆（Margaret K. Rosenheim）、富兰克林·E. 齐姆林（Franklin E. Zimring）、戴维·S. 坦嫩豪斯、伯纳德·多恩（Bernardine Dohrn）主编：《少年司法的一个世纪》（A Century of Juvenile Justice），芝加哥：芝加哥大学出版社2002年版。

其一，相对教师、校长、少年法院法官和观护官（probation[①] officer）的自由裁量而言，对大多数管制行业的自由裁量要明晰化、规则化得多。在学校中，规则的制定很少。在少年法院中，鲜有一般适用性的规则；个别化司法意味着个别化的决定。

其二，当对铁路进行管制时，人们设想着，国家是从社会共
p8 同体中获得权力。家庭规则的制定者所想象的权力再分配更为复杂。在诸如义务教育的问题中，权力源自父母和儿童。监护不力的宽泛定义主要是一种从家庭决策到公共标准的重新定位。少年“失去控制”的规则主要以牺牲儿童为代价——儿童原本可以通过自主的行动来表达其意愿。对“恣意妄为的儿童”的矫治权力因此强化了国家亲权：即在“你最好如此行为”的条款后加上了一个强有力的“否则”。[②]

其三，在教育的问题上，恰当的类比即国有企业，而不是规

---

① 关于probation的译法，译者认为，首先，probation的基本原意为：设置一个以观后效的考验期，以辅助进一步的决定；其次，鉴于美国少年司法与普通刑法在基本观念上的差异，在针对成人的普通刑法中，probation可以被译为“缓刑”，probation officer可以被译为“缓刑监督官”或“缓刑官”，但这种译法不太适合于美国少年司法，因为“尽量不把少年不良行为视为犯罪，不对其适用刑罚”、“避免少年沾染刑事（罪与刑）的污点，以更有效地保护其健康成长”是美国少年司法的基本立意所在；同时，鉴于probation在美国少年司法中的主要内容，即庭前的人格考察（制作关于少年身心成长情况的社会调查报告提交给法庭）、庭中的处遇建议和庭后的监督保护等，美国少年司法中的probation宜译为“观护”，即以观后效之“观”察和国家亲权之监“护”，而probation officer即可译为“观护官”。——译者注

② 参见史蒂芬·L. 施洛斯曼（Stephen L. Schlossman）：《爱与美国少年越轨者：1825～1920年“进步”少年司法之理论与实践》（Love and the American Delinquent: The Theory and Practice of “Progressive” Juvenile Justice, 1825－1920），芝加哥：芝加哥大学出版社1977年版。

则。在进步的观念中，家庭在初级教育的问题上几乎没有抉择权。政府在教育机构上近乎独裁的地位被视为一种不仅必要而且是积极的儿童福利。于是，在社会主义还是一个不光彩的词语的时代，公共教育的理念成为社会主义制度的一个特例。而且，在这一点上，这是一个非常独裁主义的社会主义制度，尤其是对其所适用的儿童而言。①

少年法学

少年在公法（public law）中的意象是一种完全需要扶助的状态。在众多不同的情形中，“未获自由”的未成年人即此谓也。这在关于此新兴少年法院的法学理论中最为明显。

用罗伯特·柏特（Robert Burt）教授的话来说，少年法院追求儿童权利的维护，其在未成年人需要帮助时进行干预，而不论该未成年人是否想要获得帮助。② 在儿童权利的诉求中，少年法院根据儿童最佳利益的原则行事，而不论其是否同意。反过来，

---

① 约翰·H. 拉尔夫、理查德·鲁宾逊（John H. Ralph and Richard Rubinson）:《1890～1970年美国移民与学校教育的扩大》（Immigration and the Expansion of Schooling in the United States, 1890－1970），载《美国社会学评论》（American Sociological Review）第45卷，1980年版，第943～954页；塞缪尔·鲍尔斯、赫伯特·金帝斯（Samuel Bowles and Herbert Gintis）:《资本主义美国的学校教育》（Schooling in Capitalist America），纽约：基础书社（Basic Books）1976年版；以及其中的相关书目。

② 罗伯特·A. 柏特（Robert A. Burt）：《发展儿童之宪法权利》（Developing Constitutional Rights of, in, and for Children），载玛格丽特·K. 罗森海姆（Margaret K. Rosenheim）主编：《为儿童寻求正义》（Pursuing Justice for the Child），芝加哥：芝加哥大学出版社1976年版，第225～245页。

尊重儿童权利意味着认可：在决定何为其最佳利益的时候，儿童的意愿应当优于他人的意见。

在儿童意愿和儿童福祉之间的抉择中，少年法院的理念是毫不含糊的、始终如一的。作为少年法院关注对象的“未成年人”尚未成熟，并因此而需要强制性的引导，以维护其最佳利益。毕竟，处理“照顾、监护和监管”的事宜需要非常多的权力。至少在理论上，儿童不成熟的问题，其重要性更甚于其意愿及其责
p9 任的问题，其重要性也甚于违法少年之合理对策中的犯罪控制考虑。

关于不成熟性和需要监管性的理念，同样使特定年龄的行为禁止和行为责任得以正当化，此即所谓之“身份犯”。未成年人不得饮酒、吸烟、逃学或晚归，因为他们过于年幼，无法对这些事情作出适当的判断。少年不能不服从父母、教师或法院的管教，因为这种不服从会将儿童福祉置于危险境地。在最初改革者的思维定式中，所谓的“监护权”是儿童福利的核心因素；监护代理人可以令未成年人之所要（the minor's wants）从属于未成年人之所需（the minor's needs）。

关于持少年需要扶助之观念者的内在理念，以及该理念所支持的制度及其限制的问题，上文已经多有论述。有论曰：“儿童拯救”运动的价值理念乃是基于中产阶级之少年观念——该观念“否定了……（少年）对支配着其生活的相关制度的撤销或改变的抉择权”。[①] 同时，有充分的证据可以证实：自少年法院早期以来，扩展的国家权力兼顾着惩罚与保护，并延展了义务制的学校教育。童工法律被认为是保护儿童兼维护成人工作及薪金

---

① 安东尼·M. 普拉特（Anthony M. Platt）：《儿童拯救者：少年越轨之发明》（The Child Savers: The Invention of Delinquency），芝加哥：芝加哥大学出版社 1969 年版，第 100 页。

的举措。

但将进步时代的儿童拯救运动视为一种反少年权益的阴谋，则纯属妄测。儿童福利及少年法院运动的诸多关键人物皆是真诚地致力于谋求少年之福祉。即便秉持着历史所提供的后见之明，也很难挑剔著名的少年法院之倡导者——简·亚当斯（Jane Addams）的动机。丹佛法官本·林赛（Ben Lindsey）——少年法院运动的“强尼苹果籽”（Johnny Appleseed）[①]，其对少年的态度或可被称为“中产阶级”的，但在其担当少年法院之超级推销者的时期内，是一个实实在在的穷人和工人阶级的草根英雄（muckraking champion）。该世纪早期，他成为美国第八大最受敬慕的人——这一殊荣在少年法官中是前所未有的。他怀着乐观主义的同情心，对社区矫治（community treatment）、观护制度（probation）和少年法院的优点进行了宣扬。[②]

林赛法官之法庭的年度报告中包含着关于关心儿童的人们的有力证据。至少，这是笔者对表1的读解。

---

① 该典故取自美国1774年拓荒时代的乌托邦题材农场童话《强尼苹果籽》（Johnny Appleseed），又名《撒播希望种子的约翰尼》。主人公Johnny Chapman穷尽49年时间撒播苹果种子，梦想创造一个人人衣食无忧的国度。该作品曾获得多项大奖。——译者注

② 查尔斯·拉尔森（Charles Larsen）：《成功的战斗：本·B. 林赛的生活及时代》（The Good Fight：The life and Times of Ben B. Lindsey），芝加哥：方庭书社（Quadrangle Books）1972年版，第7页。

表 1 关爱美国少年越轨者：来自丹佛少年法院

p10 1903 年年度报告的“事实与数据”

1903	总 计
本年度收到的来自于学校教师的观护报告（reports from probationers）数量	2275
收到的报告总数（每一份报告代表着少年法庭法官与被观护人之间的一次见面）	3139
本年度给予被观护人（probationers）沐浴的次数	1150
本年度平稳状态的天数	252
夏天男孩被送往甜菜地的天数	77
被救济的穷困儿童	175
提供的衣服数量（二手）	175
提供的衣服数量（新的）	220
提供衣服的总数	395

来源：丹佛少年法院报告（1903）。

由此，历史学者或法律改革者不能只看 20 世纪早期儿童观念相关佐证的表面。实际上，早期改革者并没有忽视少年自主权的价值。众多的倡导建立少年法院、义务公共教育和儿童劳工法律的人士的确运用了无助和依赖之类的雄辩言辞，来唤醒公众的良知，并增加少年机构的公共投入。但在处理儿童案件时，这些改革专业人士还同样意识到了少年自立和独立判断练习的价值。①

① 查尔斯·拉尔森（Charles Larsen）：《成功的战斗：本·B. 林赛的生活及时代》（The Good Fight：The life and Times of Ben B. Lindsey），芝加哥：方庭书社（Quadrangle Books）1972 年版，尤其是第 2 章至第 4 章。

这种言辞和现实之间差距的问题存在于14岁的持枪抢劫者和两次被控入室盗窃者的处遇中。1909年，朱利安·马克（Julian Mack）法官曾写作称：少年法院的目的“不是惩罚，而是矫正；不是令其堕落，而是令其振奋；不是镇压，而是发展；不是令其成为罪犯，而是令其成为值得尊敬的公民。”① 但在两年之 p11
前，马克法官之少年法院的年度报告提醒我们注意：

> 所有正直的人们都乐意少年能有机会做其该做的事情，但是当他们持续不断地抛弃这种机会的时候，同样的人们将有权坚持：这些少年得以真正的管控，哪怕是以通过刑事法院审判程序的方式来达成。②

林赛法官提出了一条更为权威的立法界限——“只要切实可行，任何越轨少年都应当不被当做罪犯来对待，而是被视为被错误引导的、需要支援、鼓励、帮助和扶携的。”③

林赛始终坚持的理念，即在“只要切实可行”的情况下，保护少年。在少年入室盗窃的问题上，我们已经花费了数十年的时间，且无疑将再花费数十年的时间以论析清楚其原委。

还有一个因素，是理解笔者所谓的少年法学所不可或缺的。作为该世纪初前后公共教育和少年法院对象的“男孩和女孩”

---

① 朱利安·马克法官（Judge Julian Mack）：《少年法院》（The Juvenile Court），载《哈佛法律评论》（Harvard Law Review）第23卷，1909年版，第104～122页、第107页。

② 库克郡少年法院（Juvenile Court of Cook County）：《1907年年度报告》[Annual Report (1907)]，第123页。

③ 查尔斯·拉尔森（Charles Larsen）：《成功的战斗：本·B. 林赛的生活及时代》（The Good Fight: The life and Times of Ben B. Lindsey），芝加哥：方庭书社（Quadrangle Books）1972年版，第34页。

的年龄要低于现行这些机构的当事人。义务教育扩展了，而在起初，其只限于小学阶段。高中毕业是一个分水岭。林赛法官的少年法院的司法管辖权终止于少年 16 岁生日之时，同时，1903 年丹佛的少年越轨案件转移管辖的年龄上限为 12 岁。①

至少年司法变革发起之际，我们生活的世界中，几乎每人都要接受高中教育，美国大部分州的少年法院司法管辖权被提升至 18 岁。

“变革”前夕

面对激烈的社会和政治变迁，少年依赖性之法律理论的最为惊人的特征并没有如其 20 世纪早期那样保持安稳。我所说的少年法学并非只是 20 世纪早期的古色古香的面貌；而是一直持续数十年直至 20 世纪 60 年代的占据主导地位的法律理念。20 世
p12 纪的前 60 年中，少年的社会尺度发生了引人注目的变化，但关于成人之前的成长的法律观念保持不变。现代少年的大部分与众不同的特征发展了，而相关的法律理论却没有大的变化。

关注下文列举的一些关于这段法律不变时期中的社会变化。

高中和大学

20 世纪之初，每 12 个男性中不到一个能高中毕业，且不到 5% 的 18 ~ 22 岁者能就读大学。至 1960 年，大于 60% 的美国少

---

① 丹佛少年法院（Denver Juvenile Court）：《1903 年年度报告》（Annual Report（1903），第 151 页。移送管辖的年龄上限或许是 14 岁，而不是 12 岁，因为其中一个栏目存在内在的不一致。但从该报告的其他图表（原著第 150 页）来看，似乎 12 岁才是最有可能的正确年龄。——作者注

年毕业于高中，超过一半的少年继续接受大学阶段的教育，且至1965 年，41% 的 18～21 岁者还在力求某种更高层次的教育。[①]

对于这种社会和经济变迁的影响，不能言过其实。在 20 世纪中期之后的社会中，高中文凭是体面地参加工作的起码条件。都市地区高中阶段的“辍学者”会被标以一种仅次于犯罪记录的社会污点。而且，高中不仅仅是一种资格证书；高中还是在年龄分隔机构中度过的离开家、不工作的成百上千个小时，其中产生了大量的“少年社会”（adolescent society）。[②] 社会对高中和大学培训的要求还拉长了少年的经济依赖期，而在早些时期，他们已经进入了工作领域。

都市化

1990 年，我们 20 岁以下的人口中有 3/4 的人居住在村镇地区。随着经济的发展，都市化进程加速，如图表 1.1 所示。

---

① 参见美国联邦人口普查局（U. S. Bureau of the Census）：《殖民时代至 1970 年美国历史统计数据》（Historical Statistics of the U. S.: Colonial Times to 1970），华盛顿特区：政府印刷局 1975 年版；以及《少年专家小组》，第 76 页。

② 关于“少年社会”一词的讨论，参见詹姆斯·科尔曼（James Coleman）：《少年社会：少年社会生活及其对教育之影响》（The Asolescent Society: The Social Life of the Teenager and Its Impact on Education），纽约：格伦科自由出版社（Free Press of Glencoe）1961 年版，第 1 章。

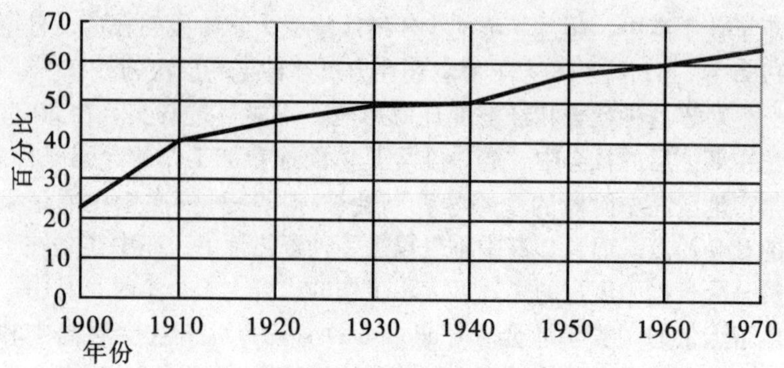

p13　**图 1.1　20 岁以下的人口居住在城市地区的比率（1900 ~ 1975 年）**
来源：美国联邦统计局：《十年度统计报告》，1900 ~ 1970 年。

儿童成长的地区对其如何成长以及希望成为何种成人有着重要的影响。1920 年后的数十年中，美国发生了巨大的人口迁徙，大量的农村和小镇人口转移到城市和大都市郊区。

“家用”汽车和“家用”电话

电话和汽车曾是世纪之交的奢侈品。至 20 世纪 20 年代后期，二者改变了美国中产阶级的生活方式，以及中产阶级少年的生活模式。① 至 1960 年，普通的美国家庭都拥有 1 ~ 2 部电话和 1 ~ 2 辆汽车。如图 1.2 所示。

① 例如，20 世纪 20 年代中期，在林德之中心城区，每 3 个家庭拥有近两辆汽车。尽管如此，使用家庭汽车的权利被少年认为是与父母意见不合的主要来源。该社区中的成年人将汽车视为一种促使少年摆脱管束、越轨行为、滥性和信仰衰减的工具。参见罗伯特·S. 林德和海伦·M. 林德（Robert S. Lynd and Helen M. Lynd）：《中心城区：关于美国文化的一项研究》（Middletown：A Study in American Culture），纽约：哈考特、布雷斯与世界出版社（Harcourt，Brace and World）1929 年版，第 251 ~ 263 页。

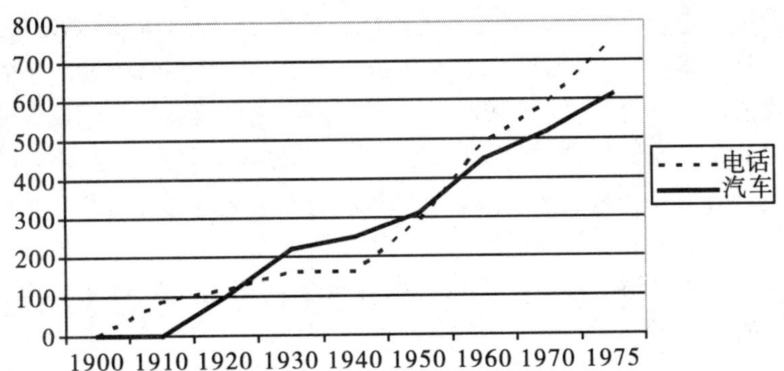

图 1.2　每 1000 人拥有的汽车和电话数量（1900～1975 年） p14

汽车数据来源：美国联邦高速公路管理局：《1975 年前的高速公路统计数据》（华盛顿特区：政府印刷局，1977）；美国联邦统计局：《殖民时代至 1970 年美国历史统计数据和 1976 年美国统计数据摘要》（华盛顿特区：政府印刷局）。电话数据来源：美国联邦统计局，同上述文献。

至 20 世纪 50 年代末，每 10 个美国人拥有 4 部电话和 4 辆汽车，平均每户人家拥有超过 1 部的电话和 1 辆的汽车。电话和汽车早已成为美国少年的帮凶，相互倚重，相得益彰。家用电话固守家中，却提供了一种离开家庭的方式，一种通往外部世界的途径，促成着核心家庭之外的沟通，却损抑着家庭之内的交流。

然而，电话对少年发展的影响相对小于家用汽车，以及围绕着使用汽车的少年文化。汽车不仅仅是一种离开家庭的方式，它更是有幸拥有一辆车的少年及其朋友的流动家庭。而且“每 10 人拥有 4 辆车”意味着一个国家有着数以百万计的幸运少年。汽车的拥有重组了少年的生活模式，这极大地影响着父母对少年行为的控制。例如，性交试验的场所从前厅转移到了爸爸汽车的后座！

就本篇的目的而言，没有必要再另外讨论两次世界大战，收音机、电视、中等家庭收入的激增，住所的流动性，城郊发展，新政（the New Deal），[①] 妇女角色的改变，生育高峰或者原子时代的影响。至20世纪50年代中期，所有这些相关社会现象促成了社会学家们所谓的“少年社会”。这曾是且仍是一种社会秩序，其中，儿童们在习惯、价值观和志向上彼此相互借鉴，其程度不亚于从其父母那里的沿袭。某项研究揭示：在这样一种社会组织中，受访的城市高中男孩中有90%的不想从事同其父亲一样的工作。[②]

p15 所有这些变化发生在法律变化之前，此即本章的主题所在。当关于少年依赖性的法律理论保持不变之际，现代青春期的基本要素业已就绪：延长的经济依赖、年龄分隔，以及巨大的身体活动力。第二次世界大战后，“十龄少年”（teenager）和“同伴群体”（peer group）等语词进入我们的语言体系，并留存下来。该世纪中期，力量和依赖的混合——半独立自主（semi - autonomy）的实质，定格于美国社会中。家庭控制力减弱，以至于整个一代的儿童可以在甚至无须收拾行囊的情况下逃离家庭。

如此重大的变化何以能使少年法律基本观念未受影响？这个谜，笔者不试图去解决。笔者基于历史的核心观点是：笔者在此项研究的法律变化是对业已发生了一段时间的社会现实变化的回应。人们通常倾向于认为，法院和立法机构所作出的迅速的法律变化是为了主导重塑社会秩序而做的努力。鉴于此，更为精确的观点是，将1967年后的15年视为法律跟进现实世界、寻求前半个世纪社会变化所引起的问题之解决方案的时期。

---

① 即指1933年罗斯福就任总统之后推行的基于凯恩斯经济学说借以解脱当时经济危机的“新政”，其成效颇著。——译者注

② 同前注科尔曼：《少年社会》，第7页。

然而，家长式制度（paternalism）何错之有？教师缘何不能命令儿童改变其发型？对于拒不上学的15岁少年，当其他办法不能奏效时，将其关起来难道不合适？接下来的数章试图为此提供一种当代的解释——我们如何得以兼重自由权和官僚家长制之限度的价值。

p17 第二章　作为“践习许可”之现代青春期

有些事情，如果不通过实践操作，我们是无法学会的——做决定、做爱、驾驶汽车、驾驶飞机、应用法律、为人父母、冒险、拒绝，其中最为重要的，即在一个自由社会中抉择我们的人生道路。

成熟需要实践。明白此道理，还可以为扩展尚未成年者在公共法律和家庭生活中的特权确立另一个正当化理由。扩展尚未成年者的抉择权是一种赌博。如果我们赌赢了，在抉择中获取的经验将成为获取成熟过程中的必需部分。如果我们输了，危害将降临于少年及社会。然而，将当代的青春期定位于人生的“践习许可”[①] 阶段，我们可以知悉这种赌博所要求的公共政策的相关尺度。

抉择、变化以及少年自由

在所有社会中，许多成年人技能可以通过成年人对少年的培训来得以成功实现。在传统社会中，技能、规矩和角色得以在家

① 践习许可（learner's permit），或称见习驾车许可，即指对达到一定年龄、具备相应能力的人予以的驾驶机动车辆实践学习的许可，待其通过相应的考试后，方能正式领取驾驶执照。——译者注

庭、氏族和部落中通过成人对儿童的传、帮、带的形式来实现传承。如果成人的技能及其社会意义是一致的、稳定的，所有的成年过渡期可以由成年人社会来进行有序的安排。[①] 阿米希（Amish）农民如此培训其孩子，孩子们接着留在农场劳作，万事大吉。在关于每个儿童应该成为怎样的成人的问题上意见一致的情况下，尤为如此。如果每个男孩想成为"就像爸爸那样"的人，每个女孩想成为其母亲的翻版，成人的角色很容易得以传授，且可以在很小的年纪就开始。如果儿童十之八九不愿意成为"如同"其父母的人，生活就变得更加错综复杂了。

时至今日，高度的专业化和迅速的变化性使得儿童培训成为

---

① 关于本题的人类学经典论说，参见玛格丽特·米德（Margaret Mead）：《成年于萨摩亚群岛》（Coming of Age in Samoa），纽约：莫罗（Morrow）出版社 1930 年版；约翰·惠廷（John Whiting）：《成长为一个库玛人》（Becoming a Kwoma），纽黑文：耶鲁大学出版社 1941 年版；玛格丽特·米德、玛莎·沃尔芬斯坦（Margaret Mead and Marta Wolfenstein）主编：《当代文化中的儿童》（Childhood in Contemporary Culture），芝加哥：芝加哥大学出版社 1955 年版；威廉·N. 斯蒂芬斯（William N. Stephens）：《跨文化视野中的家庭》（The Family in Cross – Cultural Perspective），纽约：霍尔特、莱因哈特和温斯顿（Holt, Rinehart and Winston）出版社 1963 年版；以及玛格丽特·米德（Margaret Mead）：《文化与使命》（Culture and Commitment）（第 2 版），纽约：哥伦比亚大学出版社 1978 年版。

一项更具难度、更为专业的任务。[1] 上一辈人的技能一般不被下
p18 一辈人所需要。但是，更大范围的社会能够提供更为集中的应对社会变化的培训，尤其是在成人角色变化之属性能够被预测的情况下。如果父母是“不合适的角色模型”（inappropriate role models），其他成年人可被用以为少年规划一个非常不同的将来。该策略即为进步时代的公共义务制高等中学教育运动的一部分。[2] 最近，一些不如我们尊重个人自由的社会开展了更为激进

---

① 人类学家对这一现象进行了研究：在文化迅速发展的情势下，角色模型不再那么单一，而是变得更为宽泛。例如，参见梅尔维尔·J. 赫斯科维茨（Melville J. Herskovits）：《文化适应：文化接触研究》（Acculturation: The Study of Culture Contact），马萨诸塞州格洛斯特：P. 史密斯出版社1985年版；爱德华·斯派塞（Edward Spicer）主编：《美国印第安文化变化之观察》（Perspectives on American Indian Culture Change），芝加哥：芝加哥大学出版社1961年版；以及路易丝·S. 斯平德勒（Louise S. Spindler）：《文化变迁与现代化》（Culture Change and Modernization），纽约：霍尔特、莱因哈特和温斯顿出版社1977年版。

关于这一过程的历史发展和结果的社会学经典论说，参见埃米尔·迪尔凯姆（Emile Durkheim）：《社会劳动分工》（The Division of Labor in Society），乔治·辛普森（George Simpson）译，纽约：麦克米伦（Macmillan）出版社1933年版。

② 参见劳伦斯·A. 克雷明（Lawrence A. Cremin）：《学校的转型》（The Transformation of the School），纽约：克诺夫（Knopf）出版社1961年版；以及罗伯特·A. 卡尔森（Robert A. Carlson）：《追求一致：通过教育美国化》（The Quest for Conformity: Americanization through Education），纽约：威利（Wiley）出版社1975年版。

的为适应社会变化的培训试验。[①]

然而，我们如何培训少年学会自由？如果独立抉择的练习是成熟的基本要素，走向成熟的一部分过程即学会如何采取独立自主的决定。这种类型的自由无法传授，而只能靠习得。同时，对于未成年人和更大范围的社会而言，学会作出独立自主判断是一个不可避免的具有风险的过程。

如同在任何的赌博中，我们希望我们尽量多赢，同时尽量少输。其中的赌注很高。

确定“赢”与“输”的计算法，相对于通过粗略观察的方法得出相关结论而言，其更为复杂。在“二十一点”（blackjack）[②] 游戏中，理想的“业绩”是从不失手。在学会做自由选择的游戏中，准备每一手都获胜，不符合现代社会的现实，正如准备在“二十一点”游戏中每手皆赢，是一种拙劣的学会玩这种游戏的办法。我们想让少年犯错误，但我们希望他们犯合适类

---

① 中国和古巴的经验是两个明显的例证，尽管在那里，保持一种一致的议程表一直成为问题。关于中国的相关情况，参见陈锡恩（His - en Ch'en）：《毛泽东主义的教育革命》（The Maoist Educational Revolution），纽约：普雷格（Praeger）出版社 1974 年版；威廉·凯森（William Kessen）主编：《儿童期在中国》（Childhood in China），纽黑文：耶鲁大学出版社 1975 年版；以及 R. F. 普赖斯（R. F. Price）：《社会主义中国的教育》（Education in Communist China）（第 2 版），纽约：普雷格出版社 1979 年版。

关于古巴的相关情况，参见休·S. 托马斯（Hugh S. Thomas）：《古巴：或追求自由》（Cuba: Or Pursuit of Freedom），伦敦：艾尔和斯波茨伍德（Eyre and Spottswood）出版社 1971 年版；以及阿瑟·A. 吉勒特（Arthur A. Gillette）：《古巴教育革命》（Cuba's Educational Revolution），伦敦：费边主义社会（Fabian Society）出版社 1972 年版。

② 即扑克牌赌博游戏的一种，其大体规则为：通过发牌和要牌，牌点数多于发牌者牌点数的为赢，但牌点数最多不超过二十一点，否则为输。——译者注

型的错误。一次不成功的约会或许可以给我们的孩子以重要的教训，即如何处理与异性之间的关系，其成本远远低于一次不成功的婚姻。

减少我们在这段发展时期的损失的一个重要方面，即最大限度地减小少年的自我伤害，同时，在他们滥用机会对社会造成伤害的时候，将我们对他们的伤害保持在最小范围。几乎最为重要的是，我们得以寻求到一种法律政策：一方面为那些犯了严重错误的少年保留生活发展的机会；另一方面为他们的更为幸运的（和更有道德的）同龄人保留自由抉择权。

“践习许可”的观念是对与社会变化相衔接的法律限度的精彩界说。至于我们的儿童何时应该长大成人的问题，笔者之前所言皆无论及。对于该问题，理论工作者争论热烈，尽管给人们一种非常重要的感觉，但国家立法机构却无法把握。目前，因为以青春期为中心的“实践经验学习”如此大量的投入，以至于我
p19 们承受着巨大的社会成本。[1] 有人将此作为证据，以说明相关资源没有获得充分利用，以及相关的实践经验学习应该被向后推延。[2] 另有人宣扬：分散实践经验学习过程的最佳途径是更早地

---

① 参见《青春期：成年前的过渡期》（Youth：Transition to Adulthood），载《总统科学顾问委员会专家小组报告》（Report of the Panel on Youth of the President's Science Advisory Committee），华盛顿特区：政府印刷局1973年版。本书刻意避免使用“青春期”一词，以免其多种多样内涵的干扰。——作者注

② 利昂·S. 罗伯特森（Leon S. Robertson）：《致命机动车辆碰撞事故少年驾车者的模式：政策抉择之提示》（Patterns of Teenaged Driver Involvement in Fatal Motor Vehicle Crashes：Implications for Policy Options），载《健康政治、政策与法律杂志》（Journal of Health Politics，Policy and Law）1982年第6期，第303～314页。

给予一些生活的训导。[①] 这两种观点实际上可能是一致的，而非矛盾的。在某个社会领域中，某些学习可能更早地得以完成，而某些更为长久性的决定事项需要被推迟至更晚的阶段。

然而，立法无法规定成熟。而且，由于儿童活动能量、成人自由价值观以及自由主义西方民主等因素的影响，我们关于儿童何时“获取实践经验”的法律调控被限制在狭小的范围内。同伴价值倾向（peer orientation）、面临危险的莽撞态度，以及社会化不成熟与身体活动能量的强有力组合，使得青春期中间阶段危机四伏。然而，试图令学习期超越这些年限，其成本也是相当大的。同时，青春期的许多负面特性，如阿琳·斯科尔尼克（Arlene Skolnick）所言，是“纯社会性的”，这一事实令其愈加不适合于用法律来加以控制。[②]

多大年龄适合约会或驾车？这一问题，就此而言，是一个错误的问题。相反，我们应该问：多大年龄适合学习驾车；多大年龄适合开始一个以幸而具备相应能力为终点的过程，如约会；多

---

① 参见阿琳·斯科尔尼克（Arlene Skolnick）：《儿童权利、儿童发展》（Children's Rights, Children's Development），载拉马尔·T. 恩培（Lamar T. Empey）主编：《儿童和少年司法之未来》（The Future of Childhood and Juvenile Justice），夏洛茨维尔：弗吉尼亚大学出版社 1979 年版；以及 F. 雷蒙德·马克思（F. Raymond Marks）：《成熟路上的曲折前进：关于成长与放开的法律观念》（Detours on the Road to Maturity: A View of the Legal Conception of Growing Up and Letting Go），载《法律与当代问题》（Law and Contemporary Problems）第 78 辑，1975 年版，第 39 页。

② 参见阿琳·斯科尔尼克（Arlene Skolnick）：《儿童权利、儿童发展》（Children's Rights, Children's Development），载拉马尔·T. 恩培（Lamar T. Empey）主编：《儿童和少年司法之未来》（The Future of Childhood and Juvenile Justice），夏洛茨维尔：弗吉尼亚大学出版社 1979 年版，第 163 页。

大年龄适合进行过渡性风险的投入——期待其结果是一个合格的成年人。

此观念为少年法律政策的目标提供了总体性的指导，但没有提供任何的具体解决方案，即这些目标如何转化为切实可行的项目，抑或大众愿意以少年福祉的名义做多大的投入。我们想让儿童参与其教育的决定，但不是以避免短期负担而牺牲长远利益为代价的方式来进行。年少时的工作经验是对今后工作的有价值的准备，但不应当允许没有技术含量的工作取代旨在提供基础技能训练和日后能动机会的教育经验。在当地快餐商业中心兼职是一种有价值的工作经验，但是在炸薯条柜台后工作一辈子，对于少年的选择自由而言，其代价太高。与此类似，我们想给予少年违法者在我们的法律体制中生存的机会，并保留其人生发展的机会，但以怎样的代价和多长的时间呢？就技术层面而言，“践习许可”观念的含义非常不确切。

p20 在青春期发展观念起决定性影响之处，存在着一个问题，即成长期内的自由权和责任之间的关系。通过分析理查德·库（Richard Kuh）反对少年犯审判之系列建议的观点，可以对此进行贴切的说明：

> 在其对“少年犯罪”（youth crime）的描述中，特别工作组对“少年”（youth）作出了非常宽泛的界定。该词是否仅仅适用于那些迄今为止笔者所认为的少年（juvenile）——尚未进入青春期或进入青春期三四年时间的年少者——笔者对如此的一种宽仁方式没有疑问。

但特别工作组已经将该词适用于20岁者。[①]

库先生同意对进入青春期三四年时间的年少者予以宽仁，但不同意将此年龄段推后。为什么呢？原因是：

> 如今年满18岁者可以参加选举，且18～21岁者通常已经参加工作，或有能力工作，或大学毕业，其性和身体业已成熟（且在智力上已经接近充分成熟），且有很多已经结婚或相当于此。[②]

这位著名的曼哈顿前任地方检察官将两个观点合而为一。他一方面认为，儿童在年满18岁之际完全成熟；另一方面认为，基于对等（quid pro quo），被赋予权利和特权者在其违犯法律时应当支付完全的对价。将青春期视为“践习许可期”，即是对库先生提供的证据及其分析的否定。

首先，关于其证据。因为有权选举，即便不实际参与选举，儿童年满18岁即已完全成熟？这就是我们通过第二十六修正案的原因所在？儿童“在智力上已经接近充分成熟”。然而，作决

---

① 理查德·H. 库（Richard H. Kuh）：《不同意见》（Dissent），载富兰克林·E. 齐姆林：《对抗少年犯罪：二十世纪特别工作组关于少年犯审判政策之报告》（Confronting Youth Crime：Report of the Twentieth – Century Task Force on Sentencing Policy Toward Young Offenders），纽约：霍尔姆斯与迈耶（Holmes and Meier）出版社1978年版，第21页。

② 理查德·H. 库（Richard H. Kuh）：《不同意见》（Dissent），载富兰克林·E. 齐姆林：《对抗少年犯罪：二十世纪特别工作组关于少年犯审判政策之报告》（Confronting Youth Crime：Report of the Twentieth – Century Task Force on Sentencing Policy Toward Young Offenders），纽约：霍尔姆斯与迈耶（Holmes and Meier）出版社1978年版，第21页。

定难道不需要智商（I. Q.）之外的更多因素吗？儿童业已结婚或“相当于此”。18 岁者上大学或参加工作——至少是那些足够幸运得以找到工作或支付得起教育经费者。而依我之所见，所有这些只能证明：年满 18 岁者业已进入走向成熟的过程。因此，用此类证据来“证实”成年期，犹如将飞机离开地面的那一刻作为空中航行的开始。因青春期少年已经开始进行人生的抉择而对其加以完全的责任，正好比期望每个新娘能够立即成为家庭能手（Betty Crocker）。这不现实，也不公平。

p21 ## *责任始于权利？*

然而，如何看待对等的观点——因为他们有权选举，所以他们应当因其犯法行为而支付完全的对价？首先，在实施所谓“最少伤害”改革的时候，我们必须注意此类观点的特别危险。我们绝不应当将宪法权利应用于阴道海绵，[①] 仅仅为了保护未成熟儿童免受重大伤害而扩张这种权利，以作为某种判定 14 岁者刑事责任的基础。

在走向完全成熟的过渡期中，许多青春期少年或工作，或上大学，或操练其选举权，此时，他们在使用其“践习许可证”。怎样的判决适合于一个 17 岁的入室盗窃者，如果他 25 岁的哥哥将由于同样的犯法行为而被判处 1 年监禁，就其过渡期见习者的身份而言，同等的处遇似乎是不合适的。

当然，如果没有某种方式的见习行为责任，见习的角色作用就不完全。因此，开始进入成人角色，在某种程度上，即建构成人责任的指向。正如青春期践习理论蕴涵了成人过渡期的理念，该理论还暗示了趋向于成人的责任水平。青春期少年必须获得免

① 阴道海绵（vaginal foam）：一种避孕工具。——译者注

受负担成人完全责任的保护，但与此同时，应逐级推进其接近我们所认为的适于成年期的道德及法律责任水平。

结　论

在现代西方国家中的成长，是一个学会自由地抉择我们生活道路的过程。然而，学会自由抉择的唯一道路，即自由抉择以及承受相关抉择后果的亲身体验。这一践习阶段集中于现代的青春期，该时期中，相关的特权逐步延展。缺乏经验的年轻人在作决定的过程中，会犯下更多的错误，这是不可避免的结果。这些是在一个自由社会中成长的必要风险。

本书第三部分的实证研究表明：充斥着美国少年法院诉讼记
录的少年犯罪不是按照儿童期的年龄均匀分布的，而是集中于青
春期后的数年中。因此，阐释现代少年司法的特性，即为制定相
关的政策，以令相关的有害错误能够如制度所愿地那样发生，并 p22
在违犯法律中获得成长。如是，少年法院的核心要旨即处理处于
成年过渡“践习许可期”的少年不良行为。怎样的对策能够令
谴责错误行为的需要和提供正常成长机会的利益协调一致？正如
少年法院的发展是与现代青春期的出现相联系的，任何关于处理
越轨少年的合理理论都应当从关于少年发展的法律政策的一般原
则中获得教益。

p23

第三章 个体差异问题

一个进一步的问题困扰着所有的少年法学理论，对于该问题，我们能够抓住，但从未真正解决。无论何时，当我们走进某个八年级的体操课堂，就能观察到该问题。无论何时，当我们与一群大学新生进行详细的交谈，就能遇到该问题。从我们孩子的生活中和他们朋友的生活中，我们可以看到该问题。该问题即个体差异。人类完完全全不以同样的方式成长。社会对能力的要求程度不同，顺序不一。儿童千差万别。

正因为如此，要获取少年发展的现实与相关的法律对策之间的完美统一，或许要给每一个儿童准备一本属于他或她自己的法令全书——专门按照个体发展的事件以及精确同步的法律身份变化而设计。这当然不可能。相反，我们必须在三种策略上进行选择或综合：划分年龄等级、个体能力测试和分别裁量。

划分年龄等级是解决个体差异问题的最为简洁整齐的、最“法律”的对策。于是，并不令人惊异的是，这种策略以一种忽略个体差异的方式来“解决”个体差异的问题。无人有权在17岁时参加投票选举，且任何人在他或她的18岁生日时可以。读《政治科学季刊》的12岁者不能参加投票选举，但读《狂热》杂志的19岁者被赋予选举权。

强烈的对比之下，纯粹的“能力”方法试图设计一种政治文化的测试，力图大体地把握相应的及格分数，并令任何年龄的任何人通过这项测试，以作为获取选举权的前提条件。聪明的孩子可能在10岁时参加投票选举，而他的同学却根本不能。任何年龄的驾车者有可能获得驾驶执照。当然，这存在问题。我们真的知道如何测试政治能力吗？我们真的知道如何设定及格分数吗？就算我们能够界定最基本的能力水平，何以防止我们平等主义的同情将及格分数降低到真实能力之下？最后，何以应对不能通过测试所带来的耻辱？当年幼的妹妹通过测试，而年长的哥哥失利时的感受如何呢？那些将永远不能参加投票选举的人又当如何呢？

如果客观的标准难以制定，自由裁量（discretion）可以成为 p24
解决个体差异问题的另一种办法。既然每一个孩子都是独特的，那么，由另一个人来进行个别的审查，并作出相应的决定。因为有数以百万计的孩子，则这种自由裁量将是分别的。这是个体差异问题的最不“法律”的解决办法。这是一种人治，而非法治。因其单纯的形式，该办法承载着不可接受的滥用危险。

但是，当与其他机制相混合时，自由裁量即成为一个良性运作的法律制度所不可或缺的要素。缺乏指导的自由裁量的专制，是我们从原初少年法院的无法状态撤退的原因所在。自由裁量的必要性是许多法律创制的源泉：家庭自由权的设定、“获得自由解放”的未成年人、最低婚龄例外的“特殊案例”。[①] 生活在一

---

① 司法管理研究所、美国律师协会，少年司法标准项目（Institute of Judicial Administration/American Bar Association, Juvenile Justice Standards Project）：《未成年人权利试行草案》（Rights of Minors, Tentative Draft），马萨诸塞剑桥：巴林杰（Ballinger）出版社1977年版，第17～32、119～123页；以及艾伦·N. 萨斯曼（Alan N. Sussman）：《少年权利》（The Rights of Young People），纽约：埃文书社（Avon Books）1977年版，第15～23、173～182、220～250页。

个没有例外的规则世界中，其成本是非常高的。[①]

有时候，三个错误能够形成一个正确。笔者所描述的任何一个应对策略都是不完美的。但是，将这三个策略，即划分年龄等级、能力测试和自由裁量融为一体的制度或许会少一些不完美。例如，驾驶机动车，通常即为一种通过运用所有三种策略的制度来进行配给的特权。

划分年龄等级直截了当。我的孩子必须要到 15 岁半或 16 岁方能获得试驾许可，必须年满 16 岁方能领取驾照。[②] 然而，单单是年龄还不够。他还得通过一项能力测试。如果测试制度不腐败，避免不胜任的驾车者的公共利益将防止驾驶标准降到太低的程度。但是，机动车辆管理部门只能测试驾驶能力，而无法测试个人判断或守法意志。在青春期过程中，此类驾车测试只能解决安全驾车者条件的一小部分。如果驾驶执照的配给制度意图保护儿童以及公众，划分年龄等级和自由裁量就可以成为相关的必要补充。

现行法律制度中的自由裁量很多。父母同意通常是少年驾车的一个法律必要条件，且几乎总是一种经济合算的先决条件。[③] 通过设置高风险率，责任保险的法律要求会令保险公司和父母阻

---

① 弗朗西斯·J. 艾伦（Francis J. Allen）：《法律：通向现实世界的一种路径》（The Law as a Path to the World），载《密歇根法律评论》（Michigan Law Review）第 157 卷，1978 年版，第 169 页。

② 艾伦·N. 萨斯曼（Alan N. Sussman）：《少年权利》（The Rights of Young People），纽约：埃文书社（Avon Books）1977 年版，萨斯曼：《少年权利》，第 245 ~ 246 页。

③ 艾伦·N. 萨斯曼（Alan N. Sussman）：《少年权利》（The Rights of Young People），纽约：埃文书社（Avon Books）1977 年版，萨斯曼：《少年权利》，第 245 ~ 246 页。

碍少年驾车。[①] 事实上，由人来评定驾车测试的等级，是另一个漏洞，除非你真的相信：负责测试的人会对一个 55 岁新学驾车的寡妇和一个 16 岁的男孩维持同样的平行泊车的技术标准。

但是，为什么没有年龄等级划分，相关制度就无法良好运行
呢？通过测试，获得妈妈和爸爸的允许，购买保险，并在任何年 p25
龄驾车。对于这样一个制度，笔者的第一个问题是，这会导致相关儿童父母的担子加大，即一旦法律如此修改，14 岁和 15 岁的儿童就会对其爸爸、妈妈软磨硬泡。年龄等级划分，理论上篡夺了父母的权威；在实践中，数以百万计的父母却感激于此，因为这可以作为他们认为应当予以推迟的好理由。年龄限制帮助明智的父母避免说“不”，同时防止暗弱的父母说“行”。

我们生活在一个暗弱和明智父母并存的世界上，这一事实提示着年龄底线具有社会及法律意义的另一个理由——“漏洞”的问题。如果我意志暗弱，且我的儿子通过了测试，而你的女儿可能会坐在汽车的前排座位上。正因为如此，驾车的年龄底线就具有了另一个公共目的：保护他人的孩子免受父母不当自由裁量之后果的危害。这不是一个小问题。交通事故死亡人数的数据提供了两项关于少年驾车之公害的有力证明。第一方面的证据表明了驾车危险年龄的向下趋势。对男性而言，交通事故死亡的高峰年龄组为 20～24 岁。对女性而言（危险率较低），最高危险年龄组为 15～19 岁。[②] 这些数据，以及女孩作为搭乘者死亡的高

---

① 参见罗伯特·穆努金（Robert Mnookin）：《儿童、家庭和国家：儿童及相关法律之问题与资料》（Child, Family, and State: Problems and Materials on Children and the Law），波士顿：小布朗出版社 1978 年版，第 668～682 页。

② 参见《美国人口统计》（Vital Statistics of the United States），1946～1976 年中的不同年份、不同死亡原因和年龄组的死亡率表格。

比例，说明了年长驾车者所制造的危险是对年幼搭乘者的一种主要威胁。女孩还不是唯一的危险群体。在1976年交通事故中丧生的4010名15~19岁男孩中，有1630名（占总数的41%）是搭乘者。[①] 且除非断然剥夺儿童的活动自由，即便是最强的父母也无法杜绝其子女搭乘朋友汽车的可能性。暗弱的父母在少年驾车决定问题上的自由裁量，被经济学家称为“讲究面子”，这非常贴切！

为了少年福利的目的，还有其他的一些理由可以支持：如排队等候直到特定的生日，方能获取驾车的特权。试想，作为身份象征的驾驶执照完全没有了年龄限制。所有的14岁少年都会忌妒少数的幸运儿。明智父母的孩子将会仰视那些暗弱父母的孩子。再者，因为我们不能甄别判断，我们的孩子会有更多的机会驾车，将出现更多的死亡。

进而，我们的许多孩子将会承受一种痛苦，对他们而言，比死亡还糟糕——不得驾车的耻辱，而其他同龄人却得以驾车。他
p26 们将憎恶对14岁者的不平等待遇，因为他们相信这个年龄是至关重要的。总之，16岁太过年轻，不宜驾车。总之，驾车年龄的向下延展将有害于儿童，有害于家庭，有害于社会。

就个体差异问题的讨论，在提出相关规定方法之前，请容我再离题一次，即关于在决定我们的孩子可以看什么电影和不可以看什么电影时，我们所应用的混合策略。业界现行的电影等级划分制度是一种最为熟知的、完全清楚的针对个体差异、家庭选择和少年年龄等级划分问题的解决方法。等级“G”的电影是为孩子们制作的，而有时候，他们的父母也会喜欢看等级“G”的电影。然而，等级“G”的电影是瓦尔特·迪斯尼和周六音乐会之类的东西。“PG”等级的划分是家庭自由权理论的精髓所在：如

① 《美国人口统计》第2卷，1976年，第一部分，表4-2。

果家长不介意，孩子可以看，无论他4岁还是14岁。但如果是一个认真的家长，“父母指导”（Parental Guidance，简称PG）等级划分建议做些权衡。这一等级的电影中可能存在一些不适合孩子的东西。电影院的人不会阻止孩子看这些电影，但或许家长应该阻止。

相比而言，电影的“R”等级划分相当于午夜的少年宵禁。只有当家长在场时，孩子才能看“R”等级的电影。与“PG”等级不同的是，父母的指导是必需的，电影协会（the Motion Picture Association）要求父母亲自参与决定是否让其孩子看此等级的电影。

这一微调式规则的最后阶段为“NC”等级的划分。在此，父母无权决定。如果你未满18岁，即便父母说“行”，也不能看这一等级的电影。当然，特定的电影可能会被错误分类，且父母可能会搞错。16岁者不适合于对电影进行审查。但是，该制度的设计是一个兼容并蓄的典范。

策略抉择

关于应对个体差异问题的不同策略何时予以适当遣用的问题，是否存在某种一般原则以资指导呢？以笔者之见，有几条此类原则。能力测试具有公法上的意义，如果具备如下两个条件之一：（1）扩展某项特权会对其行使者和他人造成危险；（2）被请求的是某种特定的特权，如申请医生执业、律师执业和会计师
执业。即使在这些情况下，因为我们测试的能力是有限的，测试 p27
也很少能够单独地成为许可某种危险特权的充分条件。

自由裁量，尤其是父母的自由裁量，是一个构思精良的规则方案中的一个重要部分，除非有充分的理由将其排除。15岁少年在获得父母同意的情况下方能接受整形手术，而治疗性病则不

需要。其原因即在于此。但是在许多情况下，父母同意不能成为赋予自由权的充分条件。法律必须既考虑到愚蠢的父母，也考虑到明智的父母；必须既考虑到暗弱的父母，也考虑到强势的父母。

划分少年的年龄等级尤其适用于测试能力人的能力较弱，以及错误所带来的后果威胁到个人和他人，并可能造成实质伤害的情形。在此情形下，年龄底线还可能是一种必要的保障，即令儿童的成长稍稍超前于其犯“错误”类型的错误的冒险。年龄等级划分毕竟不是那么糟糕，如果我们不错误地运用它！

第一部分的结论 p29

本简略开篇部分的三章讨论了公法所关注的现代青春期的三个相互关联的方面。第一章揭示了美国社会生活条件的变化——都市化、公共教育的扩展以及身体能动机械的可获得性的增加——带来了社会的变化，产生了青春期的问题，而法律对这一社会现实的回应相对滞后。第二章勾勒了一个自由社会中的青春期的核心观念——践习许可期，其间，半自治的少年通过对一系列不断增加的事项作决定来逐步走向成熟。这种试验和错误并存的系统，是能够作出成熟自由抉择的成年期之前的必要准备。第三章关注如何对青春期的少年进行评估的问题——青春期少年的技能水平和成熟程度千差万别。年龄等级划分是配给特权的数种方法之一，但很可能是理性的少年发展管理制度中所不可或缺的要素。

所有这些对少年法院和少年司法有何意义？意义很多。少年法院本身就是一个“年龄等级划分”的机构，被限定于针对青春期的少年，且在处理少年案件中糅合了相同的要素，即年龄等级划分、个别化裁量和能力测试。且青春期理论是相关问题的核心，即何以要设立一个单独的机构来处理少年刑事违法者。

如欲更为广泛地知悉相关的少年法学理论，请参见齐姆林之《变化中的青春期法律领域》（The Changing Legal World of Adolescence）。第一部分的相关内容即从该篇中摘取而来。

第二部分 p31
美国少年司法的基本原理

本部分的两篇文章探讨少年法院在处理少年越轨案件中的中心任务，以及负责处理少年犯罪的法律机构的相关特殊政策。第四章是关于少年法院的修正主义历史。笔者主张：少年法院设立之主要目的不在于对少年违法者的生活施加干预，更重要的是在于对被羁押的少年予以转处，从而使其免受监狱和刑事法院造成的伤害。从一开始，那些少年法院的缔造者就认为，少年犯罪的最佳治疗方法即令其在社会中经历正常的成长过程。犯罪少年所最需要的并非强大的干预，而是耐心的监管和正常的教育。将少年犯留在社区机构中，是少年法院的原初目标，且一个世纪以来一直是其持续的目标。20 世纪末也许是少年法院——作为一种避免刑事司法体制伤害的转处机构的最具效能的时期。

第五章探讨了对第四章所描述的转处机构策略具有补充作用的两种法律理论。其一，少年刑罚轻缓化，即因其身心不成熟而予以责任减轻的刑法观念。少年违法者的可谴责性较小（less culpable），[①] 且因此而应当受

① 可谴责性较小（less culpable），或可译为罪责较小，或可归责性较小。——译者注

到较轻的惩罚——不论是何种法院对其进行审判。基于该理由，身心不成熟性应当产生刑罚减轻的法律后果，不论是在少年法院，还是在刑事法院。年轻与身心不成熟令少年犯应受较轻的惩罚，即便他们必须受到惩罚。其二，第五章所谓的“改善机会”（room to reform），是一种法律给予少年的特殊机会，以尽量使少年能够有机会健康成长为有用之才——法律很重视其价值。第二次和第三次的机会不仅是少年可谴责性较小的结果，而且还是一种巨大社会利益的反映，即违法犯罪的生涯可能自然地消退为积极的成年行为。法律制度给予少年驾车者、少年酗酒者和少年违法犯罪者的机会是一种长期的投资，这不仅是对少年的福利，而且还有利于社会体制的健康——这有赖于少年成为我们所希望的好公民。

本部分的两个篇章组合起来阐释了少年法院的基本
p32 原理策略和避免更大伤害之转处策略的法学理论原则。第四章揭示了从1899年至今的少年法院转处策略的连贯一致性。第五章提供了转处理念的理论支撑——与身心不成熟性相应的惩罚减轻和避免儿童受到损毁性的惩罚，以便其正常的成长发展得以继续。这两章皆是基于第一部分所探寻到的青春期理论。通过将他们从阻断发展的惩罚威胁中转移出来，给予少年“改善机会”，以使其步入正常的成年期，即运用为少年而特设的法院来贯彻青春期之践习许可理论。

第四章　共通思路：少年司法之转处理念 p33

关于少年法院，应当把握的首要理念，即其创立的初衷就是为了防止儿童被当做罪犯对待。

——米里亚姆·范·沃特斯（Miriam Van Waters），1925 年

在 20 世纪开端之际，美国少年法院表现出一种交混状态，即实践之成功和理论之不一。一方面，其机构在美国以及世界众多地方的成功蔚为壮观。为处理少年违法者的少年法院在所有的 50 个州得以设立。没有任何一个发达国家将其少年违法犯罪者置于普通刑事法院进行审判，而且欧洲、日本和英联邦国家所设立的相应机构，在其用语、程序和目的等方面，尽皆明确地模拟着美国少年法院的模式。在英美法的历史上，还没有哪一个法律制度在工业化民主国家的不同法律体系中获得了如此普遍的接受。

另一方面，与少年法院之创立最为密切相关的国家干预理念，在其百年华诞之前至少一辈人的时期中，受到了深刻有效的质疑。或称“儿童拯救”，或称“少年越轨综合理论”（the omnibus theory of delinquency），以及其最具影响的称谓曰“康复理想”（the rehabilitative ideal）——我们所铭记的少年法院原初的正当化理由，是一种试图通过对危境儿童生活的强有力干预来实

施救援的制度。[①] 非正规程序优于正规程序，以便少年越轨者的需要问题得以解决。宽泛而模糊的少年越轨定义得以促成，以便所有需要帮助的儿童得以落入此新法院的管辖范围。广大的权力在所有的案件中大行其道，以便帮助能够被施与应当获得帮助者。

至 20 世纪 60 年代中期，康复理想天真的傲慢自大得以暴
p34 露，令其无法再毫无挑战地居于少年法院的统治地位。[②] 自 20 世纪 60 年代以来，少年法院还是持续着以往的兴旺发达景象。这一“后儿童拯救时代”（post - child - saving）的少年法院只是一个空壳——一个已经完成其使命但仍借惯性继续起作用的机构？抑或，少年法院是一条变色龙，在旧理论逝去之际，披上了新的正当化和功能理论的外衣？果真如此，这一特别的司法风向标为什么受到如此普遍的认同呢？

以笔者之见，若要理解现代少年法院的制度性地位和正当化原理，其实质决定性的一步，即修正我们关于少年法院原初的正当化理由的观点。笔者认为，从创建少年法院之初，就存在着两个正当化的理由，笔者将这两个不同的策略称为：独立儿童法院正当化理由之“干预主义”（interventionist）和“转处主义”（diversionary）。少年法院正当化理由之转处主义，曾一直是两条基本原理中最为重要的一条，且至今仍是。

在少年法院的奠基时代，不同的团体因不同的原因而形成联

---

① 参见安东尼·普拉特（Anthony Platt）：《儿童拯救者：少年越轨之发明》（The Child Savers: The Invention of Delinquency），芝加哥：芝加哥大学出版社 1969 年版，第 1 章。

② 弗朗西斯·艾伦（Francis Allen）：《少年法院与少年司法之限度》（The Juvenile Court and the Limits on Juvenile Justice），载《刑事司法之边界》（The Borderland of Criminal Justice），芝加哥：芝加哥大学出版社 1964 年版，第 42、50 ~ 52 页。

盟，许多改革者基于多种原因支持新法院的建立，关于刑事法院处理少年的转处主义批判意见总是获得比干预主义观念更为强劲和更为广泛的接受。这一状况在很久以后变得更为明显，即当干预主义的正当化理念与法院功能之现实状况、合法性原则以及均衡性原则之间发生冲突的时候，少年法院之转处主义基本原理成为该法院独立运作的核心解说。少年法院之转处主义原则不仅契合于青春期少年发展的现代理论，还同时契合于程序公正以及对少年犯罪法律对策之均衡适度的诉求。笔者在此意图揭示：在少年法院第一个百年的历史中，转处主义基本原理的持续性和一贯性。

本章第一节开篇解说了这两个分立的创建少年法院的正当化理由，并记录了世纪之交改革者的转处主义的议事日程。第二节揭示了早期少年法院主要的纲领性要素与转处主义正当化理论及方法之间的契合程度。在其早期和后期，少年法院的诸多工作皆着眼于能让儿童在社会环境中成长。第三节描述了联邦最高法院的两个重要案例中所反映出来的关于少年司法的现代理念。[1] 是
少年法院之转处主义理论，既得以符合正当程序原则，又能不牺 p35
牲少年之福利。第四节关注于作为一种消极性美德（passive vir-

① 1967年高尔特案［In re Gault, 387 U. S. 1（1987）］；1970年温希普案［In re Winship, 397 U. S. 358（1970）］。

tue)[①] 的少年法院的当代理解。笔者揭示：少年法院保护少年免受全部刑罚的功效，是该法院在当代具有如此众多敌人的核心原因。

两种变革理论

那些寄望于用以认定少年违法犯罪者责任的新兴少年法院的人们，基于两个理由认为此新立法院将会成为少年刑事诉讼的一种进步。第一个信仰，即以儿童为中心的少年法院可以避免犯罪惩罚给少年所带来的诸多伤害。改革者相信：刑罚过度严厉，且

---

① 消极性美德（passive virtue），或称“被动的美德”，即“法官不对抽象问题提供咨询性意见，而只在对具体的‘案件与争讼’的裁判中解释宪法被美国的学者解读为司法权的‘消极性美德’（passive virtue）。在比克尔教授的名著《危险最小的部门》中，他指出司法权是天然地被限制的，他认为：‘法院不应该作宏大和抽象的宣告，即使是在具体案件中，也不应该提供咨询性的意见。这是因为咨询性意见并非终局的判断，作为对案件作最终决定的权力，司法权不是为提供咨询性意见设定的。’而且他还认为，这一限制还使得法院获得了立法机关所没有的优势，使得法院能够作出更加深思熟虑的判断，而且这一限制还缓和了司法权与立法权之间的冲突。他指出‘司法权的一个重要的能力在于，法官可以在立法机关的希望和预期中经历了社会现实的检验之后再去作判断。这种能力是立法权没有的，却是最适应法院发展和适用宪法的功能的。法院可以面对具体的案件，而这些案件是立法行为和行政行为的实际后果。这将增加将立法政策与鲜活的案件事实联系起来的机会，也更容易发现立法机关没有预见到的各种现实可能性，这些机会的增加使得法院能够为国家进行第二次的思考。而且，（拒绝咨询性意见）还为立法和司法留下了时间间隔，这缓和了法院与立法所代表的多数之间的冲突。’”——引自张翔：《功能适当原则与宪法解释模式的选择》，法律教育网，http://www.chinalawedu.com/news/16900/171/2007/4/zh812819274616470029541-0.htm。——译者注

监禁场所是培育犯罪的学校——其中，涉世不深者被腐蚀，可挽救者被强化而走上长期持续犯罪的道路。基于此观念，少年法院的第一大优点，即它不会继续刑事司法体系对儿童的毁坏性作用。我将此少年法院的正当化理论称为“转处主义”的基本原理——该观点认为，因其比刑事审判程序带来更小的伤害，此新法院有益于少年。而且少年法院的每一个杰出支持者都相信：刑事法院是一个毁害性的工具，应尽量避免使用。

少年司法转处主义观点的标志性特征，即其对少年刑罚危害性质的强调。关于刑罚危害的一段经典的近乎完全的连祷，见于少年法院法官理查德·S. 塔特希尔（Richard S. Tuthill）1904 年关于改革前少年越轨者处遇之记述的首页：

> 1899 年之前，伊利诺伊州对此所为甚少，且如我所知，其他任何州亦如此，国家如此地关照国家的少年越轨者是没有错误的。不论这些儿童年龄多小，他们被指控，被起诉，且被判定为罪犯，投入监狱，如同成年人一样，在法庭审理后等候判决，并在他们还不明白犯罪是什么的时候就被贴上了犯罪者的标签。国家将这些小家伙投入看守所和监狱，与那些在城镇最邪恶角落所能找到的最坏的男人和女人为伍。在如此的待遇下，他
> 们迅速发展——他们于是顺理成章地受到犯罪的培养， p36
> 并在其获释之际适格于成为犯罪专家和亡命之徒，接着充斥于我们的监狱和拘留所。国家对涉世未深的孩子进行了犯罪的教育，且收获颇丰。芝加哥的情况如此的糟糕，以至于所有的知情者和有意改正者都在寻求某种解决办法。一份议案被提交给州立法机构，并在战胜了诸多反对意见之后，被适时地通过颁布成为一项世界闻名

的法律——《伊利诺伊州少年法院法》。[①]

该运动中的每一个主要公众人物在少年法院建立前后所发表的关于刑事司法制度的论说皆反映出类似的雄辩言辞。较为出彩的例子之一，即本·林赛法官（Judge Ben Lindsey）对刑事法院特征的形容——“对儿童的暴行”。[②]威廉·斯特德（William Stead）形容警察署为“10岁、12岁的顽童因为越轨行为跑入其中，发现警署拘留室是监狱的摇篮”。[③] 刑事法院成为公敌，并由此启动了美国的少年法院。

少年法院转处主义之正当化理论与笔者所谓的“干预主义”正当化理论很容易加以区分对照。转处主义方法用以避免刑事法院之危害，而干预主义观点强调儿童福利专家通过新的程式所可能获取的积极效益。以儿童为中心的法院为设计积极的程式创造机会，以使保护社会和救治儿童的目标得以同时实现。这一儿童拯救的理念令少年法院早期的正当化理论显得如此的强劲。虽然转处主义和干预主义的正当化理论在概念上存在着相当的区别，

---

① 理查德·S. 塔特希尔（Richard S. Tuthill）：《芝加哥儿童法院的历史》（History of the Children's Court in Chicago），载简·亚当斯（Jane Addams）主编：《美国儿童法院：起源、发展和结果》（Children's Courts in the U. S.: Their Origin, Development and Results），1904年再版，芝加哥：AMS出版社1973年版。

② 本·B. 林赛（Ben B. Lindsey）：《科罗拉多对少年法院的贡献》（Colorado's Contribution to the Juvenile Court），载简·亚当斯主编：《儿童、诊所和法院》（The Child, the Clinic, and the Court），纽约：新共和国出版社1925年版，第217页。

③ 威廉·T. 斯蒂德（William T. Stead）：《如果基督来到芝加哥》（If Christ Came to Chicago），1894年再版，芝加哥：芝加哥历史印书馆（Chicago Historical Bookworks）1990年版。

但是少年法院创立时期的人们似乎很少意识到这两种正当化理论可能存在某种冲突。那些相信转处主义优点的人同样也确信其干预主义的潜能。[①] 因为当时没有意识到其潜在的冲突，少年法院的支持者们就没必要在这两个彼此分立但具有吸引力的基本原理之间进行选择。

然而，作为一个未经检验的革新的正当化理由，与干预主义理论相比，转处主义基本原理具有几个显著的优势。

首先，新的法院能够被冀望于获取社会效益，而无论其矫治干预措施是否起作用。避免儿童犯罪化危害是一种唾手可得的利 p37
益，而无论该新法院干预举措的效能被证实为如何。转处主义观点的第二个优势，即给予更少伤害的观念与新法院的主要工具——社区缓刑监管（community - based probationary supervision）在形式和定位上具有相当的符合性。社区监管基本上不是一种英勇的干预措施；与看守所、监狱和囚犯劳动营相比，它不需要广泛的干预少年犯生活的权力。除其高水平的道德原则之外，它还是一种相对低廉的应对公务人员越轨行为的方法。

其次，在任何层面上的论说，从保护儿童到经济自利之雄辩，对那些正在组建少年法院的人来说，转处主义的观点都是非常具有吸引力的。它是一种关于少年法院的论点——没有反对者，没有明显缺点；它是一种关于少年法院变革的基础——过于明显，而令人难以将其作为一个显著的正当化理由予以清晰铭记。

如果说将少年从刑罚的严酷中解放出来是此新法院的主导性的动机，这一正当化理论为何没有在少年法院创建的历史文献中占据一个更主要的角色呢？转处主义的动机支配着关于少年法院

① 参见朱利安·马克（Julian Mack）：《少年法院》（The Juvenile Court），载《哈佛法律评论》第23卷，1909年版，第104页。

早期的当代论说，然而，在20世纪60、70年代出现的对该法院的历史性批判中，这些关于减少刑事法院不必要伤害的努力却没有受到更多的注意。[①]

学者之所以在晚些时候才给予少年司法干预主义理论更多的注意，其部分原因在于：这一主张既新奇又富于争议，而在儿童保护主义的情绪受到如此广泛认同的时候，这在任何一个特定的历史时刻似乎没有任何的重要意义。1899年的转处主义情绪没有在1940年或1980年得以激起。比较而言，至20世纪60、70年代，如果不是更早的话，干预主义主张的威力被视为一种引人注目的历史性的造作物。

另一个对干预主义教条产生更多强调而不是正当化的历史性因素，即少年法院正当化理论的诸多述说皆是出自对扩大这一新机构的权力和声望有着既定志趣的法官之笔。实际上，与对那些即将堕落者施以治疗性救援的主张相比，避免对儿童的伤害是一个谦逊的目标。例如，朱利安·马克法官的言辞似乎倾向于这种主张；甚至于作为当时的非干预主义者的林赛法官的作品，也充斥着司法救援的论说。[②]

尽管可以理解那些考察少年法院历史而失察于转处主义动机
p38 的人，但这一重大差池还是导致了一系列的不利后果。其一，20世纪晚后期的工作低估了如简·亚当斯（Jane Addams）和朱莉

① 比较简·亚当斯（Adams）：《儿童、诊所和法院》（The Child, the Clinic, and the Court）、普拉特（Platt）：《儿童拯救者》（Child Savers）、史蒂芬·施洛斯曼：（Steven Schlossman）《爱与美国少年越轨者："进步时代少年司法"的理论与实践》（Love and the American Delinquent: The Theory and Practice of "Progressive Juvenile Justice"），芝加哥：芝加哥大学出版社1977年版。

② 史蒂芬·施洛斯曼：《爱与美国少年越轨者："进步时代少年司法"的理论与实践》，第55~57页。

娅·莱思罗普（Julia Lathrop）等缔造者的才能，并误传了她们的动机。[①] 她们不是一些天真的无知女性，缺乏对移民社会文化根基的理解——笔者将对此进行说明。其二，这种对避免儿童犯罪污点理念的充分关注，使得之后的相关历史缺乏对少年法院世界范围的认同接受状况的解释。毫无疑问，是避免刑事司法伤害的理念令少年法院的福音在20世纪早期传播于整个世界，而不是司法权力的干预主义主张使然。忽视少年法院转处主义基本原理所带来的第三个问题，即这使得我们无法通过援引有关少年法院正当化理由的途径，来理解20世纪前半期少年法院诸多发展的性质。

早期少年法院的目标和手段

20世纪早期，新型的精深的行为治疗方法既没有被应用于接受法庭审判的成人，也没有被应用于受审的少年。对少年法院开放的最为严肃的交付执行选项为政府教养院（reformatory）或训导学校（training school）——此类机构的程式是19世纪的，且其在革新人格和影响行为方面的声誉全无。[②] 创建少年法院，并冀望于将各种形式的政府产业学校作为儿童拯救的场所——试图找出这种重要人物的记录，是徒劳的。[③] 教养院的唯一优点即在于：它不是监狱。

---

① 特别参见普拉特：《儿童拯救者：少年越轨之发明》。

② 朱莉娅·莱思罗普（Julia Lathrop）：《伊利诺伊州少年法院之背景》（The Background of the Juvenile Court in Illinois），载亚当斯：《儿童、诊所和法院》，第290页。

③ 史蒂芬·施洛斯曼：《爱与美国少年越轨者："进步时代少年司法"的理论与实践》，第64~66页。

改革者们将他们在20世纪前15年中的期望放在何处呢？放在了社会和教育的总体变化上，放在了社区观护监管制度上——少年越轨者被安置在其家庭的环境中。义务教育和儿童劳工法律是进步时代少年政策的主要目标，而不是少年法院的运作。少年法院主要的程式优势即观护制度（probation，或缓刑制度）。[①]这些改革者的目标，用简·亚当斯的话来说，即：“一种理解儿童成长的判断和一种寻求保障其在正常社会中有序发展的诚挚努
p39 力。”[②] 早在1908年，少年法院案件的主要处理结果即为观护，其时，在密尔沃基（Milwaukee）[③]，观护案件的数量很可能相当于法院其他处理结果总和的两倍。[④]

对观护和社区监管的倚重，非常契合于少年法院的转处主义正当化理念。该法院的第一要务即不伤害少年，然后是试图在社区背景中对其进行帮助。对该程式的倚重与儿童拯救的浪漫辞令不相吻合。在本质上，观护制度是一种增加社会控制的策略，其有赖于对象之社区生活的基础健康和功能的发挥。

即便是那些观护制度倡导者们更具雄心的计划——将家庭和学校纳入其中，也是为了社会控制程度的减弱，尤其是在少年法院早期财政开支紧张和志愿者成员短缺的情形下。唯一与儿童拯救理念相契合的新程式，即监管逃学儿童的芝加哥“父母学校”（parental schools）——这些学校希望将强制性的手段和教育目标

---

① 本·B. 林赛：《科罗拉多对少年法院的贡献》，第274页。

② 简·亚当斯：《儿童、诊所和法院》，载《亚当斯简介》，第1、2页。

③ 密尔沃基（Milwaukee）：美国威斯康星州东南部港口城市。——译者注

④ 史蒂芬·施洛斯曼：《爱与美国少年越轨者：“进步时代少年司法”的理论与实践》，附录2，表格2，第202页。

及少年羁押结合起来。[①]但是，这一清晰的干预主义机构不是在少年法院的增殖中通过仿效而得来的。在此意义上，父母学校或许是证明上述规则的例外。

其他主要增加的社会控制，即对少年法院的所有制裁方式明确地扩展到非犯罪行为，如不服成人管教、逃学和违反宵禁等。很明显，少年法院不是以转处的名义对其司法管辖权作此向度的扩展。但正是这一同样的关于儿童依赖性的法学理论，一方面支撑着对身份违法者（status offenders）的管辖权利，另一方面为避免少年违法者进入刑事法院接受审判提供了理论基础。[②]

最后还有一个方面，使得少年法院在改革构想中的角色比该法院的某些干预主义辞令更为谦逊。如果说，儿童劳工法律规定和公共教育是重要的关于少年管理新秩序的公共法律事业，那么，二者是以与少年法院相分离的政府运作为中心的，正如简·亚当斯所创立的社区服务中心（settlement house）。[③] 比刑事法院带来更少伤害——这一处理少年越轨问题的新的法律机构没必要成为一个超级强权，而且它事实上也不是。

---

① 罗伯特·M. 门奈尔（Robert M. Mennell）：《刺与蓟：1825～1940年美国少年越轨者》（Thorn and Thistles：Juvenile Delinquents in the United States，1825－1940），新罕布什尔州汉诺威：新英格兰大学出版社1973年版，第106～107页。

② 富兰克林·E. 齐姆林：《变化中的青春期法律观念》（The Changing Legal World of Adolescence），纽约：自由出版社1982年版，第35～40页。

③ 社区服务中心（settlement house）：即慈善团体或大学举办的娱乐、教育和社会中心，或在一个贫困地区提供社区服务的中心。——译者注

少年法院与法治

少年法院历经了20世纪2/3的时期后，美国联邦最高法院方才考虑到正当程序原则（due process）所要求的程序保护，即
p40 针对受指控的少年违法者所面临的受国家机构监禁的危险所给予的。在1967年判决的高尔特案件（In re Gault）中，有一个重要的争议，即少年法院为实现其儿童拯救使命所需要的非正式程序问题。[①] 约翰·哈伦法官（Justice John Harlan）认为，严格的正当程序会有害于传统的少年司法。高尔特案件判决的大多数意见主张：正当程序原则要求确认其避免自证有罪的特别权利（a privilege against self - discrimination）、与证人对质的权利（the right to confront witnesses）和交叉质问的权利（the right to cross - examination）。而哈伦不同意大多数的意见，并论辩道：

> 首先，和通知、获取律师帮助以及犯罪记录等问题不太一样，这些要求会在根本上改变少年法院审判的特性。法院用以推断其指控事实不成立的证据是非决定性的，而其他所能获得的证据表明其指控事实很可能成立。至少，明摆着，这些附加的要求将会在相关审理程序中从本质上制造出普通刑事审判的氛围，而且，即便不为更多，这些要求也会因此而在很大程度上挫败这些特别法院的中心目的（参考书目删除）。[②]

---

① 高尔特案（In re Gault，387 U. S.），第25~26页。

② 高尔特案（In re Gault，387 U. S.），第75页，法官哈伦（Harlan J.）的不同意见。

他的建议是，诸如与证人对质、交叉质问之类的程序，会危害到少年法院的实质性的使命。然而，亚伯·福塔斯法官（Justice Abe Fortas）在书写多数派意见中主张：在少年法院的治疗意图和对被指控少年的程序保护之间并不存在严重的矛盾冲突。他指出：

> 尽管在某些情况下，正当程序原则要求引入少年法院之少年越轨案件审判程序的一定程度的秩序性和规则性，并在争议案件中引入抗辩制度的某些元素，但是并没有要求和蔼可亲的少年法官的观念被其对立面所取代。①

换言之，在他看来，程序性的保护不会将少年法院转型为一个袖珍型的应用其所有暴戾判决的成人刑事法院。

就此争论，我不愿偏向于任何一方，而是主张：通过少年法院干预主义和转处主义理论之间的对照，可以判定少年法院的目标和正当程序标准之间是否存在矛盾冲突。对于一个非正式且干预主义的少年法院而言，证明标准和辩护律师会成为阻碍认定困 p41
境儿童并为其提供帮助的因素。如果这是少年法院的使命，那么，正当程序原则将成为其成功的主要障碍。但如果将避免儿童遭受刑事司法程序的不必要伤害作为其目标，正当程序和少年法院的主要有益功能之间就不存在任何的内在冲突。

关于正当程序和干预主义法院之间矛盾冲突的最佳说明，即1970年温希普案件（In re Winship）所引发的争议。纽约州支持了一项诉请，即反对少年法院以优势证据来确认少年越轨行为的

---

① 高尔特案（In re Gault, 387 U. S.），第27页。

事实成立——而优势证据规则是民事审判的通常证明标准。[①] 上诉人将高尔特案件作为典据，主张：少年越轨行为的构成事实只有在达到排除合理怀疑（beyond a reasonable doubt）证明标准的情况下才能得以成立。最高法院同意了这一结论。[②]

然而，何谓刑事案件排除合理怀疑证明标准的正当理由呢？法律通说告诉我们，错误的无罪判决，其社会危害小于错误的有罪判决：“十个有罪的人获释，好于一个无辜的人获罪！”但是，如果少年法院是为了帮助少年越轨者，那么声称：“十个需要帮助的儿童没能获得帮助，好于一个不需要帮助的儿童获得了错误的帮助！”其给人的感觉如何呢？如果少年法院的主导性目的是为了儿童福祉而施加强力的干预，那么，高尔特案件和温希普案件的规则就成为对少年法院法学理论的决定性的摒弃。

但是，正当程序保护的每一个方面都能与少年法院的转处主义理论相互契合。如果少年法院的主要裨益为避免儿童遭受刑事法院的毁害性影响，那么，不论少年法院是否对特定案件作出某项正式的制裁决定，这一裨益皆可实现。证明责任的重担和代理少年的律师将不会抵消该少年法院的功能。少年法院的转处主义基本原理将不存在相关的威胁，诸如“越轨者”带有污点、少年法院制裁措施可能带有惩罚的功能等。只要少年法院能够被视为更少的恶害，该法院之转处主义观点就能相当的世故老练，并没有必要再去否认——惩罚动机可能令少年法院的制裁决定变色。

少年法院案件处理的干预主义观点总是更为脆弱的。对少年
p42 法院干预措施的积极特性的描述，是令该冒险事业正当化所必要的。将少年法院对少年越轨者的处理称为惩罚，即是对干预主义

① 温希普案（In re Winship，397 U. S.），第360页。

② 同上，第368页。

理论核心前提之真相的否定。依此观之，高尔特案件的大多数意见摒弃了独立少年法院的一个持久性的基本原理，并将另一个理论提升到了至上的地位。美国联邦最高法院所赞同的少年法院，主要通过避免儿童被投入监狱和看守所的方式来对他们进行保护。[①] 如此的一个机构可能节制其自身所拥有的惩罚措施——将其限定在证据充足、程序公正的案件中——而不会威胁其自身的实质性的使命。绝对的司法权力的傲慢，对少年法院这一版本的目的而言，是不必要的。1967 年高尔特案件之后，转处理念是获得赞同的一种版本——在美国少年司法中如此，在其他发达国家中也很可能如此。某些少年法院法官或许曾为亚伯·福塔斯对少年法院干预主义之正面意义的解构方式而流泪，但是，高尔特案件的多数派并没有取消或完全重构格雷斯·阿博特、朱莉娅·莱思罗普和简·亚当斯等人所支持的少年法院。他们所希望的转处主义机构已经通过了高尔特案件和温希普案件的验证，且大获全胜，彩旗飘扬。

现代少年法院中的转处

20 世纪见证了美国文化和制度的诸多变迁。少年法院，其本身只是该世纪初的一个试验，见证了其当事人、其政治与法律要素及其运作方式的变化。

然而，该法院之核心观念，即“防止儿童被当做罪犯来对待”，一直清晰，1899 年如此，1999 年亦如此。青春期的学校教育和经济依赖性的通常期间，随着 20 世纪的发展而持续延长。与此同时，大多数州少年法院所管辖的少年越轨年龄上限移升至 18 岁生日，并保持在 18 岁。其中所反映出的年龄界限接近于中

① 高尔特案（In re Gault, 387 U. S.），第 22 页。

学教育的相关模式。十几岁的半自治状态时期的绝大部分皆在少年法院的收案范围内。[1] 本节将揭示：通过对近期政策发展的观察，可以发现少年司法转处主义导向在其间的持续一贯性。

p43 现代改革：1974年少年司法与少年越轨预防法

继前一节所讨论的正当程序要求之后，本节紧接着探讨旨在对州少年司法政策的实质内容施加影响的首个重要的联邦立法——该立法通过提供财政奖赏的方式来鼓励州少年司法体制遵循相关的联邦标准。[2] 1974年少年司法立法的两个主要目标与传统的关于少年法院目标的转处主义观点相当契合。该联邦法律的第一个推进方向，即将少年从美国的看守所和监狱中转移出来。[3] 对儿童的保护性隔离曾是1899年转处主义计划日程的核心要务。为争取儿童分管分押的持续斗争是一种实实在在的转处主义改革，与少年法院的原初观念明显一致。美国少年司法75年的历史还未能实现这一原初的改革——最初的改革者们或许会对此发现感到困惑。

此1974年立法的第二个主要目标——身份违法者的非监禁化（the deinstitutionalization of status offenders），亦如此。[4] 身份

---

① 富兰克林·E. 齐姆林：《变化中的法律观念》，第3章和第7章。

② 1974年少年司法与少年越轨预防法（Juvenile Justice and Delinquency Prevention Act of 1974 § 233[a], 42 U. S. C. § 5633[a][1994]）。

③ 1974年少年司法与少年越轨预防法（Juvenile Justice and Delinquency Prevention Act of 1974 § 233[a], 42 U. S. C. § 5633[a][1994]）。（Ibid., § 102, 42 U. S. C. § 5602）。

④ 1974年少年司法与少年越轨预防法（Juvenile Justice and Delinquency Prevention Act of 1974 § 233[a], 42 U. S. C. § 5633[a][1994]）。（Ibid., at § 311, 42 U. S. C. § 5711[a]）。

违法者的传奇，是少年法院干预主义理论的最大失败之一。在原初的立法中，后来被称为身份违法的非犯罪行为只不过是另一种可以被认定为越轨的行为，和少年法院规范其他少年越轨的正当安排一样。[1] 离家出走、不服管教和逃学的儿童可能被判决送往与少年入室盗窃和盗窃汽车者同样的机构中。对非犯罪的不良行为的监禁处置存在两个问题：它非常不公平，且显然无效益。至1974 年，这方面的康复理想需要回调，几乎已经成为当时的少年福利专业人士的共识。[2] 不允许少年法院对逃学者处以监禁和少年法院干预主义理论之间的直接冲突是显然的。

但在对非犯罪行为的强力干预措施和少年司法的转处主义理论之间，并不存在必然的冲突。改革者希望避免少年违法者被送入看守所和监狱，即意味着，他们不支持对非犯罪的儿童施以严厉的惩罚。恰好相反。大部分发达国家的少年法院皆有对少年违
法者的矫治措施，然而产生出针对逃学者的训导学校的强力干预 p44
主义主张却是四处皆无的。外国法院没有采取这种政策，因为转处主义理论不要求他们这么做。该联邦立法，如同之前的宪法案例，可以被视为对现代少年法院之转处主义理论的认可，以及对其干预主义理论的摒弃。

转处理念与对少年司法惩罚性的攻击

关于现代少年司法转处主义政策之功效和重要性的最为生动的证据，很可能在于法律和命令的政治力量对现代少年法院的持续攻击。在联邦层面，共和党议会多数派一直试图通过 1974 年

---

① 富兰克林 · E. 齐姆林：《变化中的法律观念》，第 32 ~ 40 页。

② 富兰克林 · E. 齐姆林：《变化中的法律观念》，第 32 ~ 40 页，第 5 章。

少年司法与少年越轨预防法所倡导的联邦财政刺激来推行一系列旨在创设更多惩罚性制裁的标准，并以此促进严重的少年违法者更易于被移送至刑事法院接受审判。①

支持此立法的辞令使用了一些新术语，如“可归责性”（accountability）和“分阶累进制裁”（graduated sanctions），来形容其所期望的少年法院处置后果。② 但是，该立法所提议的移送管辖政策和少年法院之更为严厉惩罚的共同敌人，即少年法院的一种传统——寻求避免少年违法者的永久污点和毁害性惩罚。站在正确的立场来看，针对少年法院的批评意见所运用的斥责语词，如“旋转门司法”、③“轻拍手腕”、④“小孩法院”，是一种对少年法院转处主义意图的颂词。批评者的攻击是建立在经验实证事实的基础之上的，对于在整个20世纪力求避免对所处理案件作出最严厉处罚的少年法院而言，那些攻击对其功效有所裨益。

传说中的真实？

然而，关于少年法院保护少年越轨者免受毁害性惩罚的传说

---

① See S. 10, 105th Cong.（1997）; H. R. 3, 105 Cong.（1997）.

② See, for example, S. Rep. No. 105 – 108（1997）; H. R. Rep. No. 105 – 86（1997）.

③ 旋转门（revolving door），在一般意义上是指作为建筑物进出通道之旋转门，大多为玻璃门，门旋转起来就可反复自由进出。而本书中的“旋转门司法”（revolving door justice）是批评家们指责少年法院对那些少年犯们“抓了就放、放了又抓”反反复复、断断续续的做法，这样是纵容了未成年人犯罪。——译者注

④ 轻拍手腕（slap on the wrist），是指轻微的惩罚，且往往是指某人得到的惩罚要比他应该得到的惩罚要轻。在本书中指批评家们指责少年法院在对少年犯的处罚上过于轻微，过于放纵。——译者注

中，是否存在某些真实？在关于少年犯罪对策现行争论的辞令背后，我们发现：鲜有关于少年法院和普通刑事法院对类似案件制裁措施的比较分析，且关于少年法院对不同类型犯罪惩处结果的 p45
影响作用，有关讨论对之素有忽视。[①] 我个人认为：少年法院曾一直通过一些转处措施使得诸类少年违法者从中获益，而且这些益处的大小和分配随着社会时期、少年犯的年龄段和犯罪类型不同而发生着变化。对此重要问题的研究基础几乎为零，无可托词——此局面使得少年法院案件惩罚措施适用的总体作用的判定就像是个猜谜游戏。

我的最优猜测为：当惩罚性政策在刑事法院居统治地位的时候，在对少年犯罪的处罚问题上，转处主义少年法院的保护性作用即最大——如与目前美国相似的时期。刑事法院系统中的惩罚性侵噬越大，专为处理违法少年而成立的少年法院就越有可能将此侵噬移除于相应的国家制裁措施范围。

图 4.1 为 1971 年、1991 年和 1995 年公共机构对 14 ~ 17 岁少年和 18 ~ 24 岁年轻成人的监禁状况提供了一个相当细致的估算。对于 14 ~ 17 岁年龄组，我合并了少年留置机构、训导学校和训练营等方面与监狱和拘留所中的相关数据。少年处遇机构为少年法院所掌控，于是，总体的监禁率是对政府总体控制的最好测量尺度。该图将 1971 年两个年龄段的监禁比例设定为 100，以凸显监禁人数随时间演进而发生的变化。

如图 4.1 所示，这两组人的监禁率在 1971 年相差不大：18 ~ 24 岁年龄段的监禁率比 14 ~ 17 岁年龄段的监禁率高出

---

① 参见彼得·格林伍德（Peter Greenwood）、琼·彼得西里亚（Joan Petersilia）、富兰克林·E. 齐姆林：《年龄、犯罪与制裁：少年法院至刑事法院的案件移送》（Age, Crime, and Sanctions: The Transition from Juvenile to Criminal Court），加州圣莫妮卡：兰德出版社 1980 年版。

28%。1971 年后，二者的差别趋势加剧。1971 ~ 1991 年不是美国犯罪对策史上的一段典型的间歇期，而是美利坚合众国历史上监禁人数增长最快的时期。① 监禁机构从来没有面临过如此长久且巨大的压力。整个少年（14 ~ 17 岁）监禁人数上升了 21%，而年轻成人（18 ~ 24 岁）的监禁率则翻了一番多。至 1991 年，两组监禁率之比超过了 2∶1。这一非常重大的差距是那些成功而激进地改变了刑事法院惩罚措施的人为什么愤恨少年刑事政策及
p46 其结果之稳定性的原因之一。

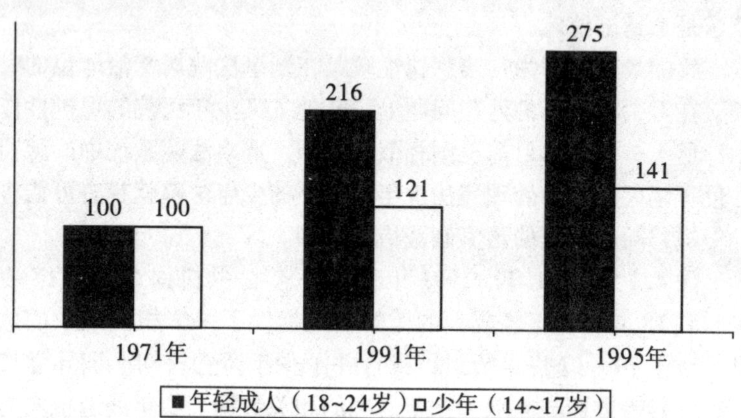

图 4.1 少年（14 ~ 17 岁）和年轻成人（18 ~ 24 岁）监禁率的趋势

年轻成人，1971 年：393/100000；少年，1971：508/100000。

来源：法律实施协助管理局：《监禁中的儿童》（Children in Custody）（华盛顿特区：美国政府印刷局，1974 年）；美国司法部司法统计局：《刑事司法统计原始资料集》（Sourcebook of Criminal Justice Statistics）（华盛顿特区：美国政府印刷局，1971 年、1991 年、1996 年）。

---

① 富兰克林·E. 齐姆林、戈登·霍金斯（Gordon Hawkins）：《监禁规模》（The Scale of Imprisonment），芝加哥：芝加哥大学出版社 1991 年版，第 5 章。

20世纪90年代初的情况就更复杂了。1991年至1995年，14～17岁少年犯的监禁率在这4年的增长幅度几乎与1971年至1991年这20年的增长幅度相同。因此，似乎严刑峻罚的重大转变最终得以获取。而年轻成人监禁的增长幅度比少年监禁的增长幅度要大得多，因而，在20世纪90年代初，这两类人之间监禁率的差距实际上是扩大了。以每100万人当中被监禁的人数多少为基准，少年组（14～17岁）监禁率增长数为80人，是年轻成人组（18～24岁）相应数据的3倍多。

在美国，刑事司法体系经历了20年不间断的刑罚扩张，其持续的监禁限制政策产生了对少年法院的巨大政治压力。事实上，图4.1的数据为旨在扩大少年犯惩罚措施的一次次立法活动提供了一种新的解释。关于少年犯罪立法的通常论说建立于政治者和公民对少年犯罪和暴力行为的关注的基础上。[①] 但是，图4.1显示：在刑罚系统的其余部分制造了非常扩张的政治力量，被梗阻于少年法院。从那种意义上说，18岁以下的人群成为对抗“从严处罚”倾向的最后一个重要战场，而这种倾向已经渗 p47
透于刑罚矫正体系（peno－correctional system）的其余部分。20世纪70、80年代美国少年法院的表现是例外的，而这使得少年司法制度在面临攻击时不堪一击——同样的攻击在数十年前的刑事司法制度中取得了成功。

从这个角度看，对20世纪90年代少年法院的愤慨抨击即是对少年司法制度保护少年犯免受监禁刑泛滥伤害之功效的赞颂。从转处主义的立场来看，20世纪90年代的最大讽刺为：少年法院饱受责难的原因不在于它们没有完成服务儿童的使命，而是在于它们成功保护了少年免受新的犯罪控制正统观念的侵害。

---

① 富兰克林·E. 齐姆林：《美国少年暴力》（American Youth Violence），纽约：牛津大学出版社1998年版，第1章。

作为对少年法院转处的测度，图4.1的相关数据也有不太令人满意的方面。1995年，18～24岁年轻成人监禁率是14～17岁少年监禁率的2.5倍；而在1971年，少年监禁率比18～24岁青年成人监禁率仅仅低28%。就此数据而言，乐观的看法是：在1971年，少年法院和刑事法院都重视“转处”，从而使得它们之间的监禁比例相差甚少。悲观的解释为：少年司法较早且较为令人确信的时期关联于少年法院与刑事法院相近的令人不安的监禁适用水平。不管怎样说，20世纪70年代以来的相关数据清楚地表明：在反毒品运动和刑事法院总体缺乏效用的急剧转化之后，少年法院的特殊政策对监禁风险的影响作用更为重大。

结　论

对于那些将青春期视为一个充满紧张和试验的成年过渡阶段的人而言，成长是大部分少年犯罪的可靠治疗方法。将众多拥护者吸引到少年法院理念中来的政策目标，即少年法院有望成为一个“理解成长中的孩子，并寻求保障其在正常社会中健康有序发展之方法”的场所。[①] 将少年从社区环境中移开并将他们投进监狱和看守所的刑法，被视为对少年在正常社会中发展的首要威胁。因此，少年法院的“诞生乃是为了防止儿童被当做罪犯对
p48 待”。这曾是且仍是“关于少年法院的应当得以秉持的首要理念”。[②] 这是一个极具恒久性的基本原理，其抱负更为谦逊，更为接近制度现实，且从来就甚于康复理想。少年法院司法管辖之

① 简·亚当斯：《儿童、诊所和法院》，载《亚当斯简介》，第2页。

② 米里亚姆·范·沃特斯（Miriam Van Waters）：《基于儿童观点立场的少年法院》（The Juvenile Court from the Child's Viewpoint），载简·亚当斯：《儿童、诊所和法院》，第217页。

转处主义理论不是一种可以变通的救助少年违法者的方法，而是一种比绝对权力的儿童拯救更为特定、更具限制的救助方法。其方法适度，且目标聚焦，令少年违法者在犯罪之后和经历社会控制的过程中都保有完整的人生发展机会。

历史记录提示我们：转处主义的少年法院是一种超乎相关历史学说认识的更为世故圆通和精妙老到的改革。在少年法院的早期历史中，存在着一种耐心而节制的法学理论基础，一种制度的承诺——比刑事法院对少年犯带来更少的伤害。这在 1899 年曾是一个非常好的理念，至今依然如此。

p49 第五章　少年犯之罪刑均衡：不成熟、行为能力与减轻责任

英美刑法之核心乃是关于刑罚，即故意加之于应受谴责行为实施者的恶害。我们施以惩罚，因为我们相信：如此的恶害是某人因其行为而在道义上罪有应得的。为此，刑法需要成就为一种道义该当性（moral desert）[①] 的话语：只惩罚那些应受谴责者，只在其个人道义该当性的程度范围内对其罪行施以惩罚，并按照其所理解的反映相关应受谴责性的某种顺序，对各种不同的罪犯施以惩罚。当然，完全满足这些标准往往非人力所能及，但是某种刑罚体系的合理合法性（legitimacy）有赖于对罪刑均衡道德义务的认同，以及为符合之所做的努力。由于都要对少年违法者作出惩罚决定，刑事司法和少年司法机构必须承担罪刑均衡的道德义务。

某一犯罪行为所导致的损害是衡量其严重程度及其应受惩罚的量的一个重要指标，但是，业已造成的损害在决定该行为应受刑罚惩罚中的作用，远不及其在衡量民事法律赔偿责任中所起到的主导作用。在民事法律制度中，一旦达到责任之门槛，遭受损害的程度即决定了获取赔偿的大小。但是，该当性（desert）是

---

① 道义该当性（moral desert）：在书文中，即指某人因其行为而在道义上应当承受某种不利之后果，也即在道义上应受惩罚，或曰罪有应得。——译者注

一种关于过错（fault）[1] 的测度，而这一测度会对损害数量相近的犯罪行为施以差别巨大的刑罚。

英美法律关于杀人犯罪的规定极好地展示了相关刑罚的宽广的变化幅度——取决于行为人造成他人死亡的应受谴责性，即使行为所造成的损害近乎为一个恒定值。大部分州针对杀人犯罪的刑罚，其典型者为：从缓刑以至死刑伴随着诸多中间节点的依次排列。[2] 一起有责的故意杀人可能是一级谋杀、二级谋杀或非预 p50
谋故意杀人（voluntary manslaughter）。[3] 轻率（recklessness）和疏忽（negligence）可能导致多种类型的犯罪责任。在具有挑衅或不合理错误的情景下所实施的应受谴责的非预谋故意杀人行为，其所招致的刑罚有可能小于某些种类的轻率致人死亡的行为。一系列的个人主观因素（subjective elements）影响着应受惩罚性的裁量，尽管在每一不同案件中被害人都死亡了。

本章考量了一系列个人主观因素，这些因素影响着少年被告人因其特定的应受谴责行为而应受惩罚的程度。我主张：即便某少年具备刑罚正当性所必需的认识能力和社会控制能力，其身心的不成熟性理应被作为一种罪责减轻情节而延续一段时间。

本章分为四节。第一节试图界分行为能力（capacity）和减

---

① 过错（fault）：相当于我国刑法理论中的“主观罪过”，指损害行为人的道义上的可归责性。——译者注

② 富兰克林·E. 齐姆林、乔尔·伊根（Joel Eigen）、希拉·欧莫里（Sheila O'Malley）：《费城之杀人犯惩罚：死刑之观察》（Punishing Homicide in Philadelphia: Perspectives on the Death Penalty），载《芝加哥大学法律评论》（University of Chicago Law Review）第 43 期，1976 年版，第 227 ~ 252 页。

③ 韦恩·R. 拉斐（Wayne R. LaFave）、小奥斯丁·W. 斯科特（Austin W. Scott, Jr.）：《刑法》（Criminal Law），明尼苏达州圣保罗：韦斯特（West）出版社 1972 年版。

轻责任之定义，以避免关于身心不成熟违法者的行为能力槛限问题（threshold issues of capacity）与惩罚程度适当问题之间的持续混淆。第二节主张：美国少年法院业已至少在一辈人的时期中被认为是刑罚体系的一个部分。第三节对身心不成熟者减轻刑罚的两个理由进行了区别，即罪刑均衡与少年受保护与特权身份的理论。于是，刑罚理论之减轻责任学说得到了某种程度的发展，并与基于少年政策之少年惩罚措施的变化状况相照应。第四节探讨了关于身心不成熟的理论假设与其他法律学说之间的关系：前者促进着关于减轻责任的不同理念；后者则管控着现代工业国家中的青春期。

身心不成熟性与该当性

刑事责任的否定条件与减轻刑罚的特定情节之间的分别，是刑法中的一个基础性问题。应受谴责性（blameworthiness）是刑罚的必要条件（sine qua non）——在此制度下，非常年幼的儿
p51 童和精神深度病态者不具有刑罚正当化所必要的起码行为能力。而同类型的程度较轻的能力障碍，通常可以成为应受惩罚性减弱的理由，即便他们达到了刑罚适用的起码条件。

在1998年前几个月中，那些试图寻求免责事由和减轻事由之间差别的阐释的人有必要考察一下西奥多·卡钦斯基（Theodore Kaczynski）案件的辩诉交易——该案令人沮丧，但广为公

众所知——该臭名昭著的寄邮包炸弹者（Unabomber），[1] 在其死刑审判的前夕，经过辩诉交易的认罪之后，被判终身监禁。对该被告人的精神病学诊断清楚地确认了其患有严重的精神病。同样明确的是，基于现行法律，该被告人的精神病不足以否定其道德判断之行为能力，并进而成为其行为之刑事责任的免责事由。基于该案之情节，负责该案审理的法官甚至不允许辩护方将被告人的深度精神病作为针对犯罪指控的绝对辩护事由予以提出。

精神疾病不宜成为免责事由，而可以成立减轻事由——此一

---

① Unabomber（寄邮包炸弹者），即指西奥多·约翰·卡钦斯基（Theodore John Kaczynski），他1942年5月22日生于伊利诺伊州芝加哥市，是以反科技主义著称的美国数学家和社会批评家，美国联邦调查局（FBI）历史上悬赏金额最高的罪犯之一；哈佛大学毕业生，密歇根大学数学博士；年轻时就表现出优秀的学术天才，25岁便成为加州大学伯克利分校的副教授，两年后辞职。1978～1995年，卡钦斯基先后寄出16份邮包炸弹袭击包括大学、航空公司之类的目标，造成3人死亡，23人受伤。

1995年4月24日，卡钦斯基寄信于《纽约时报》，声称：如果《纽约时报》或《华盛顿邮报》发表其宣言，便"停止恐怖行动"。他在其《工业社会及其未来》（Industrial Society and Its Future）（亦被称为"寄邮包炸弹者宣言"）中宣称：其寄邮包炸弹的行为是极端的，却是必要的，即引起人们关注——需要大规模组织为支撑的现代科技对人类自由的侵蚀。

在卡钦斯基的身份被发现之前，联邦调查局以"UNABOM"（即"University and Airline Bomber"：大学及航空公司爆炸者）来指代此案，从而媒体将他称为"Unabomber"（寄邮包炸弹者）。尽管联邦调查局多方努力，但卡钦斯基的被捕并非其调查之功，而是来自于卡钦斯基的兄弟的告发——卡钦斯基的兄弟辨别出了卡钦斯基的笔迹及其宣言之信仰的风格。为了避免死刑，卡钦斯基请求了辩诉协议，因此，他认罪并获刑没有假释可能的终身监禁。浏览：http://en.wikipedia.org/wiki/Theodore_Kaczynski。——译者注

般原则已被确认（参见美国法律协会 1980 年模范刑法典 210.3［1］［b］）。由此，不能成为卡钦斯基行为免责事由的疾病状况，可以有效地令其应受之刑罚得以减轻，有鉴于此，政府得以同意适用一个轻于死刑的判决。在涉及死刑的案件中，这一点表现得最为清晰，因为关于死刑，有着普通法、宪法和法律的减轻之议，而这在现行法律的监禁刑或其他刑罚中不得而见。

身心不成熟，如同精神疾病或缺陷，可以同时成为决定公正刑罚的免责事由和减轻事由。但是，这一双重属性常常导致了作为免责事由的身心不成熟性的尺度及适当年龄与作为减轻事由的身心不成熟性的尺度及适当年龄界限之间的混乱状况。导致这一混乱的部分原因仅仅是语言之故。诸如“行为能力”、“有责性”和“责任”之类的术语相当不确定。为了本章之目的，我期望相对限制性地使用“行为能力”这一术语，以指少年法院或刑事法院施以适当惩罚性制裁的必要前提条件——行为人基于认识和经验的起码能力。

简而言之，行为能力的问题可以成为一个双重的概念——为某一特定少年所完全具备或缺失。在现实世界中，行为能力不同槛限的适用取决于：其一，法院的种类和所涉及的惩罚的种类；
p52 其二，行为能力裁决所应用的任务类型。但是，我所使用的术语“行为能力”（competence）限定于刑罚正当性之底线条件的双重判定。例如，7 岁儿童过于年幼，不适用于刑罚——他们缺乏“刑事行为能力”（penal capacity）。

我欲对“减轻责任”之术语有所限定，即在某些情形下，行为人具备应受谴责以及承担刑罚的起码能力，但是，由于违法者身心的不成熟性，其刑罚之减轻仍然得以正当化。上文论及，行为能力的要素被限定于道德推理（moral reasoning）和最低限度的社会信息及经验，然而，可以归于身心不成熟性、作为减轻惩罚理由的个人缺陷因素可能更多。14 岁罪犯应当受到某些惩罚——他或她具有刑事行为能力，但并不如犯同样罪行的 20 岁者那样应受谴责。

限定性和相互排斥性的定义的使用，因其简洁性而使得两个立论成为可能。这两个立论的重要性并不亚于相关的法律政策。

其一，在逻辑上，最低限度行为能力的裁决绝非不一致于罪犯身心不成熟性——作为减轻其刑罚的理由判定。诸如此类的观点，基于我的相关定义，皆为对行为能力（责任免除事由）和减轻责任（惩罚减轻事由）之间关系的混淆。

基本立论之二并不那么简单，而是涉及行为能力标准（standards of competence）与刑事判决之减轻责任的理论及实践重要性之间的系统关系问题。一旦个人行为能力与惩罚之道德尺度相关联，我们即应当着眼于考察——最低限度行为能力审查是否得以筛选出疑难案件与为了惩罚目的而评估减轻责任的重要性之间的某种反向关系。行为能力的等级越具重要意义，减轻责任因素在保持刑罚体系之道德协调一致性方面的作用就越小。

关于精神疾病之刑法为此反向关系理论提供了阐释。关于精神疾病成为违法行为人刑事责任免除事由，有两个相互冲突的标准。在非常严格的麦克诺顿标准（McNaughton standard）[①] 之下，相对较少的精神病人会得以免除刑事责任，因为该标准要求：被告人在不能甄别其行为的非正当性的情况下，方能得以免除其刑

① 麦克诺顿标准（McNaughton standard）：或称麦克诺顿规则（McNaughton rule），即指由麦克诺顿案件所引申出来的关于精神病人刑事责任能力的规则或标准。该规则被大体归结为：不能明辨是非（not knowing right from wrong）。1843 年英国人丹尼尔·麦克诺顿（Daniel McNaughton）枪杀了英国首相的秘书——认为该首相正在谋害于他。法院以"精神错乱之故"（by reason of insanity）宣告麦克诺顿无罪，然后，他被送入精神病院度过余生。然而，该案引起了公众舆论的一片哗然，继而，维多利亚女王指示法院对精神病问题予以更为严格的考察。

"麦克诺顿规则"是陪审团在听取了控辩双方的医学专家证言之后所适用的一种标准。该规则创制了一种关于精神病的推定（presumption），即除非辩方证明"在行为时，被告人源于精神病变而理智缺失，不能认识其行为的性质，或者即便能够认识，却不能认识其行为是错误的"。麦克诺顿规则成为美国和英国关于精神病的认定标准，且如今在将近一半的州中，仍是其关于精神病的认定标准。

浏览：http://www. forensic - psych. com/articles/artMcNaughtonRule. php。——译者注

事责任。而在更为宽大的杜伦规则（Durham rule）[①] 之下，更大比例的精神病被告人会得以免除刑事责任，因为只要犯罪行为被 p53

---

① 杜伦规则（Durham rule）：该规则被简要地归结为：无法抗拒的冲动（irresistible impulse）。自17岁开始就几度进出于监狱和精神病治疗机构的23岁的孟特·杜伦（Monte Durham）于1953年被判入室行窃罪（housebreaking），而后，他的代理律师提出上诉。地方法院法官判定：杜伦的代理律师没能证实他不能分辨是非，然而，联邦上诉法院法官选择了该案以对麦克诺顿规则进行改革。

通过援引当时主要的精神病专家和法理学家的观点，该上诉法院法官宣称：麦克诺顿规则乃是基于"一种关于精神病性质的完全过时的和误导性的观念"。他推翻了杜伦案件的有罪判决，并制定了一种新规则。杜伦规则规定："如果被告人的非法行为是精神疾病或精神障碍所致，该被告人不负刑事责任。"

因其失之过宽，杜伦规则最终被联邦法院驳回。嗜酒者、嗜赌者和吸毒成瘾者成功地运用了该辩护理由来战胜诸多的犯罪指控。美国《模范刑法典》主张将相关的判定责任交给陪审团来承担。1972年，美国法律协会（the American Law Institute）的一个法律专家小组，制定了关于精神病问题的一个新规则——作为《模范刑法典》的一个部分。该规则宣称：如果被告人的刑事违法行为是精神疾病或障碍所致，不具有"鉴别其行为之有罪性或令其行为遵从法律要求的基本能力"，该被告人不负刑事责任。这一新规则乃是基于哥伦比亚特区巡回法院在"布朗纳诉美利坚合众国"（United States v. Brawner, 471 F. 2d 969 [1972]）联邦上诉案件中的决定。

1984年，经美国国会通过，总统罗纳德·里根（Ronald Reagan）签署了《犯罪综合控制法》（the Comprehensive Crime Control Act）。如今，精神病辩护之联邦规则要求被告方以"清晰明确且令人信服的证据"予以证明："在实施构成犯罪之行为时，被告人因严重的精神疾病或障碍而不能鉴别其自身行为的性质或不正当性。"（18 U. S. C. § 17）人们普遍认为，此规则是对"明辨是非"之麦克诺顿标准之回归。

浏览：http://www. forensic - psych. com/articles/artMcNaughtonRule. php。——译者注

确认为精神疾病所致，即可适用于刑事责任之免除。如果严重的精神疾病是一个与刑罚相关的道德问题，何者更为关切因精神疾病而减轻刑罚问题相关的法律及程序——是宽大的杜伦规则之管辖，还是严格的麦克诺顿规则之管辖？

相对而言，麦克诺顿规则管辖之于减轻责任的重要性更大，因为更为宽大的杜伦规则管辖会令更多的被告人免于刑事判决——其中包括大量的最为严重的精神病被告人。对照起来，更为严格的麦克诺顿规则会令更大比例的精神病被告人接受刑事判决——其中包括许多病情最为严重者。更多的案件需要考虑刑罚减轻的问题，且更多类型及严重程度的精神疾病需要接受刑法判决之道德指针的考量。排除精神病人刑事责任的标准越是严格，校准刑罚减轻的学说和程序就越为重要。基于此推理，减轻责任制度的最大重要性会存在于拒绝精神病辩护事由但认可精神病之相关性的制度体系中。①

同样的反向关联原理适用于身心不成熟者之刑罚。如果因为相关制度将未满 18 岁者尽皆排除于刑事行为能力范围之外，所有 18 岁以下的犯罪者皆不符合刑罚适用的条件，减轻责任作用在其中的重要性将会大大地小于其在行为能力年龄底线被设定在 12 岁或 13 岁的制度中的重要性。儿童被认为适格于某些刑罚适用的年龄越小，基于身心不成熟之刑罚减轻法则的作用就越为重要。

在美国历史上的这个时候，关于身心不成熟之免责和减轻之间的这种反向关系，其意义显著。该国家新近立法的每一个趋势都似乎在共同提升因身心不成熟而减轻责任的理论的重要性。将少年犯移送刑事法院的强制性和裁量性的放弃管辖，降低少年法

---

① 诺瓦·莫里斯（Norval Morris）：《精神病与刑法》（Madness and the Criminal Law），芝加哥：芝加哥大学出版社 1982 年版。

院案件移送刑事法院管辖的底线年龄，以及增强少年法院制裁措施的严厉性和刑罚语境，皆趋向加压于减轻责任之理论，以避免少年犯刑罚适用的不公正。这三个趋势的集合影响将加诸不可预 p54
测的重要性于美国少年法院和刑事法院的相关能力，即发展出因身心不成熟而减轻责任的协调一致的理论学说，来处理目前被认为符合某些刑罚适用条件的大量且变化多端的少年犯。对刑事行为能力槛限的每一个新的降低，皆令减轻责任理论在维持罪刑均衡体系中的作用的重要性增强。

然而，该理论学说的内容和界限应当如何呢？美国少年的哪些因素与少年犯罪的适当刑罚具有相关性？这不仅仅是一个理论分析问题，更是一个需要通过实践来回答的关于少年及其相关政策知识的问题。通过下一节对相关概念区别的进一步的简短讨论之后，我将在第三节中探讨一个相关的实证性评估。

少年越轨与少年法院之目标

是否存在关于行为能力的某个年龄或水平界限——在此界限之下的儿童皆不应当归属于少年法院的越轨案件管辖范围？对该问题的回答取决于少年法院的越轨案件诉讼是否应当被视为惩罚的性质。如否，则没有必要考查其有责性（accountability）的底线标准，抑或其协助辩护律师的能力。少年法院无须行为能力的底线年龄或水平，以行使其对需要管护儿童的管辖，抑或其对缺乏照管儿童问题的调查。如果越轨案件管辖的唯一目的为援助以及少年之最佳利益，那么，任何年龄和行为能力的儿童皆适格于获取这种帮助，而无论其认知能力水平如何。

因此，少年司法的原初理论很可能并不要求任何关于认知能力的最低限度标准，抑或任何先于越轨行为裁决的该当性判定。[①] 同样明确的是，美国宪法如今要求：在粘贴越轨标签之前，需要明确某种关于刑事责任和认知能力的最低限度标准。这一要求的宪法先例为1967年的高尔特案件（In re Gault)。该案确立的程序规则——获取律师帮助权、获取告知指控权、与证人
p55 对质权，通常而言，比其核心的实体预设更为著称。以高尔特案件观之，少年法院对越轨少年所采取的措施足够类似于刑罚，于是，大量的刑事风格的程序规则成为满足宪法第五修正案之正当程序保障之必要。

由此，作为一个宪法问题，在一辈人的时期中，我们已经知悉：那些少年法院越轨案件诉讼的从业者是在从事一种惩罚少年违法者的工作。一旦这一认识得以达成，显然美国少年法院和刑事法院一直在运作一个宏大的体制，其刑事责任能力标准相对较低，但制裁较轻——与少年法院以及很可能与刑事法院之减轻责任模式紧密契合。与西欧和斯堪的纳维亚的体制相比较而言，我们惩处更为年幼的11、12和13岁的少年违法犯罪者——对非常年幼者予以司法惩处，即要求对减轻责任予以计算。如果对少年司法的这一解读是正确的，那么，在美国，身心不成熟之于违法犯罪者惩罚的主要影响作用，即因为责任减轻而使得惩罚减轻。关于在这两个宏大而独立的司法分支中运作的巨大的减轻责任制度，非同寻常的是，对这一事实的明确认识和针对这一减轻责任制度的法律标准都是缺失的。

事实上，许多研究者否认该制度的这一特性。移送刑事法院常常受到争议，似乎这是惩处因犯罪而被羁押的少年的一种先决条件。在此观念下，少年法院的处理不是“真正”的惩罚，而

---

① 富兰克林·E. 齐姆林：《变化中的青春期法律领域》，纽约：自由出版社1982年版，第31～40页。

相关术语可予以界定。此处的困惑可能在于制裁的特性和数量之间。少年法院中的越轨者可能接受惩罚，但其所受的惩罚不如年长的违法犯罪者在其他法院中所接受的惩罚那么大。然而，较低的剂量并不改变药物的基本特性。

在美国，有着一个可观的机构设置来掌管不具有完全成年人刑罚责任的惩罚制裁措施——基于罪刑均衡方面的考虑，而对此，学界从未予以提及或分析。按照上节所讨论的行为能力与减轻责任之间的反比关系，该国家所实际运作的主要原则，至少从20世纪60年代开始，即减弱的行为能力——这也是探究在此含混、非自觉的惩罚机构中所适用的相关实体标准的进一步缘由。

该制度的明晰标准应当如何？该问题即下一节的主题。 p56

少年特别刑罚的基础

基于各种原因，少有支撑关于少年犯罪的单独政策方面的实体性讨论。部分原因在于：关于程序和管辖的争论繁多，并因而排挤了关于少年犯罪政策的实体内容；① 另一部分原因在于：少年法院和刑事法院的问题通常是被分别予以考虑的，从而少有力量被抽取出来用以审视跨越不同程序设置的共同问题。阻碍实体分析的更深层次原因在于：儿童单独处遇似乎在某种程度上具有知觉上的正确性，而无须其倡导者给予更为审慎的分析。当然，违法儿童应当得以区别对待；我们是否应当监禁6岁的儿童呢？在此语境中，法律的细微差别和复杂性方面的考虑似乎显得有些不够中肯。基于所有这些原因，对少年犯单独处遇问题予以正当化分析的文献，无法与少年严重暴力方面的已知事实相适应。

① 富兰克林·E. 齐姆林：《美国少年暴力》（American Youth Violence），纽约：牛津大学出版社1998年版。

数年前，我曾建议在少年犯罪政策中实行两组一般性政策：即因身心不成熟而导致的减轻责任和为在其青春期过程当中给予少年犯改善机会而设计的特殊举措。“减轻责任”标题下的问题与传统的刑法问题相关；这些问题告诉我们：为何刑事辩护律师会认为年幼少年犯的责任应小于年长者。“改善机会”标题下的一组政策衍生于针对处于身心成长过程中的少年的法律政策。这些政策不关注刑罚该当性问题（penal desert）。

减轻责任的尺度

身心不成熟之事由——作为减轻责任的一种类型，有着一些历史的先例，但鲜有分析研究的历史文献。在普通法上，7岁以下的儿童因其不具备行为能力而无须对其犯罪行为承担责任，而
p57 对于7～14岁者，则需要对其行为能力予以特别的查究。在此意义上，行为能力不是一个程度的问题，而是一个“俱有或全无”的问题——类似于在第一节中所讨论的法律精神病问题。然而，减轻责任理念在逻辑上主张：即便某少年超过了行为能力的最低槛限，并因而导致适格于构成犯罪的裁决，该具备责任能力的少年的有责性及其应受惩罚的程度应当小于一个完全充分适格的成年犯。正如精神错乱或认知能力缺损，虽不能致使其豁免于刑法，但仍有可能减轻其所受的惩罚，一个达到行为能力最低槛限的少年不应当因同样的行为而承担一个成年人该当刑罚之全部。

在第一节中，我主张：作为限制影响刑罚的减轻责任理念并非一个孤立的少年法学问题，而是英美刑法核心价值——罪刑均衡理念的一种表现形式。该价值理念要求：应受谴责性较小的罪犯，如少年、心智障碍者，其所受的惩罚应当较轻。

然而，关于青春期早期和中期的少年的罪刑均衡问题分析的缺失是一件特别令人费解的事。尽管儿童发展学说中的身心不成

熟理论得到普遍的接受，以及较为年幼的十几岁少年的责任减轻理念得到广泛的接受，但与刑罚减轻问题相关的身心不成熟因素方面的分析却一直缺乏。相关结论的直觉吸引以及少年法学与刑事法学的分门别类可能阻碍着对相关基本原理的分析研究。而哪些年龄、哪些条件与减轻惩罚相关呢？在该问题得以判定之前，法律意义上的身心不成熟性的特定影响作用——这一基础问题必须得以揭示。

在第二节中，我主张：少年法院越轨案件管辖之整体可以被视为少年犯减轻责任的一种制度表现形式。少年法院对严重犯罪的较轻的最高刑罚可以被视为少年减轻责任的一种例证，但是这一套实践操作最多只是一种不太确切的例证，缺乏任何的原则声明，而可容析解和非议。进而，当这一罪刑均衡理念仅仅在某一法院机构体系中得以表达时，将罪犯从少年法院移送刑事法院将会面临改变可以适用的刑罚原则而没有正当理由的风险。

基于罪刑均衡理念，儿童和青春期少年的哪些特性会令我们减轻其惩罚呢？首先，需要区别减轻责任与心理缺陷所致使的不 p58
良决定。大多数少年违法者采取了不良的决定，但大多数成年的严重违犯刑法者亦如此。英美刑法制度对不良决定的惩罚，完全充分，不予减轻。但是，对于那些自身并无错误而是缺乏常人所具备的能力的人，即或缺乏辨别行为是非的能力，或缺乏为适法行为的能力，因其能力缺失而不具有可谴责性。即便其认知水平和情绪控制足以达到刑事责任能力的槛限，其对行为的辨认或控制能力的重大不足将意味着其违犯刑法禁止之行为罪过的减小，且其应受惩罚的量较小。

14、15 以及 17 岁的犯罪者何以在道德上和法律上表现其减轻之责任？有三种不同类型的个人因素对青春期少年的犯罪决定具有影响作用。在任一情形下，当其违犯刑法时，青春期少年可能缺乏充分的成人技能，并因此而缺失充分的成年人道德责任。

其一，较为年长的儿童和较为年幼的青春期少年可能缺乏完全充分发展的认知能力，以理解法律命令的道德内涵，以及将法律和道德规则应用于社会情形。此种能力缺失是未成年问题的核心，是一种绝对的刑事责任能力抗辩事由。这种理解和应用规则的能力，概言之，要求对认知能力和信息的结合。在关于何为合法、何为非法以及为什么的知识评估书面测试中，缺乏这些能力的少年会回答不好。非常年幼的儿童在相关的信息获取以及认知能力上有着显著的差距。较为年长的儿童拥有更为精细的但仍然具有重大不足的道德推理能力。对大多数的正常的青春期少年而言，其成人式的推理能力显现于 16 岁，或最晚显现于 17 岁。①

通过书面的道德推理测试的能力或许是成年人自控行为能力的一个必要条件，但绝非充分条件。将认识理解转化为遵从法律的充分发展的行为能力，即控制心理冲动的能力，是成年人自控
p59 行为能力所需要的第二项技能。这不是一种可以通过抽象文字或口头调查予以完善检测的技能。当某儿童知道侵夺财物是错误的，其后的很长时间内，其抗拒诱惑的能力或许还不能得以完全实现。

在很大程度上，自我控制是一种通过一段时间的发展而形成的行为习惯，一种依靠成功的自我控制实践经验而形成的习惯。这种特别类型的成熟，如同诸多的其他问题，需要通过实践来完成。儿童必须在很小的年龄阶段就开始学习控制心理冲动，然而，这一过程需要多长时间，以至于达到行为控制的成人水平的

---

① 劳伦斯·斯滕博格（Laurence Steinberg）、伊丽莎白·考夫曼（Elizabeth Cauffman）：《青春期判断力的成熟：青春期行为抉择的社会心理因素》（Maturity of Judgment in Adolescence: Psychosocial Factors in Adolescent Decision Making），载《法律与人类行为》（Law and Human Behavior）第 20 期，第 249～272 页。

问题，是一个争议未决的问题。心理冲动的控制是一种不易于在实验室中予以测度的社会技能。而且，我们并不明了如何归纳控制心理冲动的教训，我们也不知悉特定情形下的自我控制行为习惯之究竟。儿童必须在年幼的时候懂得：不得在奔驰的汽车前奔跑。当在新的情况下，其他心理冲动发生时，如在考试中舞弊的诱惑，有关的自我控制能力在多大程度上起作用？实地情境（field settings）中的自我控制评估不是一种需要在当今心理学理论中予以长篇论说的知识。自我控制的发展心理学一直是通过问答假设的方式，而不是通过自然场境行为观察的方式来予以研究的。

在挫折情境下的心理冲动控制和在诱惑场境下的心理冲动控制之间，可能还存在着某种重要的差别。如是，挫折情境可能是研究少年暴力之决定因素的更为重要的一个方面。我们应当在何种情况下期待在愤怒时暴力冲动的成人控制水平？几乎可以肯定的是，处于发展期的青春期少年只有通过实际经验方能习得其充分发达的控制力。这一过程很可能要在其成人化进程的晚期方能完成。

新的情境和机会需要新的自我控制行为习惯，在此意义上，在十几岁的年龄阶段中，自我控制问题会面临一系列迥异的新战场。更早年龄段的身体控制为身体自由所取代。包括中学教育、性行为和驾驶等在内的新领域中，不仅要求对新情况下自我控制需要的认识辨别，还需要相应的实践操作。如果这在正常情况下需要一段时间的发展完善过程，那么，在此过程中的不良决定不应当受到如同成年人那样严厉的惩罚——成年人已经拥有了发展完善其与刑法相关各种领域中的自我控制行为习惯的充分机会。缺乏经验与易于犯错相关联，在此意义上，缺乏经验令十几岁儿 p60
童得以部分宽宥，而年长者则不得宽宥。此即青春期少年得以减轻责任而大多数成人不得减轻责任的根据所在。

抗拒同伴压力的能力是第三种的社会技能，其为法律遵从的一个必要组成部分，且多数青春期少年的该项技能有待于充分发展。十几岁的少年可能明白其是与非，且甚或有能力在一个人的情况下控制其心理冲动，然而，独自抵制诱惑与抵制同伴敦促其为不良行为的压力不是同一回事。大多数青春期少年的违法行为发生于一定的社会情境，其中，来自同伴的即时压力是大多数少年犯罪的真实动因。青春期少年守法的一个必要条件，即抵制同伴压力或使其转向的能力。大多数儿童在相当长的时期内缺乏这种至关重要的社会技能。

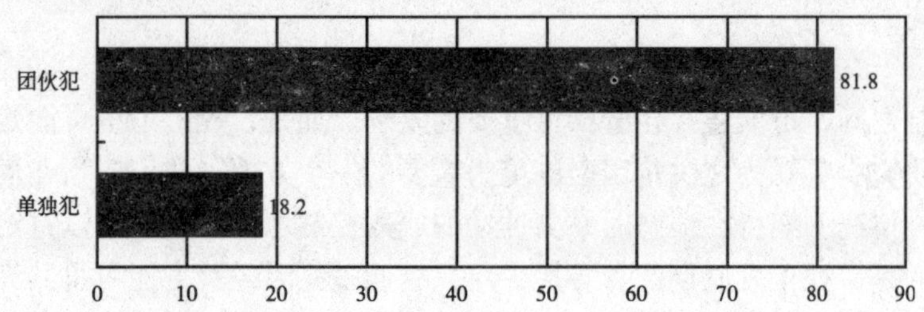

图 5.1　结伙犯案件占所有被指控犯罪少年案件的百分比，纽约市。来源：齐姆林，1981 年①

来源：克利福德·肖、亨利·马凯：《男性少年越轨行为的结伙性》，载约翰·肖特主编：《犯罪原因报告》（威克沙姆委员会报告之二，第 13 号，1931 年），第 191～199 页，重版为《大都市社会构造》第 17 章，芝加哥：芝加哥大学出版社 1971 年版。

图 5.1 显示 20 世纪 70 年代纽约市少年法院中拥有至少一名同伙的被指控犯罪的少年被告人的比率。这些罪犯实施犯罪行为时皆未满 16 周岁。其中，暴力攻击占总数的 60%，抢劫占总数的 90%。（进一步的例证及分析，参见第六章）

冷酷的犯罪学事实表明：十几岁年龄段素有所谓“团伙犯

① 该图的数据来源如图 6.1 之“来源”。

罪”的特征。无论何种犯罪，如果十几岁年龄段的少年为犯罪人，其通常不是单独实施犯罪行为。成年人通常单独实施盗窃，而儿童通常结伙实施盗窃。成年人通常单独实施强奸、抢劫、杀 p61
人、入室盗窃或暴力攻击，而青春期少年通常与其他少年共同实施这些犯罪行为（参见第六章）。青春期少年的犯罪行为具有结伙性的特征。

关于青春期少年犯罪的特性，没有什么事实描述比社会学家们所谓的“团伙背景”（group context）更为重要。同时，对于有关青春期少年犯罪行为之道德和法律责任的立足于现实的理论而言，这一事实非常重要。

当某成年人实施强奸犯罪时，其行为动机可能为强奸，或淫欲，或者其他。而当十几岁年龄段的少年结伙实施强奸时，其动机的重要成分为社会性的，即通常为“我打赌你不敢”或“不要当胆小鬼”。害怕被称为“胆小鬼”几乎当然是美国少年暴力致人死伤的主要原因——明示或暗示的“我打赌你不敢”令少年炫耀其犯罪行径，并阻止其公开地撤离犯罪，即便其欲图如此。“我打赌你不敢”既是引起“拥有违法犯罪朋友”的少年参与暴力犯罪的原因，又为将来暴力犯罪的判别提供预测值。①

---

① 德尔伯特·埃利奥特（Delbert Elliott）、斯科特·梅纳德（Scott Menard）：《越轨朋友与越轨行为：现实的与发展的模式》（Delinquent Friends and Delinquent Behavior: Temporal and Developmental Patterns），载约翰·戴维·霍金斯（J. David Hawkins）主编：《越轨与犯罪之现行理论》（Delinquency and Crime: Current Theories），纽约：剑桥大学出版社 1996 年版。詹姆斯·C. 豪厄尔（James C. Howell）、戴维·霍金斯（David Hawkins）：《少年暴力预防》（Prevention of Youth Violence），载麦克·托尼（Michael Tony）、马克·摩尔（Mark Moore）主编：《犯罪与司法：年度研究综论》（Crime and Justice: An Annual Review of Research），芝加哥：芝加哥大学出版社 1998 年版。

这种团伙犯罪的倾向何以达成减轻之刑事责任呢？多数少年犯罪的这种社会交往状况提示：转向或抵制同伴压力的能力是青春期少年守法的关键性的必要尺度。应对同伴压力是行为能力的另一方面——需要社会实践经验的支撑。不知如何应对这种压力的儿童缺乏对相关社会情况的有效控制，这在很大程度上令其在十几岁年龄阶段被置于非常的犯罪风险中。这当然不得开脱其犯罪行为。但是，任何旨在给予其他形式的缺乏经验以减轻责任的道德判定，亦当适用于缺乏同伴交往技能的情况——被指控犯罪的少年尚未获得发展这种能力的公平机会。鉴于当前少年犯罪团伙行为的现实状况，这是一个非常重要的问题。

我不想论说现有的资以测度少年犯减轻行为能力的知识不够充足，亦无意细节性地阐释作为常规发展心理学重要内容的认识理解和心理控制的具体类型。在成功地把握少年行为控制的关键词之前，我们已经进行了大量的与实地情境中的犯罪行为相关的社会心理学准备工作。

然而，在目前的不完全的知识状态下，关于年龄与减轻责任
p62 问题，有两个要点需要明确。关于少年发展以及减轻责任之年龄界限的首要原则，即法律制度得以期待成人能力水平的年龄取决于被视为重要的社会经验程度。如果仅仅倚重于在书面测试中作出判断的认知能力，那么少年通常在 16 岁生日之际就已经具备了相应的法律上的充分行为能力。但如果将愤怒和心理冲动控制等社会经验问题也考虑在内，且习得应对同伴压力的公平机会被视为重要，期望少年在 18 岁或 19 岁之前充分具备相关经验以抑制心理冲动和同伴压力的能力，基于目前的证据，似乎是一种主观臆想。在现代工业社会中，长大成人是一个渐进的过程。具有讽刺意味的是，这一过程可能开始得更早，但其完成过程持续得

更长。[①] 违法行为的部分责任可能在年幼之时就已具备，但完全责任的具备应当需要更长的时间。此即第二章中所论说的践习许可（learner's permit）观念。

需要铭记的第二位的问题，即减轻责任不仅仅是一个少年司法学说，还是一个罪刑均衡之原则，适用于任何需要对有责性问题进行计算的法律体系中。即便所有的少年犯被置于刑事法院中予以审判，少年身心的不成熟性也会引发我们在少年司法中所遇到的同样问题。换言之，即便没有资以对少年犯作出处理决定的单独的少年政策，即便没有少年法院，对少年犯的公正惩罚仍是一个显著的道德和法律问题。因此，改变少年法院和刑事法院的管辖界限不会排除道德该当性判定差异之必要性。

少年发展政策中的改善机会

儿童和少年应当成为特殊法律规则的对象，该理念遍及大多数发达社会的民事及刑事法律中。多种不同的政策反映于不同的法律领域中，同时，在关于较为年幼以及较为年长的儿童处遇问题的法律中表现出重要的差异性。在这些情形下，意指某单一的“少年政策”总体上会面临相应的风险，即误解相关政策的对象及其所涵盖的年龄段。

我在本节所意指的相关政策是关于青春期的，即大体由 11 p63
岁或 12 岁以至 21 岁的年龄阶段。此亦为唯一一个与高比率的严重犯罪相关的儿童期区间。该年龄段被描述为一个半自治状态（semi－autonomy）提升的时期，期间，儿童逐步获得成年人的自由权利，并学会以他们的方式循此通向成年人的自

① 富兰克林·E. 齐姆林：《变化中的青春期法律领域》，纽约：自由出版社 1982 年版，第 17～22 页。

由境地（参见第二章）。

这一过程的核心为一种关于青春期——一段“通过实践来习得”的时期的理念，期间，行为抉择能力的完善只能通过作决定和犯错误的路径来实现。因此，青春期是注定要犯错误的。此处的特别挑战为：为青春期少年的社会环境创造相应的安全保卫，以减小其所犯错误的永久代价。法律政策的两个目标为：有利于“通过实践来习得”和减小与可预期错误相关联的危害。成功青春期的一个重要特点，即生存发展以至于成年，最好是其个人生存发展的机会完整无缺。

有一个关于少年犯罪病理学的广为接受的理论——为“改善机会”政策提供一种基本原理。该理论，即十几岁年龄段犯罪行为的高发生率，以及有关犯罪的更高比率的偶然性——有关的犯罪是与过渡期身份以及人生阶段相关的短时期现象。① 即便贸然加以英雄主义的干预措施，在青春期少年实现其成年人角色和身份的进程中，青春期犯罪行为的高发生率仍然会保持稳定。

该假定包含着三点暗示。

首先，该假定将犯罪行为视为一种或多或少的正常的青春期现象——一种与交通事故、意外怀孕和自杀倾向风险增加相同的过渡期身份的副产品。由此，关于少年犯罪的这一观点告诉我们：针对作为青春期副产品的犯罪的政策应当有所扩展。

该理念，即青春期少年犯罪的过高比率的第二点暗示为：为矫正罪犯的大力干预措施或许不是必要的。所谓“青春期有限

① 德尔伯特·埃利奥特（Delbert Elliott）：《严重暴力罪犯：肇始、发展过程和终结：美国犯罪学会1993年主席致辞》（Serious Violent Offenders: Onset, Developmental Course, and Termination: The American Society of Criminology 1993 Presidential Address），载《犯罪学》（Criminology）第32辑，1994年第1期。

责任”犯罪的中心理念为：治疗少年犯罪的良药即成长。

与自然缓解过程的希望相关，那些将少年刑事政策视为少年发展政策的一个分支的人倾向于担忧：强劲的干预措施会抑制成人化的自然过渡，从而给少年造成超出其应当承受的过多伤害。如果某特别处遇措施带有严重的负面效应之风险，那么，通常只
有在假使不用该特别处遇措施会面临更大代价的风险的情况下方 p64
能予以选择使用。那些将少年犯罪视为过渡期现象的人认为越轨行为问题可以自我解决，而无须强劲的干预措施，且倾向于质疑基于实用主义观念的高风险干预措施的效应。因此，被标签为“激进的非干预主义”和“转处主义”的少年司法理论，是一种相关理念的自然超越，即大多数少年犯的长期前景是有利的。

但短期问题又当如何呢？一般说来，现行少年犯罪对社区、其他少年以及犯罪少年的代价相当之大。少年法院非干预的热衷者如何寻求对社区的保护？“改善机会”政策是否与任何的少年违法犯罪惩罚措施都不相容呢？

对少年发展政策的强调，即对一段过渡性的高危险时期的风险管理。如我所述，针对青春期少年身心的不完全成熟，更多种类的风险管理策略得以适用，但相关的法律理论不适用于成年人。未成年人不得购买酒类饮料，不得拥有枪支，不得购买香烟，以及不得驾驶飞机。年幼的青春期少年受约束于宵禁和义务教育的法律。关于驾驶机动车辆、订立合同和雇佣关系，法律有着特别的年龄等级规则。诸多的此类规则旨在保护少年免受他人的侵害。许多规则旨在保护少年免受自身的危害。许多规则旨在保护社会免受少年危害行为的侵害。因此，我们拥有一套丰富的综合性的风险管理策略，资以减小少年犯罪的危害后果。

这一综合性策略是否包括故意施加的伤害性的惩罚呢？除最为极端激进的非干预主义者之外，对该问题的回答是肯定的，然而，令少年犯承受非建设性的后果只在一定程度上被视为有益的

政策。少年发展理论的支持者质疑通过牺牲少年利益以儆效尤的做法，于此，被惩处的少年犯的利益受到了实质性的损害。以减小其今后重大人生机会的方式惩罚少年犯，是对少年保护政策基本核心的损害。或许存在某些需要严厉惩处的情形，但这些惩罚措施总是有违少年发展政策的要旨，且只在很少的得以确证的情况下方能得以容忍。鉴于此，在惩罚危及少年犯的长期利益的情况下，该惩罚即为令人怀疑的。

p65 ## 刑罚与青春期之法律建构

关于减轻责任和身心不成熟性的如此解说，只是众多关于衡量青春期少年犯有责性的有力理论之一。关于少年犯之惩处政策，有着诸多迥异的理论，或明示或暗示地对青春期少年的道德责任作出具有相当差异的假定。这是当前时期的一个特点。

在美国，关于惩处少年犯罪问题的持续争论中，一个最为不尽如人意的特点为：相关的争论在相当程度上没有与其他关于少年身心成长的法律相关政策理念相结合。当相关问题被从少年法院移送至成人法院，或拥有混合管辖权的少年法院具备适用最高刑罚的权力的时候，少有如其他法律领域中的年龄界限规则以供援引，亦少有关于特定刑事政策所提出的青春期发展理论假设与其他规范领域中的身心成熟年龄假设之间是否协调一致的理论参考。相反，少年刑事政策的探讨是特别而专门性的，仿佛少年法院和刑事法院对少年犯的处遇，在其重要方面，与其他法律领域或关于非违法犯罪少年的法律观念之间并不相关。

我想为一个相反的主张进行辩护：少年惩处政策有益性的一个测量尺度，即少年惩处法律政策与其他法律领域关于少年行为能力的假设之间的一致程度。即便我们所表达的刑事政策的优先选择事实上建立在特别而专门性的研究理念基础之上，对任何少年惩罚政策性质的一种重要验证方法为：其是否表达了关于美国少年成长自然状态的与其他法律范畴中调整通向成人身份之进程的法律规则相通的道理。

如果与关于年龄的其他法律学说的一致性是衡量的标尺，那么，早期和完全刑事责任的趋向就是有问题的。18 岁以下的人与已经具备充分刑事责任能力的成年人相比，前者有着重大的不及——如果对此予以否认，则与所有州的所有非刑法领域的关于年龄的法律相矛盾。然而，尽管美国各州都立法规定了某些关于未满 18 岁者面临刑事法院审判的情形，其中没有明确规定未成年人得以减轻刑罚，但在立法讨论中也没有指示：在其他所有方 p66
面被作为非成年人看待的人应当被推定为适用刑事定罪的成年人标准。何以如此呢？

在两种情形下，刑事责任标准和其他法律标准之间的差异可能成其为问题，但在 21 世纪的美国，其中任何一个都不是似是而非的。其一，或可论，严重的犯罪者比没有犯罪的同龄人成熟得多。当然，如果认定此理，则可以推论：犯有严重罪行的儿童还应当可以在比普通少年更为年幼的时候饮酒和购买枪支。我所见到的最为接近此类成熟年龄——以作为社会控制目标的颂词，即一篇题为《在委内瑞拉“权利年”，警察处决更多少年》（载《纽约时报》1997 年 12 月 6 日）的文章，其中，一位委内瑞拉官员试图使其国家的监狱政策正当化，声称：“拉美少年与欧洲少年有所不同。在心智上，他们即成年人。”美国的少年持枪抢劫犯是否也应当被视为另类的心智早熟的成年人呢？

令未成年阶段之完全刑事责任和更高年龄阶段之特权及成年标准相协调的第二个主张，即由于年少的身心不成熟不应当影响任何有能力实施犯罪行为的人的应受刑罚惩罚的程度。鉴于身心不成熟性除却某人的刑事行为能力，这一年少不相关的理论将为普通法之底线责任必要条件腾出路径——如本章第一节所论。但是，既然行为能力问题得以确认，为何不就此对所有的其他身心不成熟程度因素一视同仁如同刑法对待成年人的不良判断那样呢？

但是，为何某些法律体系对那些部分基于身心不成熟原因而导致的违法犯罪行为的处遇理念仿佛认为：与儿童期和青春期共生的身心不成熟性完全是少年自身的错误？令身心不成熟性成为确定刑事责任能力槛限的具有重大意义的一个因素，而其后的问题则不具有关联性——如此的原则性探讨无济于事。或许，严重的少年犯罪具有惩罚的社会必要性。至于是否存在与成年人应受刑罚惩罚程度相同的社会必要性的问题，则通常语焉不详。其默
p67 示的假定是，只有两个极端的选项：或完全的刑事责任，或无刑事责任。与非减轻刑罚观念相关的政治口号，即“如果你足够成熟去实施犯罪，那么你也足够达到相应的成熟期”，理所当然是一种不合逻辑的推论。（字面理解，这一叠句还可以将任何的刑事责任能力条件排除在外。）

首先，该问题原则的缺失不局限于政治领域。美国联邦最高法院曾针对与死刑相关的因为年少而减轻责任的问题制定了重要的宪法性法律，其中非常缺乏实体性的分析。汤普森案（Thompson v. Oklahoma）、斯坦福案（Stanford v. Kentucky）以及如今的罗珀案（Roper v. Simmons），是关于少年与死刑方面问题的典型案例。比较其所基于的原则，这些案件的结果要易于阐释得多。没有哪一个州会将未满 18 周岁的罪犯执行死刑，即便该被告人被确证为在未满 16 岁的时候犯有最高等级的谋杀罪。这些州或可选择对行为时年满 18 周岁的罪大恶极者适用死刑（罗珀案）。

其次，关于死刑，宪法第八修正案关于对残酷和非常刑罚的禁止规定要求对 17 岁谋杀者适用的最高刑罚轻于成年人。但对 18 岁的谋杀者则不适用该禁止规定。在这两种情况下所适用的

年龄界限，在某种程度上，归因于公众的态度——通过死刑执行年龄底线（犯罪行为时）的国家立法标准表达出来。但是，没人试图将此死刑年龄界限抉择与其他法律规则中所反映出来的身心成熟问题联系起来。作为一个最低的宪法标准，青年适格于被判处“刑法之极刑”——早于其适格购买酒精类饮料或枪支的年龄3年。于此，某些关于罪刑均衡的理论应当发挥作用。联邦最高法院何以要禁止对犯有顶级谋杀罪的17岁被告人适用死刑呢？然而，这一默示的罪刑均衡理论如何与美国法律中关于少年身心成长的其他年龄界限之间获得合理的协调呢？这是一个正待解开的谜。

如果说，基于年少的身心不成熟性与刑罚该当性相关，那么，提出一个特定的承担完全刑事责任的年龄或一系列的适当条件，
就应当同时考虑到关于身心成熟的其他法律界限，即一系列明示 p68
或暗示的关于青春期少年如何以及何时达到成熟的其他法律原则。

本章第二节中所讨论的青春期少年刑罚观念与数年前发展起来的一种理论基本一致，该理论将青春期视为一个长期的半自治阶段，期间，青春期少年通过学习逐步达到成年人的责任水平。这一观念还与相对年幼时期的部分有责性相一致，即少年应当在较低年龄阶段就具备了应受刑罚处罚的行为能力，以及长期的逐步发展以至于在接近20岁时达到成人水平的减轻责任阶段。这一路径所主要强调的，不是行为能力的槛限问题，而是十几岁年龄阶段晚期逐步接近成年人水平的次于成年人的刑罚问题。这一体系与某些特权的扩展相一致，如汽车驾驶和选举投票，先于充分的成年期，因为这些特权被予以扩展以容许少年得以练就其责任能力，一种“通过实践来习得”的理论。[①] 这还一致于青春期

① 富兰克林·E. 齐姆林：《变化中的青春期法律领域》，纽约：自由出版社1982年版，第89~96页。

步履蹒跚的长大成人的年龄阶段，而不是在某个单一的生日就完成所有的过渡转型。美国法律中关于少年身心成长的观点并不认为：16 岁的少年因为犯罪可以适格于被处以注射死刑执行的刑罚。

结　论

一旦身心不成熟性与少年犯应受的惩罚相关联，此间便成立一种反比关系，即行为能力槛限确定的重要性和为保持罪犯应受谴责性与刑罚均衡的减轻责任的重要性之间的反比关系。某法律体系对儿童规定的刑事责任能力年龄越低，该体系因为减轻责任理念而减轻其刑罚就越为敏锐。如果少年法院最好被视为惩处少年越轨者的机构，那么，美国少年司法体系所主要强调的即减轻责任。但是，在现代美国法律的法令全书和案例报告中，找不到明晰的关于减轻责任的学说教义。

这一分析主张在关于少年犯罪的刑法中进行两个方面的学说发展。其一，即建立一套基于主观判断能力、心理冲动控制之实践经验以及同伴压力控制的渐次等级责任制度。其二，确立一种
p69 标准——针对任何调整少年犯刑罚的理论，即尽力将关于青春期少年发展及其责任之自然属性的理论与关于成年过渡期的其他法律规则予以协调一致。不应当让少年刑事责任的规则异乎寻常地孤立于法律的景观之中。

p71

第三部分
青春期少年犯

本部分进一步论述了一系列对少年犯处遇政策具有影响作用的事实：青春期少年犯罪的现实状况。

第六章揭示：无论分析何种犯罪，同龄群体何以对少年犯罪具有普遍深入的影响作用，远甚于其对成年犯的影响作用。结伙犯罪（group crime）的这种优势地位表明：在考察影响少年犯罪率的相关因素时，有必要对同伙影响作用予以研究。

第七章揭示：在青春期中，犯罪率如何急剧地增长，而后又回落，但在少年犯罪的两种对照模式之间存在显著的差异。对于放火罪和大多数财产犯罪，其在青春期年龄段的发生率居于顶峰，远远高于年轻成人的相应犯罪比率。本章称之为“特殊时期的”犯罪特性，并认为：该特性似乎特别地集中于青春期的社会实践经验中。然而，暴力犯罪的比率在青春期晚期达到顶峰，远远高于年轻成人的暴力犯罪比率。对这些犯罪而言，青春期阶段的比率增长似乎更可能是习得成年人角色和行为的过程当中可以预见的一个部分。

第八章阐释：1994 年之后的一段时期内，关于弱势地位儿童及其日后犯罪风险的观念假设如何造成了对少年犯罪未来趋势的灾难性的错误估算。据有关估测，少年杀人犯罪的比率会在20世纪90年代期间翻一倍，但实际上却反而减少至原来的2/3。这一具有警策性的故事应当得以长期铭记，以校正冠以“少年嗜血者”和“即将来临的少年暴力犯罪风暴”标题的断然宣称。

本部分的所有三项研究报告阐明了少年犯罪事实情状与公共政策争议问题之间的紧密关联。

第六章　儿童、团伙与犯罪：一个众所周知秘密的某些启示 p73

社会和政策科学，反映着人性，充满着悖论，且有时不正当。有时候，我们可能一方面认识到某事物的重要性，而另一方面又忽视这一认识。对此，我们可以通过发掘众所周知的秘密（即某种我们忽视的显著事实）的现象来予以探究。在其教授法律适用和社会科学的时候，埃德加·艾伦·波（Edgar Allen Poe）指出：隐藏事物的最佳位置即最为明显的地方。

本章即关于少年犯罪和判决政策。相关的众所周知的秘密即，青春期少年在其群体社会生活的过程当中实施犯罪行为。尽管关于这一命题的实证研究证据至少有 70 年之久，然而，在我们考量犯罪、通过法律和建构犯罪行为理论的时候，这一简单而重要的发现结果被频频忽视。近年来，随着犯罪行为问题的研究从其社会学起源转而走向一种包括社会科学、行为科学、经济科学以及政策科学等附属学科专业在内的广泛谱系，忽视显著事实的问题越发严重。因为我们没有深入品鉴已知事物，所以我们未能提出正确的问题，且勉强对以错误方式提出的问题予以回答。

本章所表达的观点是强有力的：我的任务是进行相关的证明。我将通过两个阶段来完成该任务。在第一节中，拟讨论青春期少年结伙犯罪行为的某些证据——发现于 20 世纪 20 年代对芝加哥学校的开创性研究之中，同时，我拟以更为晚近的关于特定犯罪之结伙犯罪特性的研究评估来补充此丰富的信息。在第二节中，拟对由于忽视显著事实而导致的某些未知事物予以编目。

忽视众所周知的结伙特性的事实，致使我们过高地估计少年
p74 犯罪的数量，并以此形成关于威慑和剥夺犯罪能力的不精确模型，并从而忽视结伙场境中青春期少年动机和脆弱的特性。

儿童、结伙与犯罪：过去和现在

克利福德·肖（Clifford Shaw）和亨利·马凯（Henry McKay）为首届美国犯罪研究会（the National Commission on Crime）撰写了一篇重要的研究报告。其时为1931年。其标题为《男性少年越轨行为的结伙性》。[①] 该文建立在对1928年伊利诺伊州库克郡少年法院中被指控犯有越轨行为的所有男孩的分析基础上。该分析支撑了他们的文章标题，如图6.1所示（即其原图9）。被指控犯有越轨行为的10个男孩中，有8个是在一个或多个同伙的伴随之下实施其违法犯罪行为的。通过详细列清1928年被法庭指控的同案犯的人数，肖和马凯对该分析予以拓展，如图6.2所示（即其原图10）。

① 克利福德·肖、亨利·马凯:《男性少年越轨行为的结伙性》（Male Juvenile Delinquency as Group Behavior），载《犯罪原因报告》（Report on the Causes of Crime）（威克沙姆委员会报告之二，第13号，1931年），第191~199页，重版为J. 肖特（J. Short）主编：《大都市社会构造》（The Social Fabric of the Metropolis）（下文简称为《社会构造》）第17章，芝加哥：芝加哥大学出版社1971年版。

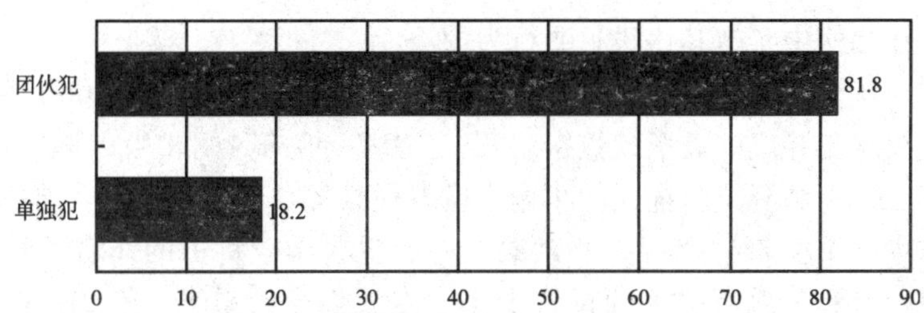

图 6.1　被送交少年法院的罪犯中单独犯和结伙犯的百分比

来源：克利福德·肖、亨利·马凯：《男性少年越轨行为的结伙性》，载约翰·肖特主编：《犯罪原因报告》（威克沙姆委员会报告之二，第 13 号，1931 年），第 191～199 页，重版为《大都市社会构造》第 17 章，芝加哥：芝加哥大学出版社 1971 年版。 p75

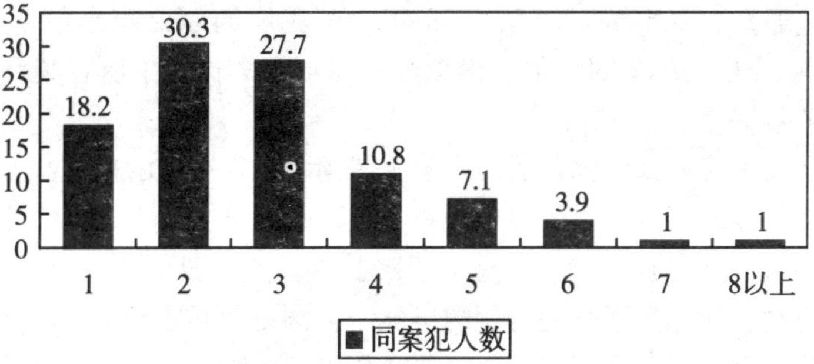

图 6.2　被送交少年法院的案件中同案犯人数的百分比

来源：克利福德·肖、亨利·马凯：《男性少年越轨行为的结伙性》，载《犯罪原因报告》（威克沙姆委员会报告之二，第 13 号，1931 年），第 191～199 页，重版为约翰·肖特主编：《大都市社会构造》第 17 章，芝加哥：芝加哥大学出版社 1971 年版。

尽管这些发现是戏剧性的，但并不意外。1923 年的一项对相同法院盗窃犯罪者的研究发现：十之八九的男性盗窃犯被认为是在结伙中实施其违法犯罪行为的。[①]

基于两个方面的原因，我们需要更为晚近的关于结伙和青春期少年犯罪之间关系的数据。其一，1928 年的时间相当久远了。其二，肖和马凯所描述的小偷小摸者很难契合于当今关于美国城市中严重少年越轨行为的意象。一本犯罪学教科书的作者评述道：肖和马凯所描述的越轨少年“在我们今天看来，是如何的离奇而有趣——穿着灯笼裤，戴着布帽子，一脸原子时代前的天真”。[②] 申言之，尽管结伙行为与大多数少年越轨行为相关，但如果我们讨论严重犯罪，可能存在某种向个别化犯罪模式转变的趋势。

关于作为青春期少年犯罪显著特征的结伙特性突出的现代证据是可以获得的，其中包括作为近来少年犯罪政策关注焦点的严重犯罪。表 6.1 展示了从 1973 年全国犯罪问题专家小组（the National Crime Panel）的一份抢劫犯罪被害人样本中所收集到的相关数据。

为了目前的研究目的，全国犯罪问题专家小组的相关数据存在两方面的不足。由于该项调查的方法是要求被害人猜测犯罪者的年龄，其有必要使用粗糙的年龄类别。“未满 21 岁”者所犯的抢劫犯罪几乎不是同类型的事件。全国犯罪问题专家小组数据的第二个缺点，即当被害人被要求猜测年龄时，许多不正确的猜测会产生出某种错误的主观事实，而因为不当的类别划分，这会模糊较为年幼和较为年长的罪犯之间的样本差异。

---

① 参见《社会构造》（The Social Fabric），第 256 页，注释 2。

② D. 塔夫特、R. 英格兰（D. Taft & R. England）:《犯罪学》（Criminology），1964 年第 4 版，第 180 页。

表 6.1　抢劫案件的罪犯人数和年龄群体

罪犯人数	21 岁以下（百分比）	21 岁以上（百分比）	p76
1	36%	61%	
2	29%	25%	
3	16%	10%	
4 以上	19%	4%	
总计	100%	100%	

注：罪犯被识别为模糊年龄组的案件已被删除。

来源：《全国犯罪问题专家小组数据》，韦斯利·斯科根（Wesley Skogan）提供，西北大学政治科学系。

尽管存在缺点，全国犯罪问题专家小组的数据表明：罪犯年龄与结伙抢劫之间的关系是引人注目的。略多于 1/3 的抢劫犯罪是由单独的未满 21 岁的攻击者实施的，而与此相对照，61% 的抢劫案件被害人认为，其犯罪者已满 21 岁。在该数据分布的另一端，即“4 人以上”的结伙组中，较为年幼的罪犯所造成的被害数量是较为年长的罪犯所造成的被害数量的 5 倍。

从维拉司法研究所（Vera Institute of Justice）最近关于纽约家事法院所管辖的少年越轨案件的分析中，可以获得关于少年犯罪特性的更为精确的数据。图 6.3 即对纽约市家事法院所审理的未满 16 岁的少年案件样本的分析。维拉司法研究所的这一样本将每一个被指控的越轨少年计算为一个单独的案件。如此，如果两名少年被指控实施同一抢劫犯罪，那么就会形成两个结伙抢劫案件，而某单个的 15 岁少年因抢劫犯罪而被逮捕，就只算一个案件。鉴于此，有关的数据夸大了结伙犯罪的数量，但其方法可令其与肖和马凯的图表进行直接对照——二者收集数据的方法是相同的。[1] 除攻击和强奸案件外（n = 8），该柱状图表所反映出来的各项数据之间非常近似，且与半个世纪前芝加哥地区的关于
p77 盗窃犯罪的研究估测结果极为近似。

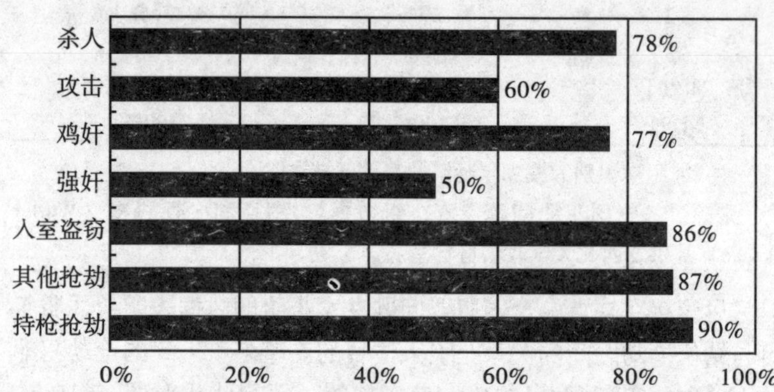

图 6.3　纽约市被指控犯罪的少年中共同犯罪案件所占的百分比

来源：维拉司法研究所：《家事法院案件处理研究》（1981 年）（未出版稿）。

在年幼的青春期少年罪犯（未满 16 岁）的这一样本中，结伙犯罪的优势比例近似于先前关于少年盗窃犯罪的研究结果，不仅如此，诸多不同犯罪之间亦相近似。对这些年龄群体而言，犯罪者的青春年少显得更为有效地预示着其结伙参与性，胜过其犯罪本身的属性所致。

出自纽约的这些数据的收集分析与肖和马凯关于盗窃犯罪数据的收集分析不完全一样，即后者精确到了结伙中犯罪者的数

---

[1] 维拉司法研究所：《家事法院案件处理研究》（Family Court Disposition Study），1981 年（未出版稿）。

量。[1] 然而，兰德公司（Rand Corporation）所收集的关于洛杉矶少年法院审理的持枪抢劫案件的数据样本提供了进一步的细节，如图 6.4 所示。 p78

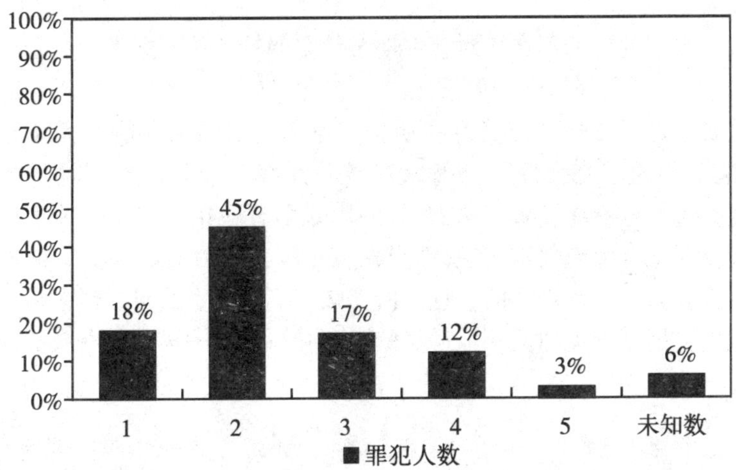

图 6.4　洛杉矶包含少年犯罪嫌疑人的持枪抢劫案件的罪犯人数百分比分布

来源：彼得·W. 格林伍德：《少年诉状研究》，加州圣莫尼卡：兰德公司 1979 年版。

据兰德公司的相关研究，103 起抢劫案件中，只有 18 起为单独作案，且过半数的抢劫犯为 16 岁或 17 岁者。因此，洛杉矶的研究发现表明：在严重犯罪案件中，青春期少年共同犯罪和共同被捕，对统计数据的影响非常之大，且即便其中的少年犯包含较为年长者。引用肖和马凯的话来说：男性少年越轨依然以

① 维拉研究将少年法院案件二分为个体案件和结伙案件。一个案件代表一个被指控的个人。维拉司法研究所：《家事法院案件处理研究》（Family Court Disposition Study），1981 年（未出版稿）。

"结伙行为"为主流。

于是如何?

本书的目的不在于对青春期结伙犯罪特性的证据进行综合性的考察，亦不在于对相关数据之于少年越轨行为的犯罪学理论的重要性进行评估。证明青春期少年犯罪问题的实证研究大量存在。[①] 讨论"二元性"(dyadic)、"三元性"(triadic) 以及"另类群体"(other group) 之含义的犯罪学著述相当广泛。关于现
p79 代犯罪学，无论何以言说，"男性少年越轨行为的结伙性"的地位皆被认为是基础性的，且众所周知，不同类型的犯罪皆在相当程度上展现出类似的特性，尽管纽约和洛杉矶的早期数据向我们

---

① 关于该题相关著述之概览，参见 R. 胡德、R. 斯巴克斯 (R. Hood & R. Sparks):《底层文化与少年团伙越轨》(Subcultural and Gang Delinquency)，载《犯罪学要点》(Key Issues in Criminology)，第 80 ~ 109 页，1970 年版 (其中包含着英国和斯堪的纳维亚地区的按照年龄划分的团伙行为数据); K. 斯韦利 (K. Sveri):《团伙行为》(Group Activity)，载 C. 克利斯钦森 (C. Christiansen) 主编:《斯堪的纳维亚犯罪学研究》(Scandinavian Studies in Criminology)，1965 年版，第 173 ~ 185 页;《少年越轨与少年犯罪之总统委员会: 少年团伙》(G. 盖斯之报告，1965 年) [President's Comm. on Juvenile Delinquency and Youth Crime, Juvenile Gangs (Report of G. Geis)]。

展示了比诸多现代少年越轨研究更多的严重犯罪数量。[①]

这一众所周知的模式，对当代的犯罪统计学研究、一般威慑、剥夺犯罪能力、犯罪行为模式建构、犯罪轨迹（criminal careers，或犯罪生涯）研究以及少年法院和刑事法院的审判实践改革等问题，具有重要的意义。这些相对晚近的附属研究专题是传统的犯罪和少年越轨研究知识的隔壁邻舍（也就是说，这些相对晚近的附属研究专题可与传统的犯罪和少年越轨研究触类旁通。——译者注）。然而近来，这些邻居相互之间不说话，不往来交流，于是，少年犯罪结伙性的影响作用无法考量。

估测严重少年犯罪的比例和数量

无人质疑：少年犯在最为严重的犯罪中占有不均衡的份额。但问题是，这一份额有多大？从现有的数据中不能得出答案。支撑相关断言的证据超出了流行的关于犯罪或罪犯“暗数”（dark figure）的疑问。估测少年严重犯罪份额的现行技术状态为：（1）确定因某一特定犯罪而被拘捕的未满 18 岁或 21 岁者的人数百分比；（2）并且，或明示或暗示地假定，拘捕的百分比分

① 在典型的自我报告研究中，非常严重、非常暴力的犯罪的数量相当少。费城群组数据显然包括大量的杀人案件和强奸案件的拘捕（分别为 14 件和 44 件），参见沃尔夫冈、弗吉利奥、塞林：《某出生队列的越轨》（Delinquency in a Birth Cohort），1972 年版，第 68 ~ 99 页。该文作者注解道：该研究的计数方法没有提供关于这些拘捕数量代表多少案件的信息。参见上注，第 23 ~ 24 页。关于持致命武器抢劫或攻击的单独计算，未出版。费城群组中的 193 个抢劫案件拘捕数量没有进行案件数或严重程度及其分值的分类。与此相对照，兰德公司关于少年法院的研究报告了 253 个武装抢劫案的拘捕数量，并以此形成了 104 个案件样本——成为图 4 的基础。

布精确地反映了犯罪的百分比分布。

在1974年《少年司法与少年越轨预防法》(the Juvenile Justice and Delinquency Prevention Act)[①] 通过的过程中，美国国会所发现的第一个问题，即少年占据了当时美国因严重犯罪而被拘捕者人数的近半数。[②] 这是否意味着他们实施了这些严重犯罪案件中的一半呢？从这些统计数据中推断，少年占据了所有严重犯罪中的半数，其问题之一为：犯罪和拘捕报告中所使用的粗糙的不同种类的类别划分混同了严重的和相对较轻的犯罪，如使用抢劫或攻击的单一标题来进行相关的类别划分。[③] 其问题之二为：结伙犯罪中被拘捕的少年犯被两次、三次甚至四次地计算为多个犯罪，其被多次计算的几率远远大于年长的犯罪者。在共同犯罪者的计算中，少年和成年人犯罪的统计数据被一视同仁地对待，其混合效应在图6.5中得以示明。该图表改编于先前所论及的基于抢劫案件被害人报告的全国犯罪问题专家小组数据。

未满21岁者占据了“抢劫犯”总样本中的60%略高，且只
p80 占据了“抢劫案”中的一半多，但不到“持枪抢劫案”中的1/3。图6.5只是一个初步的说明。该项估测在此使用了21岁的生日作为分隔线，然而，少年法院的管辖范围通常止于18岁生日或更早。编辑国会所发现的事实状况所使用的统计数据，是联

---

① 《少年司法与少年越轨预防法》(1974年)(Juvenile Justice and Delinquency Prevention Act of 1974)。

② 《少年司法与少年越轨预防法》(1974年)(Juvenile Justice and Delinquency Prevention Act of 1974)。

③ 参见富兰克林·齐姆林：《美国少年暴力：争议问题与发展趋向》(American Youth Violence: Issues and Trends)，载《犯罪与司法年度回顾研究》(Crime & Just. Annual Review Research)第67期，1979年版。

邦调查局（FBI）对未满18岁被拘捕者进行的估测。[①] 由于被拘捕犯罪人之抢劫案件率随着年龄的增长而增加，且持枪抢劫案亦随年龄增加而增加，可归于“少年”的持枪抢劫案件比例似乎很可能只有10%。

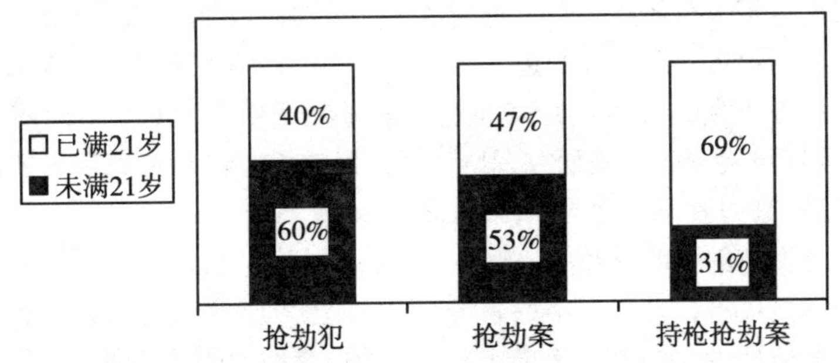

图6.5　按照年龄划分的抢劫犯、抢劫案和持枪抢劫案的百分比（模糊年龄组案件被删除，n=106）

来源：美国司法部司法统计局：《全国犯罪问题专家小组调查报告》，华盛顿特区：政府印刷局1974年。

在目前可以获得的统计数据的处理中，使用避免作正面回答的语词，如“似乎很可能”，是审慎的。我们完全不知道少年在特定形式的犯罪行为中所占的份额，且我们无法使用拘捕统计数据来推导出包含可以接受的错误差数的估测结论。

一般威慑问题研究中的拘捕与刑罚风险估测

过去的30年见证了刑事制裁一般威慑效应（general deter-

---

① 《少年司法与少年越轨预防法》（1974年）（Juvenile Justice and Delinquency Prevention Act of 1974）；《统一犯罪报告》（Uniform Crime Reports）（1974年）。

rent effect）的观念复苏，以及人们通过不同时期或不同司法管
p81 辖区的犯罪率和刑罚水平之间的比较来对威慑力问题进行的各种研究努力。[①] 运用现有的关于犯罪、拘捕和刑罚的聚合数据的尝试，易被少年法院和刑事法院重叠的司法管辖范围问题搞混，且研究者不太可能应用关于拘捕的统计数据而避免将问题搞混。

通过考察刑罚和受追究的风险的一般评估方法——用以测度威慑力研究的可信性，该问题可以得到阐明。图 6.6 中所示的“刑罚风险”经常被研究者所使用，而这一方法存在着根本的缺陷。[②] 通过将成人监狱纳入数量（adult prison admissions）表示为有报道的犯罪总数的一部分，“刑罚风险”没能估量任何实际的刑罚风险，且当少年犯罪之于犯罪总量的比例增加时，其将被系统地减少。如果少年实施了大量的边缘性的严重犯罪——最终或可或不可被归入某种特定名目的犯罪，抑或警察报道和分类惯例之间存在差别，抑或少年犯和成年犯之间的比率存在差异，皆

---

① 参见《国家科学院威慑力和剥夺能力问题研究专家小组（终结报告 1978 年）》［National Academy of Science Panel on Research in Deterrence and Incapacitation（Final Report 1978）］，其中包含了威慑力问题研究的著述及方法的概要。

② 参见《国家科学院威慑力和剥夺能力问题研究专家小组（终结报告 1978 年）》［National Academy of Science Panel on Research in Deterrence and Incapacitation（Final Report 1978）］，其中包含了威慑力问题研究的著述及方法的概要，第 88 ~ 103 页，关于图 6.6 中所展示的运用了风险变量的十数项研究的一览表。

会产生犯罪率和刑罚风险之间的与一般威慑毫不相关的负面相关性。[①] 在任何特定的犯罪种类中，通过比较拘捕总量与犯罪总量来估测受追究的风险，会产生类似的问题。这一估测是关于两个分别的无法分隔的拘捕风险，以及代表着不同严重程度的少年和成人犯罪的未知混合体的一揽子犯罪的。该混合的结果会挫败估测威慑效应的努力，除非这种关于成年人和少年犯罪及其风险的混合不因时间的不同而不同，不因城市的不同而不同。

在此情形下，直到我们能够分别地估测少年犯罪和成人犯罪的比率，犯罪年龄分布或警察政策的差异方能成功地装扮为审判政策的差异。但是，图 6.5 的教益在于：使用拘捕的年龄分布来进行这一区分，将不会获得成功。因为该原因，应用聚合数据的比较研究似乎不太可能估测出真正的风险。[②]

$$\text{刑罚风险} = \frac{\text{监狱纳入数量（成人）}}{\text{犯罪数量（少年和成人）}}$$

$$\text{拘捕风险} = \frac{\text{拘捕数量（少年和成人）}}{\text{犯罪数量（少年和成人）}}$$

图 6.6　在威慑效应研究中估测风险的惯常方法

---

① 关于产生“假的威慑力”的统计数据的一种特别担忧，即“垃圾犯罪”和“垃圾拘捕”——其定义为：在成人司法体系中，不大可能受到严厉制裁的犯罪和拘捕。这是影响城市与城市之间、不同时期之间差异变化的主要因素。如是，则少年拘捕率的差异变化会彻底搞混有关的研究努力，即旨在评估刑事制裁措施的一般威慑效应的历史研究或比较研究。

② 然而，这一替代方法具有吸引力。鉴于对类似行为的少年司法制裁和成人刑事制裁的差异，威慑理论会剥夺年龄管辖范围中的诸多差异变化，以及类似犯罪模式中的差异。这些差异变化可以揭示：在其犯罪发展轨迹的不同节点上，当其跨越少年司法和刑事司法的边界时，这些个人是否对风险的差异有所反应。

p82

估测监禁的剥夺犯罪能力作用

剥夺犯罪能力的逻辑直截了当：将可能再犯罪的人关起来，于是，一般社区的犯罪率就会相对较低。[①] 但是，选择适当的被剥夺犯罪能力者，估算所节制的犯罪数量，原来是一个很难把握的问题。估算“所节制的犯罪”的努力是以犯罪行为的个人模式为出发点的，其结论可能是不精确的。那些发现青春期早期高犯罪率的研究，没能说明结伙犯罪的问题。[②] 简而言之，如果三个犯罪者中的一个被从犯罪的循环往复中剥离出来 1 年的时间，我们当前没有根据以估算：是否或在多大程度上，犯罪率会受到

---

① 参见 R. 辛纳尔、S. 辛纳尔（R. Shinnar & S. Shinnar）：《刑事司法体系对犯罪控制的影响作用——一种定量方法》（The Effects of the Criminal Justice System on the Control of Crime: A Quantitative Approach），载《法律与社会评论》（Law & Soc'y Rev.）1975 年第 9 期，第 581 页。还可参见 J. Q. 威尔逊（J. Q. Wilson）：《关于犯罪的思考》（Thinking about Crime），1975 年版，第 198 ~ 291 页。

② 参见 R. 辛纳尔、S. 辛纳尔（R. Shinnar & S. Shinnar）：《刑事司法体系对犯罪控制的影响作用——一种定量方法》（The Effects of the Criminal Justice System on the Control of Crime: A Quantitative Approach），载《法律与社会评论》（Law & Soc'y Rev.）1975 年第 9 期，第 581 页；J. 彼得西利亚和 P. 格林伍德（J. Petersilia & P. Greenwood）：《惯常重罪犯的犯罪发展轨迹》（Criminal Careers of Habitual Felons），1979 年版。对剥夺其中一个团伙犯罪能力问题的提及，仅见于《研究专家小组》，前注，第 65 页（特别参见其注释 63 以及注释 64）。与此对照，艾伯特·里斯（Albert Reiss）最近展示了团伙犯罪对剥夺犯罪能力效应的影响作用。艾伯特·里斯：《理解犯罪率的变化》（Understanding Changes in Crime Rates），载艾伯特·里斯、艾伯特·柏德曼（A. Biderman）主编：《犯罪率与被害》（Crime Rates and Victimization），1980 年版，第 13 ~ 14 页。

影响。如果三个犯罪者皆被剥夺犯罪能力，那么，有可能将“所节制的犯罪”估算为这些犯罪者将有可能单独或结伙实施的犯罪的结合功效，但不是在其他团伙中。然而，运用剥夺犯罪能力的现行计算方法，赋值于每一个团伙的每一次犯罪的每一个成员——他们共同犯罪或在其他团伙中犯罪，这会产生双重或三重的计算，并因此而过高地估算具有结伙犯罪倾向的青春期中的“所节制的犯罪”。已出版的宣称估测剥夺犯罪能力效应的研究成果尚未对此作出审慎的努力，以改正这一偏颇。他们的错误不仅在于此，他们的错误非常大。

犯罪行为模式的建构

由于每一单个犯罪种类都包含着行为的多样性，试图用简化模型来解说特定犯罪的差异的努力常常不能获得成功。抢劫即为一个适例——关于抢劫案件中枪支是否被使用的决定性因素。基 p83
于波士顿抢劫案件的一份样本分析，约翰·康克林（John Conklin）总结道：“结伙抢劫减小了携带武器进行自我保护的需要，因为团伙本身起到了相当于武器的功能。”① 在将武器使用与同案犯人数相关联的时候，他的数据显然没有进行年龄方面的控制。在分析全国犯罪问题专家小组数据的时候，菲利普·J. 库克（Philip J. Cook）的发现刚好相反：

> 单个罪犯使用枪支的可能性更小，而共同犯罪者更可能使用枪支……且这一模式适用于罪犯的小群体……

① J. 康克林（J. Conklin）：《抢劫案件与刑事司法体系》（Robbery and the Criminal Justice System），1972 年版，第 108 页；还可参见其第 106 页的表格。

以至于整个样本……对于某特定类型的被害对象，一伙罪犯“对枪支的需要”不如一个单独的罪犯——这是一种似是而非的观点，有关的数据显示：犯罪团伙倾向于选择更为强大的被害对象。[①]

或许没有必要对这一特定的争论进行裁判，因为康克林和库克都正确地描述了不同子集的抢劫犯的行为——康克林的分析适用于非预谋性的少年抢劫犯。然而，这一模式无法通过对武器使用和抢劫案件总样本的罪犯人数的列表方式来予以侦测，如图6.7所示。

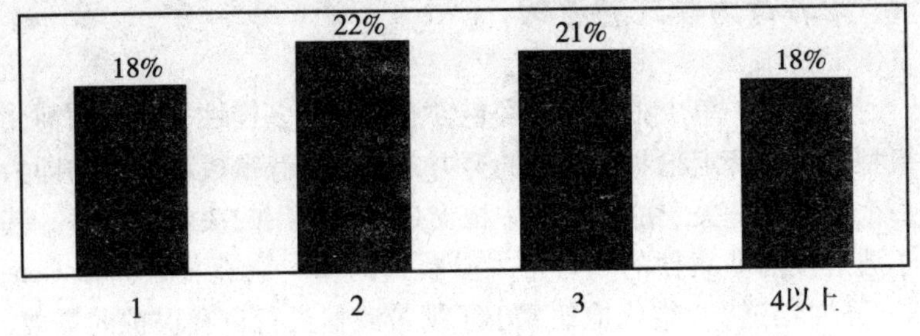

图6.7 根据罪犯人数划分的抢劫案件中使用枪支的百分比

来源：美国司法部司法统计局：《全国犯罪问题专家小组调查报告》，华盛顿特区：政府印刷局1974年；还可参见库克，本章注19。

然而，这一扁平模式似乎具有误导性。对这些没有进行年龄控制的数据进行考虑，完全是一种错误地审查全国犯罪问题专家

---

① P. 库克（P. Cook）：《抢劫案件之战略抉择分析》（A Strategic Choice Analysis of Robbery），载韦斯利·斯科根（Wesley Skogan）主编：《犯罪被害人样本调查》（Sample Surveys of the Victims of Crime），1976年版，第108页。

小组数据的方法，因为少年犯更有可能：（1）结伙抢劫；（2）较
少使用枪支，而无论他们是否结伙抢劫。① 表6.2展示了不同年龄 p84
的罪犯的枪支使用和罪犯人数的分析样本。在相关罪犯被认为年
满21岁的所有被害报告中，随着团伙规模的增加，枪支的使用
有着适度的增长。关于未满21岁的罪犯，他们的年轻更能够影
响枪支的使用，远甚于其抢劫案件的数量。始终如一，枪支的使
用约占成人所有人数规模类别中的1/3。于是，当既存的团伙自
发地决定实施抢劫的时候，少年犯或许的确“从人数中找到勇
气”。这与少年犯的低枪支使用率和低单独抢劫率相一致。年长
的罪犯有着更多的谋划和不同的目标选择以及同伙选择模式。对
有谋划的犯罪而言，抢劫目标对团伙规模和枪支使用具有实质的
影响作用。在自发性的抢劫案件中，在目标被选定之前，团伙和
武装问题就已经被确定下来，但是缺乏对罪犯年龄的控制完全地
模糊了这些样本。

表6.2　根据罪犯年龄和罪犯人数划分的抢劫案件中枪支使用的百分比

罪犯人数	21岁以下	21岁以上
1	8	24
2	13	33
3	13	36
4以上	12	40

注：关于抢劫案件总数，参见表6.1。

来源：《全国犯罪问题专家小组关于26个城市的数据》，菲利普·J.库克分析；参见库克，本章注19。

① 被指控的持枪抢劫者和其他抢劫者之间的对照（参见图6.3：90%比87%，共同犯罪者）为该解说提供了进一步的支持。

理解犯罪“轨迹”

几乎所有的美国男性青春期少年，在向成人期过渡的某些点
上，都有犯罪行为。这些犯罪行为中的多数微不足道；大多时
p85 候，青春期少年犯罪行为并没有代表着某种习惯性的犯罪模式的
形成，且将延展以至于成年时期。然而，同样真实的是，大多数
在成年早期坚持着犯罪行为模式的人，在年幼时即已开始其侵害
行为。[①]

近年来，犯罪轨迹研究成为新的学术兴趣焦点。数十年来，犯罪学家们一直热衷于研究与停止或持续实施犯罪行为相关的因素。[②] 近来，此类研究被雄心勃勃地付诸政策实践：寻找预测继续犯罪的特征，如今已被视为影响审判政策的一条路径，尤其是倚重于监禁制裁措施剥夺犯罪能力效应的审判政策。[③] 类似于

---

① 参见富兰克林·E. 齐姆林：《面临少年犯罪：少年犯审判政策之20世纪特别任务组之报告》（Confronting Youth Crime：A Report of the Twentieth - Century Task Force on Sentencing Policy toward Youth Offenders），1978 年版。

② 参见 S. 格鲁克、E. T. 格鲁克（S. Glueck & E. T. Glueck）：《五百个罪犯的发展轨迹》（Five Hundred Criminal Careers），1930 年版；S. 格鲁克、E. T. 格鲁克：《随后的犯罪发展轨迹》（Later Criminal Careers），1937 年版；S. 格鲁克、E. T. 格鲁克：《犯罪发展轨迹回顾》（Criminal Careers in Retrospect），1943 年版。这三部跟踪调查研究是关于：马萨诸塞州少年管教所（the Massachusetts State Reformatory）于 1921 ~ 1922 年释放的 510 名被监禁者的其后发展轨迹。

③ 参见 B. 波兰德、J. 威尔逊（B. Boland & J. Wilson）：《年龄、犯罪与惩罚》（Age, Crime, and Punishment），载《公众关注》（Public Interest），1978 年春，第 22 页；J. Q. 威尔逊：（J. Q. Wilson）：《关于犯罪的思考》（Thinking about Crime），1975 年版，第 198 ~ 291 页，载《关于犯罪的思考》。

此，如果社会科学家能够发现与缺乏再犯可能性相关的青春期少年犯罪行为特征，该信息即可有利于更有效地分派稀有的刑罚资源，并避免不必要的社会控制。

当然，所有这些有赖于对未来行为的精确判别指示标准的发展。沃尔夫冈（Wolfgang）、菲格利奥（Figlio）和塞林（Sellin）对费城男孩的群组调查研究（cohort study）——从1963年至1972年年满18岁为止，为我们提供了一些有意义的初步线索，但远未能预测成年人的犯罪轨迹。[①] 费城样本的后续研究为我们提供了一些进一步的信息。[②] 关于对被作为成年人予以监禁者的更为晚近的回顾性研究，为我们提供了一系列与在成年时期持续犯罪相关的特征，但限于样本的属性而未能提供相关的数据，以证实哪些因素与不持续犯罪行为之间具有相关性。[③]

青春期少年犯罪显著的结伙特性，可以为我们提供一种视角，以增强实证先前行为预示将来犯罪之程度的研究能力。在青春期或成人早期的某些点上，那些结伙犯罪者或不再违法犯罪，或继续违法犯罪，但其原因不同，且形成之构造相异。这些路径均为对先前行为的重大转变。从结伙犯罪到个人非犯罪行为的转

---

① 关于针对少年暴力的集中度和可预见性的沃尔夫冈数据的含义，相关的讨论可参见富兰克林·E. 齐姆林，前注，载《美国少年暴力》，第94~98页。

② 关于费城跟踪调查研究的初步报告，参见M. 沃尔夫冈：《从男孩到男人》（From Boy to Man），载哈德逊、马克（Hudson & Mack）主编：《101名严重犯罪者》（The Serious Offender 101），1978年版（一个全国研讨会的会议录，政府印刷局）。

③ J. 彼得西利亚和P. 格林伍德（J. Petersilia & P. Greenwood）：《惯常重罪犯的犯罪发展轨迹》；兰德公司报告之二——《实施犯罪》（Doing Crime），应用了一份关于监狱全部在押犯的有分量的样本，回顾性地研究了在押犯入狱前的发展轨迹。兰德公司：《实施犯罪》，1980年4月版。

变，显然值得进行持续的研究。同样重要的是，从犯罪行为的少年模式到成人模式的转化，在犯罪发展轨迹的分析中，亦应当成为一个特别重要的阶段。

在开始阶段，对相关的转变时间予以识别是具有重要意义的，即少年犯罪何时向成人犯罪转化，青春期犯罪何时转而停止。这不是说，相关的研究是为了寻找犯罪被放弃或犯罪模式改
p86 变的某一特定日子；而是，两种转变应当被预期为某种过程——其发展需要充足的时间阶段，且不同个体的发展需要经历不同的人生历史阶段。但是，对这些转变阶段进行的识别和研究，个案的和群组的，可以增进我们对作为发展事件的犯罪的理解，并强化对将来犯罪预测问题的实证聚焦。

有关的关键贡献，即在于对发生于青春期发展轨迹早期的预测性因素或事件和更接近于脱离犯罪或犯罪模式变化的转型时期的预测性事件进行区分。一个完整的核计方案应当分别考虑如下方面：

1. 先期或伴随于青春期早期的个体特征，如年龄、地区和家庭结构。

2. 青春期早期犯罪的个体参与情况，包括犯罪类型、首次被拘捕时的年龄、所参与犯罪的团伙类型及其在青春期少年团伙行为中个体角色的属性——主导性的或被动性的。

3. 青春期晚期发生的预示个体行为变化属性的事件或影响。

关于拘捕分布的集合统计数据暗示：脱离犯罪轨迹的转变不是一种遍布于“十龄”晚期和“二十龄”中期的随机事件，而是拥簇于青春期晚期的。然而，我先前的话语暗示：聚合的拘捕

统计数据是研究这一现象的一个不够充分的基础。总体拘捕率下降的那些年份亦为拘捕统计数据低估了罪犯参与程度的时期，即当较为年长的年龄组的拘捕率与较为年幼的年龄组的拘捕率之间进行比较时。①

在寻找“成人型”个体或预谋结伙犯罪的转型时，没有理由先验地选择任何单一的1年或2年的时间段——期望这样一个转型可以在此得以完成。案例历史研究和群组样本可以收集到每一个进入警察注意范围的个体犯罪的属性，且其他辅助性的方法，如自我报告研究，可用以确定转型的时期、持续时间及其重要的伴随物。②

为少年犯罪确定适当的制裁措施 p87

关于少年法院和家事法院对少年犯所施加的制裁措施的统计数据引起了许多观察研究者的注意，并被引以为社会非控制的突出事例。给人最为深刻印象的数据出自于纽约市——一个充满着犯罪基因的都市地区，其中，只有未满16岁的罪犯被送交家事法院审理。一项对近4000名因抢劫而被拘捕的少年的研究发现：这些指控中的过半数，在没有被正式交付家事法院审理的情况下即被撤销，且指控总数中的3/4最终被撤销。③ 巴巴拉·博兰德（Barbara Boland）和詹姆斯·Q. 威尔逊（James Q. Wilson）以

---

① 关于年龄特定化的拘捕数量的估测（没有对此困难予以充分警示），参见齐姆林，同前注，《面临少年犯罪》，第37页，表格1、表格2。

② 参见沃尔夫冈、弗吉利奥、塞林：《某出生队列的越轨》（Delinquency in a Birth Cohort），1972年版，第68～99页。

③ 刑事司法服务儿童事务所纽约分所（Office of Children's Service, N. Y. Division of Criminal Justice Services），引自B. 波兰德、J. 威尔逊，同前注，《年龄、犯罪与惩罚》，第28页，表1。

截然反对的语气来陈述该研究的最终结论："简言之，这些因抢劫而被拘捕少年中只有3%，且那些实际接受了家事法院审理的有关少年中只有7%，受到了某种形式的监禁处遇——或被置于类似的'少年之家'（Juvenile Home）或训导学校（training school）中，或被置于成人监狱。"① 在洛杉矶，另一项研究估测：每100个拘捕中，被正式判定为少年越轨的几率为17%。②这种类型的统计图像完美地配合了人们对徜徉于街头巷尾、未受制止的少年暴力犯罪大军的恐惧。观察研究者或许还会总结道：少年法院的理念以及少年福利政策是对如此的瘟疫似的宽仁的辩解。

对年龄、犯罪和刑罚之间关系的认真研究，只在最近才得以进行。但早期的回答认为：产生如"案件死亡率"（case mortality）的显著的具有警示性的事例，其原因比许多人所想象的更为

---

① 刑事司法服务儿童事务所纽约分所（Office of Children's Service, N.Y. Division of Criminal Justice Services），引自B. 波兰德、J. 威尔逊，同前注，《年龄、犯罪与惩罚》，第27~28页。

② 该估测是由彼得·W. 格林伍德推演得来，见彼得·格林伍德、J. 彼得西里亚、富兰克林·E. 齐姆林：《年龄、犯罪和制裁：从少年法院到成人法院的过渡》（Age, Crime, and Sanction: The Transition from Juvenile to Adult Court），1980年版，引自K. S. 泰尔曼、M. W. 克莱因（K. S. Teilmann & M. W. Klein）：《加州1977年少年司法立法影响之评估》（Assessment of the Impact of the California's 1977 Juvenile Justice Legislation），南加州大学社会科学研究所（Social Science Research Institute, University of Southern California）1977年（草稿）。

复杂，且更少地依赖于少年法院的理念。[①]

少年法院儿童保护的生动理念无疑会减少导致正式越轨判决以及被判监禁处遇的拘捕数量。然而，少年法院的诸多没有明确关联于对少年宽仁的政策，也起到了促进高比率的非正式处置方式的使用。在边缘案件（marginal cases）（所谓边缘案件，即似乎可左可右、可追诉可不追诉、可重可轻的“边缘模糊地带”的案件。——译者注）中，警察可能拘捕少年犯，并寄望于该案的纳入是“经过校正的”，但将拘捕作为一种制裁措施，以及编辑一本卷宗的机会。[②] 少年法院所完善记录的拘捕后羁押措施的使用——作为正式判决的替代措施，代表了一套棘手的社会控制策略，而如果只对审判后的制裁措施予以考察，就无法对之有所认识。该问题很重要，因为全国范围内羁

---

① 彼得·格林伍德、J. 彼得西里亚、富兰克林·E. 齐姆林，该估测是由彼得·W. 格林伍德推演得来，见彼得·格林伍德、J. 彼得西里亚、F. E. 齐姆林：《年龄、犯罪和制裁：从少年法院到成人法院的过渡》(Age, Crime, and Sanction: The Transition from Juvenile to Adult Court)，1980年版，引自 K. S. 泰尔曼、M. W. 克莱因（K. S. Teilmann & M. W. Klein）：《加州 1977 年少年司法立法影响之评估》(Assessment of the Impact of the California's 1977 Juvenile Justice Legislation)，南加州大学社会科学研究所（Social Science Research Institute, University of Southern California）1977 年（草稿）。

② 参见 J. 科菲（J. Coffee）：《隐私对国家亲权：警察档案在少年审判和监管中的作用》（Privacy versus Parens Patriae: The Role of Police Records in the Sentencing and Surveillance of Juveniles)，载《康奈尔法律评论》(Cornell Law Review) 第 571 期，1972 年版，第 579 ~ 594 页，关于将拘捕作为建立少年案件卷宗的一种手段的讨论，以及纽约市类似程序的讨论。

p88 押措施的使用大约相当于判决后监禁处遇措施使用的7倍。[①]很难将羁押措施的使用视为少年保护一般理论的一个情感脆弱的部分。

关于少年拘捕情况的集合统计数据反映了当代少年法院的与众不同的政策和风格，以及更多。少年司法体系所处理的违法者不同于其他刑事被告人——他们更为年少，且他们的年少是一种对刑事法院以及少年法院的审判政策具有重要影响作用的因素。[②] 进而，本讨论的核心在于，青春期早期和中期的违法行为也与更为年长的罪犯的犯罪行为之间存在着显著的差异。与更为年长的抢劫犯比较而言，青春期少年抢劫犯更倾向于实施较轻形态的抢劫犯罪——在对先前所讨论的纽约和洛杉矶统计数据进行解释的时候，这一点必须考虑在内。[③] 对于青春期少年的车库入室盗窃行为、拳脚斗殴行为和校园强索行为，什么样的社会对策是最为公正、有效的？相关的问题还远

---

① 参见富兰克林·E. 齐姆林：《面临少年犯罪：少年犯审判政策之20世纪特别任务组之报告》(Confronting Youth Crime: A Report of the Twentieth-Century Task Force on Sentencing Policy toward Youth Offenders), 1978年版，载《美国少年暴力》，第65~82页。

② 参见富兰克林·E. 齐姆林：《面临少年犯罪：少年犯审判政策之20世纪特别任务组之报告》(Confronting Youth Crime: A Report of the Twentieth-Century Task Force on Sentencing Policy toward Youth Offenders), 1978年版，第35~44、65~82页。

③ 对洛杉矶根据年龄的犯罪严重程度分类的讨论，参见彼得·格林伍德、J. 彼得西里亚、富兰克林·E. 齐姆林：《面临少年犯罪：少年犯审判政策之20世纪特别任务组之报告》(Confronting Youth Crime: A Report of the Twentieth-Century Task Force on Sentencing Policy toward Youth Offenders), 1978年版，载《年龄、犯罪和制裁：从少年法院到成人法院的过渡》。

未厘清。

普遍存在的青春期少年从犯问题增加了确定少年犯罪适当制裁措施的难度。在早期的群组研究集册中，有一个有用的例子，其作者在讨论“严重程度分值”的适当评估中说道：

> 让我们假设：三个男孩犯了一个入室盗窃案。他们的年龄从12岁至16岁不等。最为年长者是煽动者和领导者，他和另一个成员一起积极地实施犯罪行为；而最为年幼者是一个不情愿的伙伴，对有关的谋划一无所知，但因为偶然相遇而在现场，起初他正在附近的街道上闲逛。假设，该案件被给予4分的分值。当对每一个参与者进行评分时，这一分值是否能够精准地考量其中的每一个呢？最为年长的男孩及其积极参与的伙伴是否应当被评这一分值，而最为年幼者被评一个较低的分值呢？①

在考虑造成的危害和犯罪个体参与程度之量级的任何司法体系中，试图确定适当制裁措施的努力将会遇到如研究者试图确定适当分值同样的困难。在讨论这一问题时，沃尔夫冈及其同事们说道：“从法律的观点出发”，所有的三个违法者同等有罪。② 这 p89
一断言是正确的，但存在潜在的误导性。如果事实得到确认，最为年幼者是一个勉强的但自愿的协助参与者，那么所有三个青春

① 参见沃尔夫冈、弗吉利奥、塞林：《某出生队列的越轨》（Delinquency in a Birth Cohort），1972年版，第23～24页。

② 同上注，第24页。

期少年皆会被少年法院认定为越轨者。[①] 这种类型的团伙犯罪还可以通过从犯责任学说的方法，在刑事法院中生成关于入室盗窃犯罪适当等级的刑事责任。[②] 但是，抉择起诉案件、确定指控罪名以及诉求刑罚的起诉裁量权，并同少年法院和刑事法院确定判决的审判裁量权，为刑罚政策的差异性创造了充分的机会，而这些均未在正式的关于犯罪和少年越轨的实体法律中有所反映。

当审判政策为一系列的低能见度的裁量权所分解的时候，该司法体系可以拥有一项政策来应对青春期少年的同案犯问题，而无须对其予以宣告，且甚或无须察觉之。在兰德公司对洛杉矶少年法院的研究中，因持枪抢劫而被拘捕的单个罪犯历经了一种十之有三的被判进入少年监禁机构的机会，而结伙犯罪者中，只有13%的人会受到少年法院的此种最为严厉的处遇措施。似乎可以测度，这种差异大多可归因于起诉和审判中对自发性的青春期少年犯罪的外围个体（individuals at the periphery）所给予的宽仁。但是，少年司法的自由裁量（discretionary，即酌情裁量）特性，对其作出决定的真实理由隐而未发。

---

① 本书的讨论设定了一个关于越轨（delinquency）的“现代”定义，即一种身份概念，即某少年实施了某种行为——该行为如果为成人所为，则构成犯罪行为。广义的越轨定义，包含着诸如“居于某种不道德生活方式的危险中”或“交往不良伙伴”的标准，将会排除判定12岁参与者的属性的必要性。参见《司法管理研究所、美国律师协会关于少年越轨与制裁的标准》（Institute of Judicial Administration, American Bar Association Standards Relating to Juvenile Delinquency and Sanctions）（草案）1977年，第17~27页（下文简称为《少年越轨与制裁》）。

② 参见伊利诺伊州法律汇编：《1961年刑法典》第38章，第5-2条，1980年；还可参见F. B. 塞尔（F. B. Sayre）：《罪犯/责任皆由法定》（Criminal/Responsibility for the Acts if Another），载《哈佛法律评论》（Harvard Law Review）第43辑，1930年第689期。

本章达不到解决少年同案犯所引发的一系列错综复杂问题的目的；然而，其足以通过此讨论来注解：在少年犯罪处遇政策的研究中，以及在改革法律的现实努力中，这些问题所具有的新颖性和重要性。在研究少年法院的处遇策略中，不对团伙犯罪的政策予以仔细的关注，似乎是有勇无谋的。对先前论及的入室盗窃假设案中的三个少年给予同样的严重程度分值，并以此分值来预测制裁的水平，会造成一种印象，即如果团伙中的任何一员因为相对年幼而被开释，则严重的犯罪没有得到惩处。① 这种研究程序还将令我们关于团伙犯罪的参与者如何被制裁的无知状态延续下去。

试图改革少年法院审判实践的努力，尤其是试图将制裁模式导离于矫治法学理念，而导向罪刑相适应观念的努力，将会发现无数的问题，即制裁少年同案犯的问题非常接近于最需要深思熟虑的至明之智。这些问题非常重要，因为这些问题是处理少年犯的机构在其大多数的案件中无论如何都要面临的。这些问题是新颖的，因为青春期少年结伙犯罪的属性迥异于犯罪共谋的古典意 p90
象，抑或普通法从犯责任的概念基础。于是，智慧的法律改革者必须短期地修学一下犯罪学的课程，以作为其日程的初步阶段。

---

① 这种薄弱是任何将案件转化为严重程度分值的研究程序的特点，并将有关的总分值给予每一个罪犯，使用犯罪与拘捕的研究亦如此。参见沃尔夫冈、弗吉利奥、塞林：《某出生队列的越轨》（Delinquency in a Birth Cohort），第 68 ~ 99 页，1972 年版；P. 斯特拉斯伯格（P. Strasburg）：《暴力越轨者》（Violent Delinquents），1978 年（由维拉司法研究所向福特基金会提交的一份报告）。

我本人对近期著述和争论的回顾提示：这种事件的顺序安排是罕见的。[①]

结　论

因为不能铭记少年犯罪中结伙参与的普遍的重要性，我们将可能引发的问题归为两类。

其一，我们会产生的技术性错误，即当我们将拘捕数量比例用以估测少年在犯罪总数中所占份额的时候，抑或当我们忘却结伙犯罪问题，并测量犯罪风险或估测剥夺犯罪能力效应的时候。当然，这些错误是严重的，但并非根本性的错误。

其二，在讨论少年犯罪的社会学或政策分析问题时，忽视结伙问题及其相关含意，其更深层次的实质错误在于：这表现了研究者对少年罪犯和少年犯罪的基本特性的一种忽视。大多数少年犯罪的团伙背景不单单是少年犯罪的特征之一，而是少年犯的一个基本特性，以及少年犯罪和成人犯罪之间的一个主要区别所在。忽视少年犯罪的团伙背景，即是对研究对象的核心特征的忽视。任何对少年行为进行严肃认真的学习研究的人都无法支付相关的代价，即忘却众所周知的少年犯罪结伙特征的秘密。

---

① 例如，关于少年司法的两则标准与关于少年犯罪的少年法院政策紧密相关，但是二者都没有关于从犯责任或共谋学说之适当地位的实体性分析。参见《司法管理研究所、美国律师协会与案件处理相关的标准》（草案）1977 年。由于同伴压力的作用没有得以探讨，标准 3.4 主张反对越轨管辖权，如果父母或监护人强迫少年参与犯罪行为，《少年越轨与制裁》第 33 页之注释。再者，这些著述中的注释没有包含对少年犯罪模式、该问题的量级或少年犯罪类型学（typology）等方面问题的分析。

第七章　青春期少年犯罪年龄级数的两种模式 p91

富兰克林·E. 齐姆林和杰弗里·费根（Jeffrey Fagan）

本章揭示：一个广为认同的事实，即犯罪率的顶峰出现在十几岁晚期（the late teen years），不应当被视为一个单一的模式，即犯罪率在十几岁中期开始递增，接着达到顶峰，并在二十几岁早期急剧下降。与此不同，我们展示出两种模式。对一些犯罪而言，包括放火罪和大多数财产犯罪，其拘捕率骤然上升至一个远远高于成年人的比率，且在18、19岁后骤然下降。这些在青春期内达到高峰的犯罪，我们称之为“特定阶段的犯罪”（phase - specific criminality）——拘捕集中于十几岁的年龄段，似乎犯这些罪是一种通过仪式（a rite of passage），且“特定阶段”犯罪的比率大大地低于成人初期。第二组犯罪，包括大多数暴力犯罪，在十几岁晚期有着相对较低的顶峰比率。这些“低峰”模式中，十几岁阶段的拘捕率仅仅高于成年初期阶段拘捕率的30% ~ 50%，而不是2 ~ 3倍。对这些犯罪而言，十几岁初期和中期的增长不是一个当犯罪者到达法定成年期就停止的阶段，而是一个似乎与年轻成人犯罪率更为关系密切的犯罪增长率。我们预测：此类犯罪在青春期阶段的比率会受到成人犯罪率的强劲影响。如果十几岁少年成长于成年人杀人犯罪高发的环境中，那么十几岁少年的杀人犯罪率就会较高。而十几岁少年成长于杀人犯罪低发的环境中，则其杀人犯罪率就会较低。我们将该模式称为“总体比率依赖”（general rate dependence）。

本分析研究的第一节揭示了以联邦调查局（FBI）数据为支持的两种离散性的年龄影响模式：在财产犯罪的青春期“高峰”影响模式中，十几岁少年的行为迥异于年轻成人的行为；而在暴力犯罪的“低峰”模式中，大多数十几岁少年拘捕率的增长特
p92 点接近于二十几岁早期和中期的拘捕率增长特点。我们的理论认为：在杀人犯罪中发现的“总体比率依赖”应当扩展适用于其他暴力犯罪，但不一定适用于青春期年龄群组高度集中的犯罪。第二节揭示了杀人犯罪总体比率迥异的四个国家的相关杀人犯罪拘捕率的年龄分布情况。在结论部分，笔者探讨了高峰模式和低峰模式之间的潜在差异。

观察年龄数据的两种路径

表 7.1 显示了拘捕率高峰及其与七种索引类犯罪拘捕率之间的关系——来源于 1997 年《统一犯罪报告》。左边一栏报告了每一种犯罪的最高拘捕率的年龄组。对 2000 年而言，暴力犯罪拘捕的高峰年龄段在 18 ~ 21 岁之间，而三种非暴力财产犯罪的高峰年龄为 16、17 和 18 岁。纵火罪的拘捕，与此形成强烈的反差，其高峰年龄居于 13 ~ 14 岁，高于其他任何年龄段。与先前年份的比较显示：拘捕率高峰居于更晚的年龄阶段，甚至更晚于 20 世纪 90 年代中期的高峰年龄阶段，但是所有主要犯罪的拘捕高峰仍居于低龄阶段。由此而引得某些观察研究者去进行某种一

元性的“年龄—犯罪”关系的理论假设。①

而右边一栏的数据提示读者注意：大多数暴力犯罪与青春期财产犯罪年龄模式之间的高峰年龄相差超过两年。2000 年，杀人罪、强奸罪和伤害罪高峰年龄段的拘捕率占 20 岁时期相关犯罪拘捕率的近 30%，而纵火罪、盗窃机动车罪、盗窃罪和入室盗窃罪的拘捕率则显著地高于 20 岁年龄时期的比率。这一双峰模式（bimodal）组合意味着：十几岁年龄时期不同犯罪的偏斜差异状态与单一的“年龄—犯罪”关系之间存在着重大的差异性。

表 7.1　拘捕高峰年龄以及高峰年龄时期比率与 20 岁时期比率（=100）之比值，美国，2000 年

	高峰年龄	与 20 岁时期（=100）的比值
杀人罪	19	129
重伤害罪（aggravated assault）	21	101
强奸罪	20	100
抢劫罪	18	137
入室盗窃罪	18	153
盗窃机动车罪	16	166
盗窃罪（larceny）	17	164
纵火罪（arson）	13 ~ 14	286

来源：美国联邦调查局：《统一犯罪报告》，华盛顿特区：政府印刷局 2000 年版。

图 7.1 对比了 1997 年杀人罪和盗窃机动车罪的拘捕率曲线 p93

① 参见特拉维斯·赫斯奇（Travis Hirschi）、麦克·戈特福里德森（Michael Gottfredson）：《年龄与犯罪解释》（Age and the Explanation of Crime），载《美国社会学杂志》（American Journal of Sociology）第 89 期，1983 年版，第 552 ~ 584 页。

图，即我们所谓的相关年龄分布曲线图。对每一犯罪，每一年龄段的拘捕率被表示为一个基于20岁年龄时期拘捕率100%的同比数字。这一策略可资具有不同基础比率的不同犯罪之间年龄模式的精确对比，以及某特定犯罪的基础比率有着相当差异的年龄模式之间的对比。该曲线图的优点在于：该曲线图的倾斜起伏只反映年龄发展过程中的变化差异。

图7.1揭示：杀人罪和盗窃机动车罪的年龄模式，在拘捕率高峰年龄段中，存在着远远超过两年的差距。在13岁之前，每一种犯罪的拘捕率很小。盗窃机动车罪的拘捕率在十几岁早期一路飙升，直至16岁时达到顶峰，而后急剧回落。到23岁为止，盗窃机动车罪的拘捕数量还不到15岁年龄阶段拘捕数量的1/3。这是一种典型的“高峰”模式。杀人罪拘捕率在十几岁中期阶段的增长相对缓慢，直至18岁时达到顶峰，然后缓慢下降直至二十几岁初期。

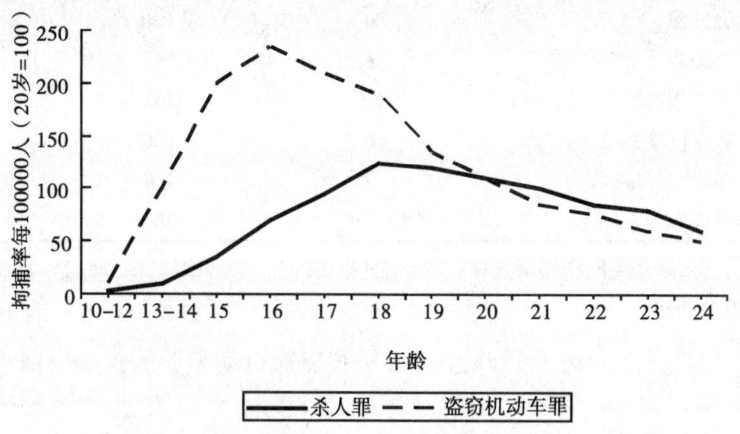

图7.1 美国1997年杀人罪和盗窃机动车罪拘捕率（每100000人）

来源：美国联邦调查局（FBI）：《统一犯罪报告》，1997年，表格38；美国人口普查局（U.S. Bureau of the Census）：《美国统计数据摘要》，1998年。

与较大年龄阶段的拘捕率比较起来，杀人罪的高峰比率要低
得多。申言之，十几岁中期的比率只是二十几岁年龄段比率的一 p94
个较小部分。15 岁杀人罪拘捕率与 23 岁杀人罪拘捕率的比值为 0.4，而 15 岁盗窃机动车罪拘捕率与 23 岁相关拘捕率的比值则为 3.67。在较为年幼的年龄段中，盗窃机动车罪拘捕率的普遍程度是杀人罪拘捕率普遍程度的 9 倍（1/0.4×3.67=9.17）。

我们认为，这相当清楚地揭示：这两种犯罪有着非常不同的年龄模式。不但盗窃机动车罪的高峰比率完全处于青春期年龄段，而且其 15 岁和 16 岁年龄段的拘捕率还远远高于成人初期年龄段的拘捕率。这一相对于成人初期的“高峰”比率模式，是我们所谓“特定阶段”模式的一个特点，其中，某犯罪在青春期的水平要远远高于其后的人生时期。我们将在下文中论说：青春期的各种情况很可能对犯罪的比率和模式有着控制性的影响作用，并且，在十几岁的年龄阶段中，犯罪率显著居高。

与此相对照，杀人罪在 19 岁和 20 岁的高峰比率并没有大大高于二十几岁早期年龄段的比率。12～18 岁年龄阶段拘捕率的攀升从未达到远远高于二十几岁初期拘捕率的水平。青春期少年暴力犯罪的动机和特性或有别于成人暴力犯罪，但十几岁晚期暴力犯罪的比率并没有太大的不同。在十几岁时期的拘捕率增长，最宜被理解为向成年的“过渡性”模式，而非“特定阶段”模式。

图 7.2 将 15 岁拘捕率与 23 岁拘捕率的比值作为测量 1997 年八种“索引类”犯罪中少年犯集中度的便捷方法。八种索引类犯罪中的七种呈现一种清晰的双峰模式样态。除抢劫罪外，其他三种暴力犯罪为显著的“低峰”犯罪，其中，15 岁年龄段的拘捕率小于 24 岁年龄段的拘捕率。这些看起来如同教科书中的青春期拘捕率增长情况，即十几岁晚期的拘捕高峰比率接近于年轻成人的拘捕比率。三种“纯”财产犯罪和纵火罪，其 15 岁

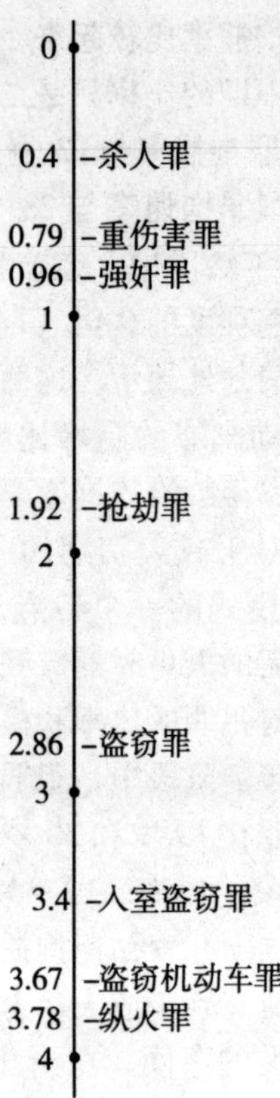

p95 **图 7. 2 少年犯罪被拘捕的倾向性（15 岁/ 24 岁），美国，1997 年**

来源：美国联邦调查局（FBI）：《统一犯罪报告》，华盛顿特区：政府印刷局 1997 年。

年龄段拘捕率皆超过 24 岁年龄段拘捕率水平的 2. 8 倍以上。对大多数被拘捕于 13 岁年龄段的少年而言，这些看起来类似于特定阶段的犯罪。只有抢劫罪，其比率为 1. 92，在此测量中拥有一个大于 1 而小于 2. 8 的比值。在此总计中，这一单独的模式在多大程度上是被笼统在一起的抢劫罪的不同子类型模式的产物，尚未可知，且我们不准备在本研究中解决抢劫罪拘捕的这一特殊情况。而本章所着力解决的问题是：其他七种索引类犯罪的双峰模式的理论内涵。

索引类犯罪拘捕的少年份额 p96

少年拘捕之于总体犯罪的相关重要性的分析为两种迥然相异的模式提供了另一种指征。图 7.3 显示了 1997 年在八种索引类犯罪的总拘捕数量中，未满 18 岁被告人所占的百分比。

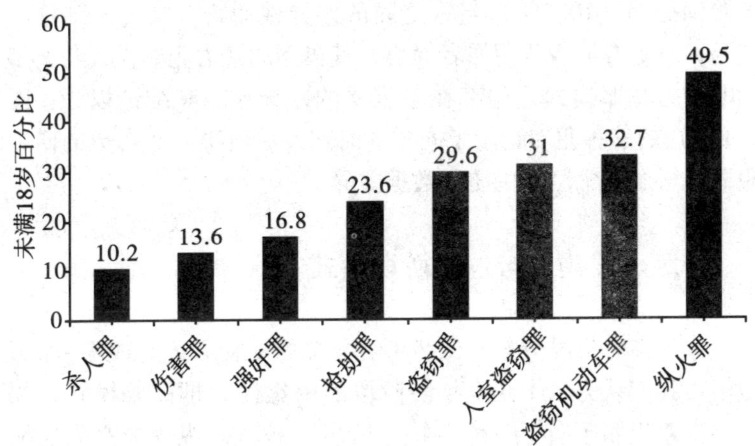

图 7.3　未满 18 岁的总体拘捕数量百分比，八种索引类犯罪，2000 年

来源：美国联邦调查局（FBI）：《统一犯罪报告》，华盛顿特区：政府印刷局 2000 年。

最为年幼年龄组拘捕数量的相对集中状态揭示了与图 7.2 所显示的同样的双峰模式倾向。除抢劫罪外，其他三种暴力犯罪在最为年幼的年龄段中具有较低的拘捕率，约占所有未满 18 岁被拘捕的犯罪嫌疑人的 1/7。抢劫罪又一次居于中间位置，占未满

18 岁者中的24%。所有三种“纯”财产犯罪平均占据所有未满
p97 18 岁被拘捕的犯罪嫌疑人的1/3。纵火罪，占所有未满 18 岁被拘捕的犯罪嫌疑人的一半。于是，在八种索引类犯罪中，未满 18 岁者的拘捕率表现出五个方面的差异。

在这一统计数据中发现的差异，在理论以及实践方面都具有重要意义。在此统计中，未满 18 岁者的行为中，纵火罪和非暴力财产犯罪的总体比率是杀人罪、强奸罪和伤害罪总体比率的两倍多。易言之，少年在入室盗窃罪中的份额和少年在杀人罪中的份额之间存在着两倍的差异性（20.8%）——比较当前少年杀人罪拘捕率（10.2%）与零之间的差异性而言。相关的结论一定是：对青春期少年犯罪者而言，其典型的暴力犯罪模式与典型的非暴力犯罪模式之间存在着重要的差异性。其结论以为：图 7.3 左边的三种犯罪记录了同样的时间发展轨迹，而右边的四种犯罪注解了非常巨大的统计数据差异。

特定阶段模式与过渡阶段模式

作为高峰年龄分布与低峰年龄分布的发展意义上的第一个近似值，我们认为，十几岁年龄阶段的密集性（即高峰模式）揭示：少年犯罪倾向于一种“特定阶段”模式。纵火罪是特定阶段模式犯罪的最为强劲的候选者，其 15 岁年龄段的拘捕率为 20 岁年龄段拘捕率的 3.8 倍。由于大多数此类犯罪是较为年幼的十几岁少年所为，这意味着：大多数在年少时犯纵火罪的人后来不再犯此罪。具有“特定阶段”强烈倾向的犯罪模式，即其拘捕率在青春期早期骤然增长，并随即在青春期晚期陡然回落。盗窃机动车罪是在青春期内骤升并陡降的第二位的犯罪类型。

第二组犯罪显示：青春期内大幅增长，而后只是缓慢地回落。这些“低峰”犯罪包括除抢劫罪外的所有暴力犯罪。例如，

杀人罪在青春期内大幅度增长，但保持在相当接近于其顶峰拘捕率的水平，直至二十几岁早期（参见图 7.1）。我们将这种在十几岁年龄段早期和中期的强烈增长诠释为一种比率与风险的过渡阶段——是为年轻成人阶段之典型，而非某种集中于十几岁年龄段的犯罪模式。12 岁之后的增长是向成年人水平过渡的阶段，而非特定阶段。

杀人罪跨国案例研究之年龄分布分析

为了研究跨国性的拘捕年龄分布，我们获取了加拿大、英国和新南威尔士州（澳大利亚人口最多的州——无法获取整个澳大利亚的数据）的未满 21 岁者杀人罪拘捕的完全数据。关于非美国的数据，我们收集了多年龄段的样本，以为相关分析提供充足的数据。图 7.4 使用了近期的数据来比较这四个国家所报告的杀人犯罪比率。 p98

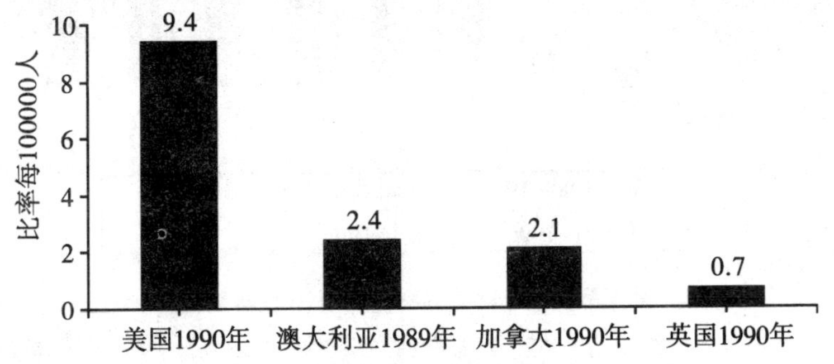

图 7.4　近期杀人犯罪率

来源：齐姆林和霍金斯：《犯罪不是问题所在》（Crime Is Not the Problem），1997 年版，第 3 章。

杀人犯罪率在这四个英语国家中的差异是显著的——依次来看，英国比率与美国比率之间存在着巨大的差距，而澳大利亚和加拿大的杀人犯罪水平为英国比率的两倍多，是美国比率的约四分之一。

图 7.5 揭示了我们所获取的四组拘捕数据中的杀人罪拘捕的相关年龄分布模式，其中，我们将每一国家 20 岁年龄段的拘捕率设定为 100 的比值，由此，该国样本中每一个年龄组的拘捕率即为该比值的分数。如果加拿大 16 岁年龄组的拘捕率为该国 20 岁年龄组拘捕率的 70%，那么，加拿大 16 岁年龄组条目的登记

p99 分数即为 70。

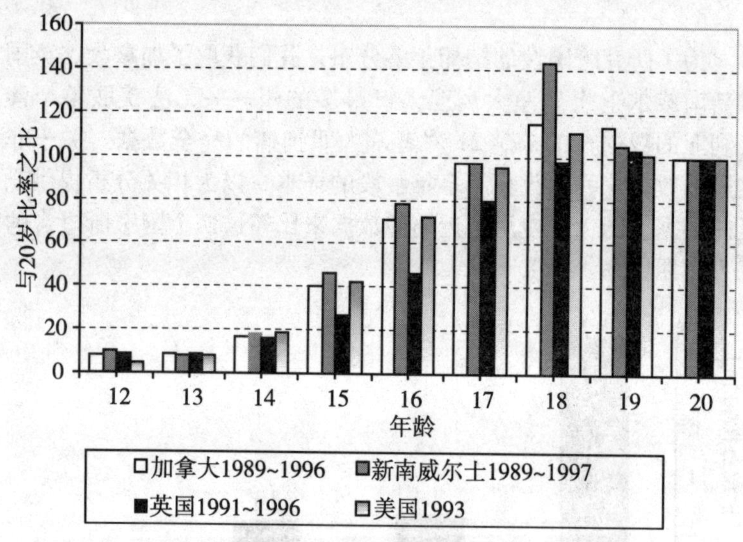

图 7.5 杀人罪拘捕年龄的四种分布（20 岁年龄段 = 100）

来源：加拿大［加拿大统计（Statistics Canada）］；新南威尔士［犯罪统计局（Bureau of Criminal Statistics），特别研究］；英国［内政部（Home Office），特别研究］；美国［联邦调查局（FBI），杀人犯罪补充报告］。

各国杀人犯罪 20 岁以下各年龄段的相关参与模式惊人地相似。所有的样本显示：十几岁早期和中期的增长迅猛，拘捕率的最高水平出现在 18 岁，且 19 岁和 20 岁的水平相当接近于这一

最高水平。最大的模式偏差在于15、16和17岁年龄段英国相对较低的拘捕率水平。仅有的另一个大于总体模式10%的偏差为新南威尔士州的最小样本中18岁年龄组的高比值。四个样本中，杀人罪拘捕率的相对年龄分布非常相似。

这一显著的相似所没有揭示的是，美国、加拿大、英国和澳大利亚等国的少年致命暴力犯罪水平近似。在17岁年龄段，美国杀人犯罪拘捕数量是英国的7倍，尽管二者在图7.5中的相对比值近似。贯穿于整个十几岁年龄阶段的近似的相对年龄分布提示我们：在这四个国家中发现的青春期少年杀人犯罪的重大差异，是各国总体暴力犯罪水平的结果，而非青春期少年暴力犯罪的某种显著特性。在各国，在十几岁年龄阶段中，都存在一种几乎持续不变的年龄分布状态，且唯一对杀人犯罪的实际比率具有重大影响作用的，即各国总体的杀人犯罪率。我们称之为“总体比率依赖”（general rate dependence）现象。青春期拘捕率高涨的差异变化似乎很少说明致命暴力犯罪模式的跨国差异变化。

致命暴力犯罪的总体水平被设定为衡量成年人行为及其价值观的一个函数。在我们进行了年龄进程比较的四个不同国家的样
本中，青春期少年致命暴力犯罪率以一种近似于持续不变的步调 p100
趋向于年轻成人的水平。国与国之间的作为暴力犯罪总数之比例份额（即在某种文化环境中的青春期少年暴力犯罪）差异结果的致命暴力犯罪率差异如此之小，鉴于此，将青春期少年杀人犯罪视为成年人杀人犯罪比率及作用的一个函数，似乎具有非常大的可能性。

在预测和分类中应用有关的差异特性

接近年轻成人比率的过渡阶段模式与青春期内骤增而后陡降的特定阶段模式之间在犯罪分布情况上的差异特性，可能具有诠释和

预测犯罪趋势的价值，以及有助于寻求对犯罪行为的有意义的分类。

假设十几岁年龄段某特定犯罪的拘捕率上升了 80%，而成年人比率却一直保持稳定或下降，如果该犯罪是一种“高峰模式”行为，如纵火罪或盗窃机动车罪，那么最近的分歧差异趋势也许对下一步将可能发生什么的猜测没有价值。当所有纵火罪拘捕的半数集中于青春期的少数几个年龄段，此即标示：在该犯罪的参与问题上，青春期少年与成年人之间存在着重大的差异，且其中一者的变化并不能预示另一年龄组的变化。

但如果该犯罪为：其青春期晚期的比率接近于年轻成人的水平，且其跨国比较揭示：杀人犯罪总体比率是预测青春期少年杀人犯罪跨国差异变化的唯一的重要因素，又当如何呢？在此情况下，在青春期少年的相关犯罪率发生了前所未有的增长后，其最具可能性的预测为：回归到某种情形，即青春期少年的犯罪率恢复到与成年人犯罪率的波动协同一致。如果相关的少年犯罪率发生了更快的增长，我们预测：其会在下一个时期内比成年人的相关犯罪率下降得更为迅速。

近期美国历史中的相关模式为：伴随着某些差异变化，青春期少年杀人罪拘捕率发生了相关的非正常增长（1985 ~ 1993 年），随即青春期少年杀人罪拘捕率比成年人有所降低（1994 ~ 1999 年）。如果成年人的拘捕率水平通常是少年拘捕率水平的有
p101 效预测值的话，那么，大于正常的降低即为一个自然而然的预测结果——但在短期内有所偏离。[①] 对我们所谓“总体比率依赖”

---

① 然而，近期的历史模式显示：其年轻成人比率（18 ~ 24 岁年龄段）与 14 ~ 17 岁年龄段的比率平行地贯穿于起初的增长阶段。参见 P. J. 库克、约翰·洛伯（P. J. Cook and John Laub）：《少年暴力犯罪前所未有的泛滥》（The Unprecedented Epidemic in Youth Violence），载《犯罪与司法》（Crime and Justice）1998 年第 24 期，第 24 ~ 64、45 页。

的青春期少年犯罪而言，不应当预期少年与成年人的趋势之间会发生长期的偏离。实际上，长期的偏离会伤及用以考量相关犯罪模式的整个事实基础，即总体犯罪比率预示着青春期少年犯罪率的相关水平。

我们并不认为，青春期少年盗窃机动车罪或纵火罪（即两种“高峰模式”犯罪）的增长，会令我们自信地预测：由于成年人犯罪率一直保持稳定，少年犯罪率将会很快回落。成年人纵火犯罪率与少年纵火犯罪率之间不存在重要的关联性。对诸如故意毁坏财物罪、纵火罪和盗窃机动车罪等高峰时期犯罪而言，探寻其与少年犯罪的行为关联性和类似性的最佳地方在于其他的少年行为体系中。但是，将青春期少年犯罪作为独立于总体犯罪率的模式来予以思考，则会引发关于少年与成年人之间的犯罪模式问题的类比研究。通过聚焦于青春期少年行为动机及其对暴力工具的动用问题，研究者们一直在探寻校园枪击案件的根源。由于作为一个类别的青春期少年杀人犯罪的数量依赖于总体的杀人犯罪比率，或许，我们可以将校园枪击案件和类似的成人行为进行更多方面信息的比较——这些类似的成人行为，如近期发生的工厂枪击案件和当日冲销客（day - trader）在证券交易所的枪击案件。

然而，或许青春期杀人犯罪数量是成年人杀人犯罪总体水平的一个函数，但少年杀人和成年人杀人的类型有所不同。如果予以细致的应用，过渡阶段的观点仍然是有所裨益的，且我们在此予以类比的校园枪击案件和工厂枪击案件，似乎是某种值得我们进一步分析的相关事例。如果说，青春期少年犯罪的水平紧密关联于成年人犯罪的水平，此即提示我们：对青春期少年与成年人之间进行的犯罪模式比较或许是有所裨益的。特定比较的应用将会大相径庭。

少年拘捕的近期动态

20 世纪 80 年代，当青春期少年和年轻成人的杀人罪拘捕率不均衡增长的时候，相关统计数据引起了媒体和公众的大量关注。[1] 尚未引起注意的是，20 世纪 90 年代晚期的犯罪率下降，即少年拘捕率的下降更甚于非少年拘捕率的下降。由于报告拘捕率的相关机构的样本因年份而异，进行了人口覆盖率控制的最佳历史比较将会聚焦于未满 18 岁者拘捕总数的百分比。表 7.2 提
p102 供了 1995 年和 2001 年《统一犯罪报告》所报道的拘捕情况的这一信息。在这 6 年中，13 ~ 17 岁者的人口比例从 7.1% 扩大至 7.2%，于是可以预料，少年拘捕总量会有适度的扩大。[2] 但是，这一预想并未实际发生。

表 7.2　未满 18 岁者犯罪拘捕的百分比，八种“索引”犯罪，1995 年和 2001 年

	1995	2001	百分比变化
谋杀和非过失杀人罪	15.3	10.2	-5.1
强奸罪	15.8	16.8	1.0
重伤害罪	14.7	13.6	-1.1
抢劫罪	32.3	23.6	-8.7
入室盗窃罪	35.1	31	-4.1
盗窃罪	33.4	29.6	-3.8
盗窃机动车罪	42	32.7	-9.3

来源：美国联邦调查局：《统一犯罪报告》，华盛顿特区：政府印刷局 2000 年版。

---

① 富兰克林 · E. 齐姆林：《美国少年暴力》（American Youth Violence），纽约：牛津大学出版社 1998 年版。

② 同上注，第 52 页。

表7.2中，在犯罪率显著下降的时间段里，少年占有大量份额的犯罪，如抢劫罪和入室盗窃罪，其降幅颇大，其降幅高于成年人拘捕趋势的至少一半。关于盗窃机动车罪，其降幅为已满18岁者降幅的两倍多。关于杀人罪，其不均衡地下降可能是一种对长期平均值的趋向——其比率在1986年之后增长了太多。[①]但自1995年以来的时期，少年拘捕率显著地更为强烈地下挫，更甚于20世纪80年代晚期以至90年代早期的增长。正当犯罪学家们于1995年预测一场“少年暴力犯罪的风暴即将来临”之际，少年人口即进入了美国有史以来严重少年犯罪的时间最长且规模最大的下降过程。

结　论 p103

所有普通犯罪的比率在青春期早期和中期上升，但在青春期和成人早期观察到的年龄分布归于两种离散的模式。关于财产犯罪一组以及纵火罪，拘捕率高峰早现于16岁左右。且随着年龄的增长，其拘捕率迅速下降，于是，15岁和16岁年龄段拘捕率为23岁年龄段拘捕率的2~4倍。这些高峰模式犯罪是“特定时期的”（phase specific），集中于青春期，而非其他任何人生阶段。

另一组犯罪，即除抢劫罪外的三种暴力犯罪，在十几岁年龄阶段增长，但保持相当高的比率直至成年早期。在十几岁年龄阶

① 杰弗里·费根、富兰克林·E. 齐姆林、朱恩·金（Jeffrey Fagan, Franklin E. Zimring, and June Kim）:《纽约市杀人犯罪下降：两种趋势的故事》（Declining Homicide in New York City: A Tale of Two Trends），载《刑法与犯罪学杂志》（Journal of Criminal Law and Criminology）第88期，1998年版，第1277~1323页。

段的增长似乎是趋向于年轻成人的比率，且在所研究的一定人口中，18～20岁年龄段保持的杀人罪和伤害罪的特定水平接近于年轻成人的相关水平。这些犯罪的年龄分布可以被视为成年人水平的支流，而非主要取决于青春期少年生活状况的青春期顶峰模式。

因此，青春期少年犯罪的两个表面类似的增长可能是由不同的文化和社会因素而引起的。十几岁年龄阶段的“高峰模式”证明：青春期的特定环境因素促使了犯罪率的上升，但犯罪率通常在18岁之后骤然下降。大多数暴力犯罪的“低峰模式”似乎并非青春期特定环境因素的特性，而是儿童早期暴力犯罪比率增长至预期水平的特性。这可以解释为何影响本章所考察的四个国家的杀人犯罪样本的主要因素为其总体的杀人犯罪人口比率——少年比率或高或低——与其所有年龄段的杀人犯罪率直接相比。如果我们对不同的社会进行比较，就会发现：并非青春期的特性，而是相关人口数中的暴力犯罪总体比率，导致了暴力犯罪的差异。

第八章　消逝中的嗜血者

p105

——来自20世纪90年代的一些教训

当前美国关于少年暴力的对话中的一个显著部分，即关于少年暴力的未来倾向性。在较早的一本书中，我揭示了20世纪90年代中期关于少年犯罪的思考和言辞，以及20世纪70年代中期的更早警报，但留下了一个重要的例外。在早先的年代中迷失，并非现今状况的主要问题，而是关乎将来发展的重大问题。[①] 在1995年，众多的分析者开始将少年暴力的数量和严重性的增长映射到下一个世纪中去。研究者将关于青春期少年人口数量的人口统计学数据与关于未来少年犯群组犯罪率的推测结合起来。基于这一原因，关于未来年份少年犯数量及其社会特性的预测成为有关政策争论的要点。

此类警告的一个较早版本出自詹姆斯·Q. 威尔逊（James Q. Wilson）：[②]

其时，就在地平线那一边，潜伏着一片乌云，风很

① 富兰克林·E. 齐姆林：《美国少年暴力》（American Youth Violence），纽约：牛津大学出版社1998年版，第1章。

② 詹姆斯·Q. 威尔逊：《犯罪与公共政策》（Crime and Public Policy），载詹姆斯·Q. 威尔逊、琼·彼得西里亚（Joan Petersilia）主编：《犯罪》（Crime），圣弗朗西斯科：当代研究所出版社1995年版，第507页。

> 快会将它带到我们这片天空。人口将再次开始年幼化。至本年代末，将会出现比如今多100万的14~17岁的人口；继20世纪80年代这一年龄群组减少之后，这一增长将持续一个10年，它不仅表现为总体比例的增长，还将表现为绝对数的增长。此额外的100万人中，男性将占其一半。其中的6%将成为高比率、重复的犯罪者——比我们如今多30000名的少年抢劫犯、杀人犯和盗窃犯。做好准备吧。

一年后，普林斯顿的约翰·迪卢里奥（John Dilulio）将此范围推延了10年，并压上了赌注："至2010年，街头将会有比1990年多近27万名的少年嗜血者（super - predators）。"[①]

东北大学（Northeastern University）的詹姆斯·福克斯（James Fox）将预测的2005年杀人犯罪数量称为"一场血浴"。[②]
p106 全国少年法院中心（the National Center for Juvenile Courts）预测：2010年的少年拘捕数量将翻一番。[③] 基地在华盛顿的美国犯罪委

---

① 约翰·迪卢里奥：《如何平息即将来临的犯罪浪潮》（How to Stop the Coming Crime Wave），纽约：曼哈顿学院1996年版，第1页。

② 詹姆斯·福克斯：《少年暴力趋势：致美国总检察长关于现在和将来少年犯罪率的一份报告》（Trends in Juvenile Violence：A Report to the United States Attorney General on Current and Future Rates of Juvenile Offending），波士顿：东北大学出版社1996年版。

③ 霍华德·斯奈德（Howard Snyder）、梅利莎·西格蒙德（Melissa Sickmund）：《少年犯罪人与被害人：一份全国的报告》（Juvenile Offenders and Victims：A National Report），华盛顿特区：美国政府印刷局1995年版。

员会警报了“一场即将来临的少年暴力犯罪风暴”。[①] 所有这些估测的共通之处在于：人口统计学映射在关于少年犯罪数量的预测中起到了核心的作用。突然间，人口统计学成为刑事司法政策筹划中的重要元素。

太多的“十龄”[②] 少年？

本章拟探讨引起人们对未来 15 年少年犯罪趋势问题关注的两种类型的人口统计学方法。本节拟考察所能够获取的关于青春期少年数量的数据——重点集中于 13 ~ 17 岁的年龄群组。下一节将论及一些关于儿童种族和贫困问题的观念。最后一节将考察这些映射（projection，或预测）的定常逻辑（deterministic logic，或决定性逻辑）。

有两种重要的测量方法，以测度某特定人口子群体对其社会环境的影响作用。其一，即统计该年龄群组的人数——确定其影响作用的一种自然的方法。图 8. 1 提供了关于 1960 年至 2010 年美国 13 岁至 17 岁年龄段的实际和预测的少年人口数的相关信息。当然，后 14 个数据点是估测的，但由于被估算的绝大多数人口已经居住在美国，相关的误差微小。13 ~ 17 岁者是这一时间序列的关注焦点，因为他们拥有最高的少年拘捕统计数据。

此年龄段的少年人口数在 20 世纪 60 年代和 70 年代早期迅

① 美国犯罪委员会：《美国暴力犯罪状况：美国犯罪委员会的首次报告》（The State of Violent Crime in America：A First Report of the Council on Crime in America），华盛顿特区：新公民项目（New Citizenship Project）1996 年。

② 所谓“十龄”少年，即英文中的“teenagers”，即指十岁至十九岁之间的少年。——译者注

速增长，并继而达到 1975 年 2100 万的顶峰状态。15 年的快速增长后，继而历经 15 年的持续下降，令“十龄”中期（mid-teen）的人口数跌至 1990 年 1600 万的谷底状态。如今，人口普查局（the Census Bureau）预期：“十龄”阶段少年的数量将在未来 15 年中（至 2010 年止）增长 16%，总数量达到 2150 万。该时期的增长率被预计为每年 1%，比 20 世纪 60 年代期间增长率略高 1/3。至 2010 年，美国将拥有比 1975 年多约 50 万的“十龄”少年（teenagers）。针对“十龄”少年的这一绝对数量，
p107 美国将需花费 30 年的时间予以平衡。

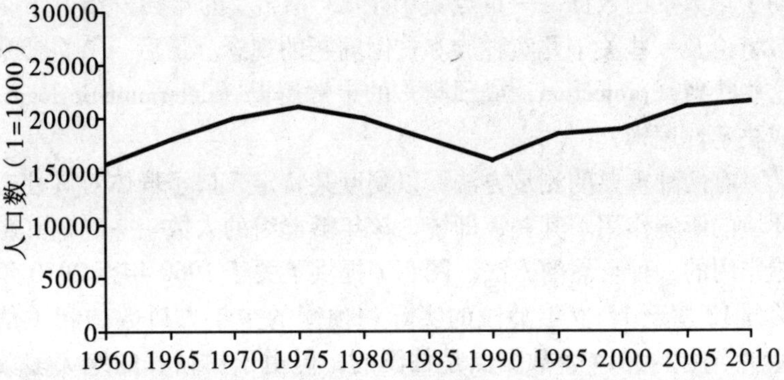

图 8.1　少年人口趋势，13～17 岁，1960～2010 年

来源：美国商务部，人口普查局，1960～1994 年，1995 年。

图 8.1 对少年人口数量的简单统计风格存在着一个重要的不足，即其没有提供关于相关年份美国社会背景方面的信息。通过报告从 1960 年开始以来的半个世纪中 13～17 岁者在美国总人口数中所占的比例，图 8.2 对此予以了一个简易的补救——或许不够全面。该图为少年人口数在 20 世纪 60 年代以及 70 年代早期的增长提供了一个重要的背景信息，即该时期，少年人口数的扩增远远快于总人口数的扩增。至其 1975 年的顶峰期，13～17 岁年龄群组占了总人口数的 9.9%，比其他人口的增长速度快两

倍。1975 年至 1990 年期间，“十龄”中期少年人口比例的下降速度甚至超过了其在前 15 年中的扩增速度——直至 6.7%，下挫了 3.2 个百分点。由于该比例是一代人时期以来的最低点，因此，少年人口增长之预测应当主要参考 1990 年的基础。 p108

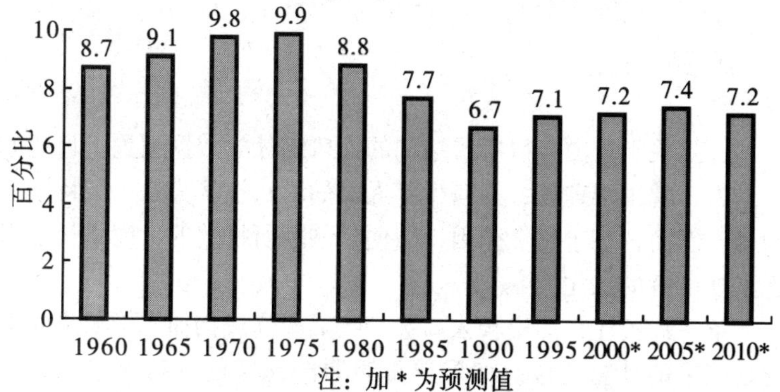

图 8.2　美国人口比例，13 ~ 17 岁，1960 ~ 2010 年

来源：美国商务部，人口普查局，1960 ~ 1994 年，1995 年。

来自图 8.2 的最重要教益，即少年人数增长对总人口数的影响作用。1990 年至 2010 年，13 ~ 17 岁年龄群组的人口比例将从 6.7% 扩增至 7.2%。预期 2010 年 7.2% 的份额显著低于 1960 年 7.8% 的份额——在将巨幅增长与犯罪多发的 20 世纪 60 年代相联系之前。

即便少年人数扩增至一个历史纪录的最高点，也会发生此“十龄”中期少年人数比例相对较低的状况。其原因很简单，即美国总人口数的增长。1975 年美国 2100 万的少年生活在一个拥有 21300 万人口的国度中。而 2010 年的 2100 余万名少年则将生活于美国 3 亿的总人口中。

据此，对将来美国人口的年龄结构问题，似乎并不需要给予特别的关注。青春期少年人口比例的适度增长既不突然，也不极端。在年龄天平的少年一端，不会出现大的增长，并以其绝对数量形成对少年社会化机构的挑战。学校和少年服务机构负担的增加将会因生育高峰期儿童的退役以及工作年龄人口的适度增加而适时地偏移。何来如此多的大惊小怪呢？

最后一战？

一旦关于美国人口年龄结构的人口统计学数据被置于长期的
p109 背景中，就很难理解：为何少年人口的增长被认为是一个特别的问题。然而，基于三个原因，即便是刚刚所描述的适度增长也引起了评论者的关注。

第一点关注，即增长人口数与拘捕率高或拘捕率增长之间的互动关系的计算方法。如果严重犯罪的比率的确有所增长，那么，少年人口数 16% 的增长幅度将会令情况变得不妙，或许更糟糕。[①] 此类预测不存在计算方法上的瑕疵，但将重点置于人口数的小幅增长，而不是置于该预测所假定的高犯罪率，是不正确的。如果少年杀人犯罪率翻倍，局面将会变得麻烦，即便“十龄”少年的数量下降 5%。人口数量趋势不是真正的问题所在。

第二点关注来自于 20 世纪 60 年代的记忆——在当时的美国都市中，少年人口数量的爆炸性增长是诸多同时发生的犯罪因素的变化之一。威尔逊是第一个在 20 世纪 90 年代发出关于 100 万非常少年的警报的人，其在更早的时候著文探讨了 20 世纪 60 年代人口统计数据的巨大影响作用：

---

① 詹姆斯·福克斯：《少年暴力趋势：致美国总检察长关于现在和将来少年犯罪率的一份报告》（Trends in Juvenile Violence: A Report to the United States Attorney General on Current and Future Rates of Juvenile Offending），波士顿：东北大学出版社 1996 年版。

早在越南战争令我们忙乱不迭，抑或少数民族聚居区骚乱（the ghetto riots）令我们全神贯注之前，家庭纽带、邻里纽带、相互忍耐以及相互礼敬等社会纽带已经支离破碎了。为什么呢？该问题应当而且毫无疑问迟早会得到严肃认真的讨论。没有任何单一的解释，很可能也没有某一套解释，会获得宠信。然而，有一个事实是有关解释的明显开端：至1962年和1963年，战后生育高峰时期出生的人已经成长起来。一个于1946年出生的儿童，在1962年满16岁，在1963年满17岁。

涉及的人数非常之大。在1950年，年龄在14～24岁的人有2400万；至1960年，该年龄段人口数只有微小的增长，只达到不满2700万。但在接下来的10年中，该年龄段人口数的增长量超过了1300万之多。该10年中，少年人数以每年130万的速度增长。该10年的增长数量比该世纪所有其他时代的相关增长数量之和还要大。换言之，聚焦于1962年和1963年的关键年份，即在20世纪60年代头两年，我们的人口数量中增加了比自1930年以来的任何一个10年中所增加的数量更多的少年（约260万）。

相应的结果已经为普林斯顿大学的人口统计学家诺曼·B. 籁德（Norman B. Ryder）所大张旗鼓地宣扬： p110
“野蛮人长期入侵，他们无论如何必须得以社会化，并被转变为对社会有贡献的人，完成其社会生存所不可或缺的不同功能。”此处的“入侵”即新一代少年的长大。每个社会对这一巨大社会化进程的应对都或多或少是成功的，但是偶尔，该进程几乎被相关人员数量的中断所平淡地淹没：“美国过去一年中，社会化任务量的

> 增长完全超乎于先前经验之外。”
>
> 如果我们继续籁德教授的比喻，我们注解道：在1950年以及1960年，“入侵大军”（14~24岁者）的数量超过了其与“抵御大军”（25~64岁者）规模之比的1比3。至1970年，前者的队伍发展得如此之快，以至于其与后者之比仅为1比2——一种自1910年以来从未有过的情势。[①]

20世纪60年代的经验可能已经很好地向研究者警示了人口变化的潜在作用。但关于1990~2010年时期非常适度的增长，其何来警报呢？两个陈词滥调（clichés）竞相为此提供某种解释理由。其一，“一朝被蛇咬，十年怕井绳”（Once bitten，twice shy），意指：有关的政策分析家不愿让再一次的人口数量导致的犯罪浪潮席卷他们。其二，即一种抱怨，太多的战略家似乎总是在投入最后一战，似乎更接近于真理。生育高峰期出生的儿童在20世纪60年代的成长，绝非一个重要的预示：即在接下来的15年中，人口统计学数据会发生转折。

一些定性问题

理由之三，即在当前关于少年人口增长担忧的分析中所提出的相关理论：当前和将来少年人口的巨大比例将会面临高犯罪率和社会弊病高发的风险。此类观点不仅基于少年在总人口中所占的人数，还同时基于这些少年的社会特性。因为明天的少年儿童的巨大比例可能居于特别的风险中，所以或可主张：通常不会引

① 詹姆斯·Q. 威尔逊：《关于犯罪的思考》（Thinking about Crime），纽约：基础书社（Basic Books），第12~13页。

起麻烦的少年人口增长，如今应当引起我们的警惕。无论关注的焦点是贫困、单亲家庭、教育差异，抑或民族和种族问题，这都 p111
是对该国家人口构成变化问题的关注，而不是对数量问题的关注。

2010 年少年人口的诸多重要特性，无法在早先很长时间以前得到具有信心的预测。这些特性包括：少年之贫困、教育条件及其获取。但 1997 年两岁儿童的种族与民族构成状况，是 2010 年 15 岁少年之种族与民族结构的上佳指示，且对少年人口种族与民族组合变化的预期，在众多人们对少年犯罪“即将来临的风暴”的关注中，扮演了一个重要的角色。图 8.3 中的数据显示了 1 岁至 13 岁年龄段的非洲裔美国人、西班牙裔美国人和其他美国人之间混合比例的变化状况。

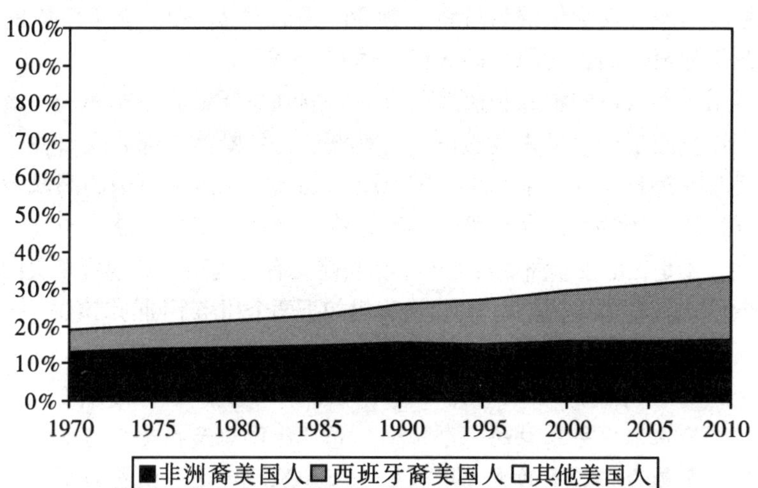

图 8.3　人口百分比分布，13～17 岁，1970～2010 年

来源：美国人口普查局预测：《现行人口报告：美国人口年龄、性别和种族之估测》（Current Population Reports：Estimates of the Population of the United States by Age, Sex and Race），华盛顿特区：政府印刷局 1995 年。

非洲裔美国人和西班牙裔美国人区段少年人口的增长模式具
p112 有相当的差异。前者在少年总人口中所占的份额（13～17 岁），
于 1970～1987 年的 17 年时间中，增长了 2.3%。在 1987 年后的
23 年中，据预测，非洲裔美国人在少年人口中的比例将增长不
到 1 个百分点，从 15.5% 至 16.4%。非洲裔美国少年的数量将
会大量增长，但其中 3/4 的增长是与少年人口总数的增长同
步的。

对比而言，西班牙裔少年人口，居于增长模式图的中间，其增长量远远大于其他少年人口的增长量。根据人口普查局的估算：在 1970 年，美国拥有 114 万 13～17 岁年龄段的西班牙姓氏少年——占该年龄段少年总人口数量的 5.7%。据估测：至 2010 年，西班牙裔少年的数量将达到 363 万，且 13～17 岁年龄段的西班牙裔份额将为原来的 3 倍，达到 16.9%。

少年人口的种族和民族构成会影响到少年暴力犯罪率——该理论直截了当，但未经验证。有观点认为：既然某部分人口在任何时期都具有高于平均水平的风险，那么，未来人口中的高风险群组的比例越大，我们可以预期，将来的暴力犯罪率就会越高。

于是，由于非洲裔美国少年在当前具有远远高于其他背景美国少年的杀人犯罪拘捕率，可能会得出如下两个相当不同的结论之一。

> 1. 未来非洲裔美国少年百分比的增长可以被标定为未来少年人口的一个特征，并可能因此而推动总体少年暴力犯罪率的更大增长——而如果没有这一因素的影响，其增长就不会这么大。
>
> 2. 将来某个时期的总体少年杀人犯罪率可以如此预测：将今年非洲裔美国少年的杀人犯罪拘捕率乘以 2010 年预期的非洲裔美国少年数量，然后将白人美国少年的杀人犯罪拘捕率乘以 2010 年预期的白人美国少

年数量，再将其总数予以相加，从而以此来估测杀人犯罪拘捕的总数。（以此模式，也可以对西班牙裔少年的情况进行单独计算，除非不能获取相关可以信赖的数据。）

我相信：只要认识到应用人口特征来预测犯罪行为比率的值得考虑的限度问题，第一种策略即是正当的。[①] 第二种方法注定会带来灾难性的错误。其非正当性即在于：在某一人口总数的时间发展维度上，种族、民族、性别以及其他社会因素并不是致命暴力犯罪率的决定性特征。

关于严重暴力犯罪的比率：大城市远远高于城镇和郊区；男性远远高于女性；且非洲裔美国人远远高于高加索裔美国人 p113
（即白种美国人）。这意味着：在所有其他因素对等的情况下，如果未来人口中风险较高的类别的比例较大，其严重暴力犯罪率就可能会相对较高；反之，即拥有较少男性、较少城市居民和较少黑人的未来人口中的严重暴力犯罪率就可能会相对较低。去年男性非洲裔美国人的拘捕率将会保持20年的稳定状态——此假定的问题在于："所有其他因素"很少能保持两年时间的对等，更别说20年了。图8.4展示了1980～1995年期间男性杀人犯罪拘捕率的波动起伏状态。

图8.4中的回转起伏揭示：随着时间的推移，其他影响因素对某一风险群组的特定犯罪拘捕率（可推测其犯罪率）具有多大的重要影响。20世纪80年代初期是一个令人冷静的状态。在这4年中，非洲裔美国人在少年总人口中所占的份额以每年0.7

① 富兰克林·E. 齐姆林：《火器与联邦法律：1968年枪支控制法》（Firearms and Federal Law: The Gun Control Act of 1968），载《法律研究杂志》（Journal of Legal Studies）第4期，1975年版，第133～198页。

个百分点的速度增加，且该年龄段男性杀人犯罪的拘捕率下降了38%。对照而言，1985年至1993年，非洲裔美国人在少年总人口中的份额居于稳定状态，然而，少年杀人犯罪率却以前所未有的幅度持续攀升。在过去的20年中，黑人少年人口百分比的波动并没有紧紧跟随少年杀人犯罪拘捕率的上下运动，因为他们对严重暴力犯罪拘捕率的决定作用非常之小；另外，在相对较短的时期内，少年社会环境的变化对这些比率起到了重大的影响作用。

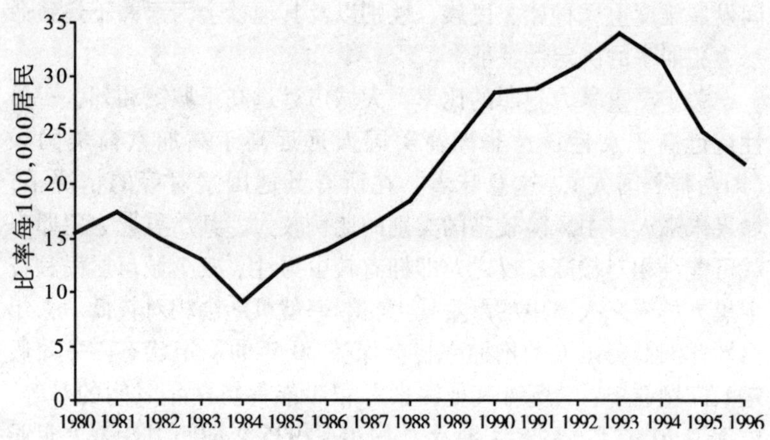

图8.4　男性杀人犯罪率趋势，13～17岁，1980～1996年

来源：美国司法部、联邦调查局：《统一犯罪报告》，1980～1993年，1994年，1995～1996年。

p114 以任何单独一个年份的拘捕率统计数据来做15个年份的预测，作为一种预测技术，似乎不太合理。[①] 在最近17年中，最低的杀人犯罪率还不到最高比率的1/3（5.3对17.9）。1996年

① 富兰克林·E. 齐姆林：《美国少年暴力》（American Youth Violence），纽约：牛津大学出版社1998年版，第3章。

的比率为 11.4，几乎正好处在两个极端的中点上。我们应当运用哪个比率来进行预测呢？

从最近的历史中，可见预测的明显误差。东北大学的詹姆斯·福克斯对 1994 年至 2010 年的相关比率进行了一系列预测。该预测假定：所有的未来年份都会基于 1993 年的少年杀人犯罪拘捕率，且比率更高，即假定了杀人犯罪拘捕率的持续增长。在其报告上的墨迹还未干去之前，他的预测就已过时。其预测 1996 年的较低估测数据比实际发生的杀人犯罪率高出了 33%；其较高估测数据则高出了 40% 多。这些短期明显差错的原因很明了。在决定杀人犯罪拘捕数量的问题上，1995 年和 1996 年这两年杀人犯罪率的差异变化比少年人口数在未来 15 年中的增长要重要得多。既然未来杀人犯罪率是一种猜测，那么，未来杀人犯罪数量的预测也是。

关于未来少年杀人犯罪的定性预测问题，还有三个观点需要进一步明确，尽管其中任何一个的重要性都无法与妨碍预测未来杀人犯罪率的不可估量的基础性因素相提并论。

其一，美国刑事杀人犯罪的一个重大风险特征正在随着时间减弱——出现在大型的中心城市。美国城市（限于 20 个最大城市）中的杀人犯罪率是其他地区的 4 倍，[1] 且在 20 世纪 90 年代早期，少年杀人犯罪更主要聚集于主要城市中。[2] 此长期形成的

---

① 富兰克林·E. 齐姆林、戈登·霍金斯（Franklin E. Zimring and Gordon Hawkins）：《犯罪不是问题所在：美国致命暴力》（Crime Is Not the Problem: Lethal Violence in America），纽约：牛津大学出版社 1997 年版，第 65 页。 p115

② 阿尔弗雷德·布卢姆斯坦（Alfred Blumstein and Richard Rosenfeld）：《解释美国近期杀人犯罪率之趋势》（Explaining Recent Trends in U. S. Homicide Rates），载《刑法与犯罪学杂志》（Journal of Criminal Law and Criminology）第 88 期，1998 年版，第 1175～1216 页。

趋势趋向于主要城市更小的少年人口比例。1970 年至 1990 年的 20 年中，居住在 10 个最大城市中的 10 ~ 17 岁年龄段少年占美国所有少年的比例从 9.29% 下降至 8.34%（美国商务部、人口普查局，1970 年，1990 年）。[①] 尽管这似乎只是一个小幅的下降，那么，在风险最高环境中的所有少年比例的 10.2% 的下降幅度即意味着：在没有更多少年居于风险最高地区的情况下，全体少年人口总数可以扩增 10%。如果其他因素保持不变，大型中心城市之外的这一人口离差（dispersion）应当会减少少年杀人犯罪的比率。

但是，上述大城市少年人口比例的缩水被 1985 年之后的少年人口猛增所淹没。于是，关于人口离差的好消息会因无法预测杀人犯罪率而有所减损，而对杀人犯罪率的预测所基于的危险因素即我们在追踪种族和民族问题的变化影响中所观察到的。

其二，拥有最大变化的人口子集——西班牙裔或姓氏，其杀人犯罪倾向并不能通过现有的资源来予以可靠的确定，更不用说进行未来的预测了。一个 14 岁的人何以为“西班牙裔”的呢？其姓氏？其父母一方的国籍来源？没有关于杀人犯罪的相应数据库以资其拘捕率或犯罪率的有力估测，并用以对该群组的预测，哪怕是单独一个年份的，更别说一个时期了。于是，在对少数民族人口予以分解的预测中，没有多大的作为，因为有关人口的主要变化，其所涉及的人口群组并没有任何有证可信的风险倾向性。

---

① 美国商务部、人口普查局（U. S. Department of Commerce, Bureau of the Census）：《现行人口报告：美国人口年龄、性别和种族之估测》（Current Population Reports: Estimates of the Population of the United States by Age, Sex and Race），华盛顿特区：美国政府印刷局 1960 ~ 1994 年、1995 年。

其三，关于家庭结构，如非婚生、单亲状况等等，其中任何一个因素都不能被用于杀人犯罪的预测，因为这些特征中的任何一个都不具有与少年杀人犯罪之间的可知的关联性——在美国如此，其他任何地方亦如此。没有任何关于社会风险因素的数据，对未来杀人犯罪数量“具有定性根据”（qualitatively informed）的预测，实际上，是一些关于性别和种族的问题。

但是，是否有关于种族的详细数据来进行这些预测比没有这些数据来进行这些预测来得更为不好呢？不一定。如果特定种族的杀人犯罪数量预测将会过高估计实际的数量，如对 1995 年和 1996 年的预测，那么，删掉种族信息的细节就会实际地减少其误差的程度。在预测中，更多的细节易于组合成某种统计学上的误差，正如减少其相关细节一样。

我并不意指：未来 10 年的少年人口状况与 2010 年少年的人生际遇或犯罪行为毫不相干。但是，通过估测未来年份少年人口 p116
的途径，对如少年杀人犯罪之类的非频繁而易变的行为进行预测，是鲁莽的。我们并非没有足够了解少年杀人犯罪的原因，以对未来杀人犯罪加以可信赖的估测。刚好相反。我们太了解杀人犯罪的变化性，以至于无法以科学的名义参与如此的数字命理学（numerological）猜谜游戏。

无凭无据的决定论

当前的争论，即一定比例的男性人口将会于 2010 年构成侵害性的威胁，其社会科学证据为一项著名的具有复合畸变（of compounded distortion）的案例研究。该故事开始于马文·沃尔夫冈（Marvin Wolfgang）、罗伯特·弗吉利奥（Robert Figlio）和索尔斯坦·塞林（Thorsten Sellin）的一项研究发现，[①] 即6%的费城男孩会在其18岁之前累积5次以上的警察接触记录。该项研究是关于出生于1945年的费城、于1963年年满18岁的一个大型的男孩群组的调查研究。当时的暴力犯罪率相对较低，即便是在费城也是如此，但是在该群组中发现的任何暴力犯罪皆集中于其中被拘捕的6%的男性人口中。对该群组少年的正确标签为慢性的少年违法者（chronic delinquents）。在他们的警察记录中，许多具有某种形式的暴力犯罪，而许多则没有。

诸多其他项目和其他时期的研究发现：在一大群男孩中发现的任何少年违法行为的高比例皆集中地见于那些最为活跃的少年违法者中。在具有大量威胁生命暴力犯罪的费城，最为活跃的6%的少年违法者的暴力犯罪率将会相当高。在威斯康星州的拉辛（Racine），其严重暴力犯罪，即便是最为活跃的男孩的，相对会低得多（比较沃尔夫冈等人1972年的研究和香农等人1991年的研究）。[②] 违法犯罪行为倾向集中于少年人口的小的亚类别——该事实并没有预示：在该亚类别中，将会发生何种形式的违法犯罪，以及多少威胁生命的暴力行为将会发生。于是，关于集中率的发现不能有效地预测少年犯罪的特定因素。

少年违法的集中状况是詹姆斯·Q. 威尔逊（James Q. Wil-

---

① 参见沃尔夫冈、弗吉利奥、塞林：《某出生队列的越轨》（Delinquency in a Birth Cohort），芝加哥：芝加哥大学出版社1972年版。

② 沃尔夫冈等人1972年的研究，参见沃尔夫冈、弗吉利奥、塞林：《某出生队列的越轨》（Delinquency in a Birth Cohort），芝加哥：芝加哥大学出版社1972年版；莱尔·香农、朱迪思·L. 麦金、凯思琳·R. 安德森、威廉·E. 默夫（Lyle Shannon, Judith L. McKim, Kathleen R. Anderson, and William E. Murph）：《少年违法与犯罪的模式变化：对拉辛的一个纵向研究》（Changing Patterns of Delinquency and Crime: A Longitudinal Study in Racine），科罗拉多州博尔德：西景出版社（Westview Press）1991年版。

son）关于“比我们现在多 3 万名抢劫犯、杀人犯和盗窃犯”之预测的基础。[1] 威尔逊通过计算额外的 50 万少年男性的 6%， p117
得出 3 万的数据。该计算公式具有误入歧途的重大可能。三种犯罪者的排列方式会令读者得出结论：抢劫犯和杀人犯与盗窃犯一样为数众多。这令人想起英国著名的炖马兔肉烹饪法：“马肉和兔肉等分：一份马肉，一份兔肉。”这进而令读者假定：少年人口的增长是产生更为大量的少年杀人和抢劫犯罪的动因：“做好准备！”该预测的下一站——“即将来临的少年暴力犯罪风暴”，即为迪卢里奥（Dilulio）对威尔逊预测指数的夸张。威尔逊（1995 年）将 6% 的少年男性称为“抢劫犯、杀人犯和盗窃犯”，而迪卢里奥（1995 年）创造了“嗜血者”（super - predator）一词。[2] 于是，我们拥有了一类脱离青春期的少年——在十足的言辞马力的驱动下，从“慢性的少年违法者”转型为有前途的“抢劫犯、杀人犯和盗窃犯”，以至成为明天的“少年嗜血者”。且突然间，威尔逊的 3 万人变成了一支“超过 27 万名嗜血者”的军队。为什么迪卢里奥的估测会 8 倍于威尔逊的估测呢？

对该问题的细节性回答会告诉我们更多，即关于当前美国在少年司法政策争论中所缺乏的对相关数据的审慎。威尔逊和迪卢里奥都在沃尔夫冈等人（1972 年）6% 的数字基础上附加了一个“铁杆”（hard - core）少年违法犯罪者的人口数。但威尔逊

① 詹姆斯·Q. 威尔逊：《犯罪与公共政策》（Crime and Public Policy），载詹姆斯·Q. 威尔逊、琼·彼得西里亚（Joan Petersilia）主编：《犯罪》（Crime），圣弗朗西斯科：当代研究所出版社 1995 年版，第 507 页。

② 约翰·迪卢里奥：《即将来临的嗜血者》（The Coming of the Super - Predators），载《标准周刊》（Weekly Standard），1995 年 11 月 27 日，第 23 页。

（1995年）集中于1990～2000年时期，这使得其估测的差异较小，并将其限定于那些至2000年足够年龄实施犯罪行为的少年。迪卢里奥（1995年）所获得的27万名额外嗜血者的数据，其注释为：从1996年至2010年期间，美国未满18岁的男孩数量预计会从3200万增长到3650万。通过假定严重的少年违法者会是该人口数的6%，他获得了27万的数字（0.06×450万＝27万）。

相关错误的一条线索，即这一计算方法暗示：现在的美国街头已经拥有了190万的少年嗜血者（现有的320万男孩×0.06＝192万）。这一数字比去年美国受各种形式指控的违法少年的数量还要多。迪卢里奥（1996年）此处假定的特别错误不仅仅在于6%的"十龄"少年，还在于其假定6%的所有少年皆为嗜血者。2010年，在此额外群组中，不到30%的未满18岁人口将会
p118 年满13岁以上，且同样多的相关人口会在5岁以下。由于所有少年犯罪的93%为年满13岁以上者所犯，因此在2010年，"额外27万人"中总共只有不到1/3的是起作用的。然而，迪卢里奥辩称，剩余者会在后台等待粉墨登场，"潮水般"向我们袭来。于是，我们得相信：2009年出生的少年即为等待中的"嗜血者"，恰如10岁的等候者，或因小偷小摸或吸毒而被首次拘捕的14岁者。我们或许不知道他们是谁，但我们知道他们存在，因为6%的男性人口将符合这一标准。

关于这一归谬法（reductio ad absurdum），还有三个问题需要探讨。其一，尽管有关的数字相当极端，但在该分析研究首次出现于1996年2月之后的很长岁月中，相关的预测和术语并没有受到严肃认真的挑战。1996年7月，共和党总统候选人作了一个关于少年犯罪的电台演说，使用了"嗜血者"一词，并且

告知其听众：少年拘捕率会在2010年翻一番。[①] 在缺乏定性控制的预测技术环境中，更极端的断言也可轻易地得以生存。

其二，少年“嗜血者”的传奇具有巨大的政治利益。谈论一场“即将来临的风暴”可为提前应对未来威胁的强硬举措营造一种没有风险的氛围。如果犯罪率上升，有关的预测得以验证。如果犯罪率没有上升，则危言耸听者所安排的政策可以获得避免浴血的赞誉。预测无法得以证伪——现在，抑或永远。

其三，迪卢里奥（1996年）剧本的疯狂算术和绚丽言辞不应当分散观察研究者对其预测的核心谬误的关注——该谬误亦激活了詹姆斯·Q. 威尔逊（1995年）的研究成果。在某个将来时期将会出现额外的100万名“十龄”少年——从这一获悉中所可以得出的适当推论只能是：将会出现更大群组的“十龄”少年。如果说，少年违法集中于男性人口中的6%，少年人口的增长还将会令此6%的人口数量增长。通过此集中率的发现，无法知道在该人口中将会出现多少的抢劫犯和杀人犯。

因此，即便他们的形容词得以精挑细选，即便他们的数字得以变为现实，詹姆斯·Q. 威尔逊（1995年）和约翰·迪卢里奥（1995年）所使用的预测技术也是缺乏逻辑和实证支撑的。如果有关的观点以为，某少年群组的杀人犯罪和抢劫犯罪数量可以通过其相关规模而得以轻易地预测，而从近期美国历史的相关记录 p119
来看，这一点很不明确。20世纪80年代，就在少年人口减少的情况下，少年暴力犯罪的比率却在上升；且在1993年之后，少年人口增长，而少年暴力犯罪的数量却在减少。

然而，一个更深层次的观点必须予以明确。我们当前之所以不能估测2010年美国少年杀人犯罪的数量，其原因不仅仅在于

① 富兰克林·E. 齐姆林：《美国少年暴力》（American Youth Violence），纽约：牛津大学出版社1998年版，第4章。

我们缺乏某种适当的技术或足够的社会科学设想。预测将超乎我们的能力所及，因为那些影响如今 4 岁儿童、将来 17 岁者的杀人犯罪率的条件因素尚未能得以确定。杀人犯罪的偶然性以及其他形式的威胁生命的暴力犯罪，随着时间的演进，差异变化巨大，不适于对之进行有效的长期的精算估测，即使是对大型的群组而言。我们不可能知道 2010 年的杀人犯罪率，因为其中的太多决定因素都属于美国历史中尚未发生的部分。学校会更好，还是会更糟？趋向于 21 世纪的第一个 10 年的过程当中，我们将历经怎样的少年枪支获取和使用模式？都市地区的街头贩毒情况将会如何，且由此而会带来怎样的致命暴力行为呢？其中的大多数——对如今 4 岁者的未来杀人犯罪率具有决定作用的因素，尚未发生。

减少投入的宣言

试想象，我们生活在这样一个世界中——类似“暴力少年违法者”的标签变成了一种世袭的头衔，都市少数民族聚居区的一种倒逆的伯爵身份。该想法具有两种麻烦的后果。采取一种关于未来 15 年致命暴力犯罪的坚定的决定论观念，会令改进影响暴力犯罪的努力显得无关紧要。倘若学校不将少年从铁定的少年暴力中转移开来，为何要在乎教育的进步呢？如果未来的暴力犯罪是预先注定的，为何要浪费精力和资源去阻止它呢？某种宿命的决定论可以成为减少对都市少年发展问题进行投入的理由。

谴责初学走路的孩子

暴力犯罪决定论观念的另一个潜在功能更为特别。如果我们真的相信：严重犯罪者的发展轨迹形态在其儿童早期就已被决定

下来，那么，未来的“嗜血者”们就不应当受到绝对的谴责。p120
毕竟，铸就他们发展轨迹的冷酷力量比他们的性格要强大得多。

但相反的观点似乎恰好起作用于识别未来“嗜血者”的匆忙中——在他们的尿布还没干之前。在现行的少年司法争论中，似乎人们常常将未来犯罪之描述用以忽略儿童现行的依赖性和柔弱性，并因我们想象他们将在某日实施的严重犯罪而预先地谴责他们。这种类型的预测当然与道德不相符合，但是恐惧和憎恶从来就没有成为道德原则的适宜教导者。

结 论

在 1995 ~ 2010 年期间，少年人口将会出现中等规模的增长，但 13 ~ 17 岁易于犯罪的年龄段的人口比例将会比 20 世纪 70 年代中期的水平低很多。非洲裔美国少年人口的比例将会在1987 ~ 2010 年时期内增长不到一个百分点，而西班牙裔美国少年的人口比例将会有大量的增长。

关于少年人口数量及构成的所有这些变化对严重暴力犯罪率的影响作用尚不得而知。人口数量 19% 的增长将对犯罪数量起到适度的影响作用。如果严重暴力犯罪率在 20 世纪 80 年代早期或 90 年代中期的基础上有所下降，19% 的人口增长将不会大量地消解犯罪下降的增量。如果严重暴力犯罪率大幅上升，增加的人口将会令问题在某种程度上更为糟糕。但在可以预见的美国未来中，人口问题将不会成为少年暴力犯罪的重头戏，且在应对少年人口变化的策略中，对犯罪的关注不应当成为一个主要问题。

回顾可怕的学步儿童：2004 年补遗

未来少年暴力犯罪率警报的流行是一个在灾难性时间的个案

研究。至 1996 年（有关的警报仍然在被拉响之时），犯罪和暴
p121 力犯罪的比率已经持续下降了 3 年，且还在继续下降，直到整个
20 世纪 90 年代的剩余年份。“美国少年犯罪的大恐慌”不久变
成了“美国犯罪率的大下降”。

在美国犯罪率下降的过程中，少年暴力犯罪率比成年人暴力犯罪率的下降速度更快。从 1993 年每 10 万人 26.5 人的高比率（10～17岁年龄段杀人犯罪拘捕率），下挫 75 个百分点，归于 1999 年的每 10 万人 6.6 人，如图 8.5 所示。

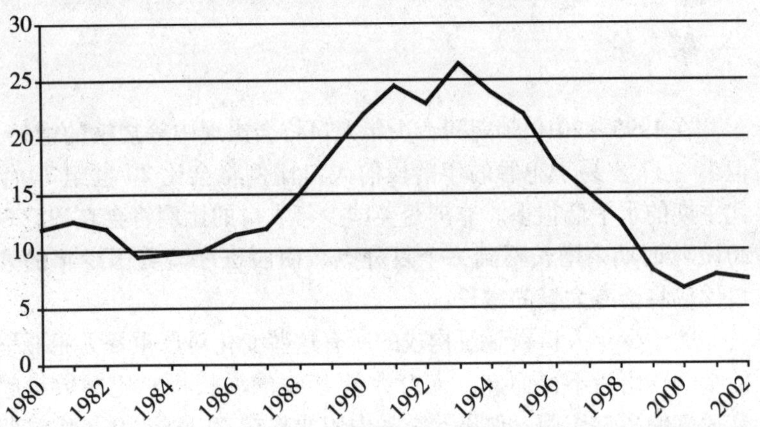

图 8.5 13～17 岁男性杀人犯罪拘捕率趋势，1980～2002 年

来源：“以罪名、性别和种族划分的少年拘捕率（1980～2001 年）”(Juvenile Arrest Rates by Offense, Sex, and Race, 1980－2001)，全国少年司法中心（the National Center for Juvenile Justice），提交少年司法与少年违法行为预防办公室（the Office of Juvenile Justice and Delinquency Prevention）；可登录：http://ojjdp.ncjrs.org/ojstatbb/excel/JAR_053103.xls，2003 年 5 月 31 日。

从图 8.5 所报告的数据中可以得出三点教益。

第一，该拘捕率对于预测严重暴力犯罪的重要意义，远远甚

于少年人口规模对于相关预测的意义。

第二，此拘捕率无法通过现行趋势或人口统计概貌来予以成功地映射或预测。1980 年之后的整个时期中，没有任何一个时段可供进行直线映射的、有效的中等范围预测。完全不存在良好的“直线”以供映射，而只能随着时间胡乱推测。

第三点教益不如前两者那么明显，但非常重要。20 世纪 90 年代，“十龄”少年杀人犯罪拘捕率下降的原因之一，即杀人犯罪的总体比率也下降了。此即第七章所讨论过的总体比率依赖的现象。但为何少年杀人犯罪率比成人杀人犯罪率的下降幅度还要 p122
大呢？出现在 20 世纪 80 年代晚期和 90 年代早期的少年与成人之间非常的趋势分歧可能意味着：少年杀人犯罪率将会被推回至与成人杀人犯罪率相一致的长期轨道上来。

如果众神已经着手惩罚犯罪学家们——因为他们在预测少年“血浴”或“少年嗜血者”瘟疫中的自恃，他们便不会提升图 8.5 中所展示的实际数据。1980 年之后的最低拘捕率出现在 2000 年之后的时期内。对 1993 年之后 9 年中的未来危险的任何预测都是完全没有根据的——而这段时期曾被认为是少年暴力犯罪猖獗的日子。

第四部分 p123
现代少年司法中的政策问题

在美国历史中的任何一个时期，都可以打一个保险的赌，即一个或多个关于青春期少年政策的法律问题会引起公众的显著担忧，但至于哪个问题会突然出现在明天的头版头条中，则是不得而知的。一场关于枪支和少年的全国性争议，在 1997 年时似乎还远在天边，但在 1999 年科隆比纳灾难（the Columbine disaster）中达到顶点的一连串校园枪击事件将该话题推向了中心舞台，并强有力地提醒我们：我们的法律政策议程在多大程度上受制于当前的事件。但尽管公众关于本部分所探讨的问题的关注会随着新闻大标题的变换而潮涨潮落，而这些问题本身，则是由发达国家中的长期趋势所产生的长期关注。

“十龄”少女怀孕问题是一个极好的关于某种结构性问题的事例，即该问题经常被错误地理解为一种性道德或健康教育的问题。现代历史一直在将青春期的年龄范围从两端予以拓展。在发达国家中，性成熟的年龄比先前世纪早很多，但是，为成年人角色做准备的教育和职业训练却一直要持续到至少 20 岁早期。因此，性爱兴趣的顶峰年龄到来之际，从社会化角度而言，还不宜鼓励他们作出终生的承诺以及养育子女所要求的对自我发展的牺牲。此间存在着一种明显的劝阻少年做父母的动机，但同时也存在着保护少年父母免受政府伤害的责任。

而另一个长期问题，即如何最佳地应对少年司法中少数民族比例过大的问题所产生的危害，将会不时地成为一个显著的关注问题。我们可以采取何种方略，其一方面与少年司法的优先要务保持大体的一致性，另一方面又同时能够尽量减少相关的（即我们的法院和拘留中心充斥着弱势少数民族的少年）显著危害?

本部分的五个章节拟对有关的政策抉择问题进行分析，令其与特定问题的可以获取的相关数据相结合，并优先考虑本书第二部分中所确立的少年政策。尽管每个题目都占据着其自身的政策领域，但仍有必要创制关于青春期少年行为能力及其限度的不同政策规准之间的共通理论。因此，不同法律领域之间的一致性即为一整套一以贯之的少年政策的必要条件。本部分的相关探讨即着眼于在视觉层面上推进该一致性。

p124 此五章所涉及的问题非常广泛——从可能怀孕的少女，以至于对未满 18 岁的谋杀犯的惩罚。但本部分的每个政策分析都与本书前面部分的内容相互呼应，以图整合关于青春期少年发展的知识和观点——其中涉及种种的政府必须对之采取行动的特定背景。第九章揭示:未成年父母的问题何以与青春期少年发展的需要问题之间存在着核心的关联性。第十章探讨了对一些严重犯罪案件予以司法转处的需要，即将其作为少年保护主义的少年法院的一种必要的“安全阀”，但同时揭示：除非刑事法院也考虑对少年予以刑事责任的减轻，该转处制度方能有效地实现公正。

第十一章主张：少年法院针对所有少年违法犯罪者的诸多一般策略，对于减少少数民族比例过大的问题而言，或许比为平衡司法体系而设计的规则更为有效。

第十二章揭示：将“成人”刑罚用以惩处少年持枪行为的核心矛盾在于：禁止少年持枪之所以得以正当化，是因为少年身心的不成熟性，这同时也是对其应受之惩罚予以减轻的理由。然而，为数众多的可以获取的令少年远离枪支的种种控制策略，很可能比对严刑峻罚的格外依赖更为有效。

本辑的最后一章考察了青春期少年杀人犯法律处遇的相关政策问题，其中，关于少年的特别法律关注被其他的诉求所淹没。但通过仔细分析可见：对于少年杀人案件的公正处理结果而言，对其刑事责任的减轻是非常重要的；同时，对第六章中所论及的少年共犯而言，也需要有特别的理论考虑。因此，本书前三部分所聚集的资料与所有的少年政策之间都存在着内在的关联性。

p125
第九章　少女怀孕问题之法学理论

本章拟借助于支撑着现代少年司法理论的关于青春期的一些同样观点，来评价针对少女怀孕问题的有关政策。在 20 世纪前 2/3 时期中，有关的关注激发了针对少女怀孕问题的特殊政策。其时，危境中的少女常常被归于“身份犯”之列。与对身份犯予以严厉惩罚相关的问题导致了对少年违法行为分类以及对性行为危境少女的制度安排的策略性收缩。① 但少女怀孕问题仍然是一个值得关注的政策问题。本章拟首先讨论少女怀孕问题何以会被视为一个特别的问题。接下来，本章拟考察一系列旨在防止或应对少年生育后代问题的潜在的公共政策。最后一节拟重点强调惩罚——被用作阻止少年生育后代的一种工具的危害性。

我相信：我们最近对少年司法体系的观念及规程予以改革的经验，可以促成针对青春期少年怀孕和为人父母问题的一套审慎而人道的政策。对少年司法的改革努力也可为我们提供一个更为宽广的背景——其中，关于少女怀孕问题的观念及其所产生的结果可得到检验和评价。

---

① 李·弗莱德曼（Lee Friedman）：《身份犯》（Status Offenders），载《少年司法的一个世纪》（A Century of Juvenile Justice），芝加哥：芝加哥大学出版社 2002 年版。

青春期少年生育子女：一个核心关注问题

关于少年为人父母的问题，是什么原因可能令其成为公法的一个特殊问题呢？对该问题的严格描述不仅仅是对相关特别类型项目之政策分析的一个正式开启，它还对如何定位少年生育子女问题的当前关注，以及关于青春期及其对个人发展的应然含义的现代法律观念问题具有重要的意义。然后，我们可以将思虑青春期少年生育子女问题的我们所认为的保护主义价值观用来作为预防项目的一种指南。在关于青春期的某种特定观念中锁定少年生 p126
育子女问题，有助于界定可以在此特殊关注名义下予以正当化的相关类型的项目。此外，对适当项目要素的鉴别有助于我们对政府参与劝阻少年生育子女的相关工作进行评价——我将在其后论辩：相关后果并非均一地适用于所有的少年。

我在其他地方所探讨的关于青春期的法律观念，即尚未成年者逐步走向成人阶段的一段时期。① 在一段法律半自治状态的时期中，少年被逐步给予作出不同自我决策的机会，尽管可以明确，他们的相对不成熟会导致诸多的错误。该过程之所以得以正当化，是因为：在决策中的尝试与错误，在任何一个将抉择自我人生道路的自由作为法律成年期特征的社会中，是习得成年人行为能力的一个必要组成部分。此即第二章中所探讨的“践习许可制度”观点。

成人角色越是复杂多面，完全成人行为能力的习得过程就越是长久，且转型至成年期的青春期阶段也就越长。这一关联可以解释其中的一个反讽：即与早年的少年群组对比而言，现代的青

① 富兰克林·E. 齐姆林：《变化中的青春期法律观念》（The Changing Legal World of Adolescence），纽约：自由出版社 1982 年版。

春期少年兼具发展早熟和发展迟缓的特点。20 世纪 70 年代早期的诸多言论经常拿更为早期的辈代来做比较，并将 18 岁者公民权的获取作为现代少年的成就。与先前的辈代相比而言，如今的儿童的确受到了更多的正式教育，且在更早的年龄段即见过更大的世面。

但是，绝对发展和相对发展之间是具有分别的——此为众多现代青春期少年人生发展轨迹的特性：20 世纪 90 年代的 18 岁或 19 岁者通常比 20 世纪 20 年代的 18 岁或 19 岁者完成了更多方面的培训和发展。但现代青春期少年也通常需要完成更多的任务，方能完成这一进程，因为在当代美国中，必须完成的成年生活抉择的复杂性和变化性也在同时增加。

相对于先前辈代的少年而言，有观点认为，现代青春期少年的绝对优势在于：他们拥有一些基于行为能力最低槛限的特权。然而，相对而言，如今 2005 年 18 岁者的智力和社会发展水平与同时期的成人发展完成状态之间的接近程度，肯定并不比 20 世
p127 纪 20 年代或更早时期的相应情况更为接近。少年或许有了更多的发展，但他们还同时需要有更多的发展。现代青春期少年所拥有的用以进行选择的资源和我们对当代成年期的期望之间仍然存在着差距，当我们在考虑那些在青春期内作出的将对少年的人生机会具有重大而持久影响作用的决定的时候，其中的问题尤其突出，如是否为人父母的决定。

于是，相对完成和绝对完成的相提并论即为少年为人父母问题的中心线索。在 2005 年的美国，公众所表达的关注不仅仅在于非婚怀孕或“十龄”早期怀孕的问题，还在于已婚的 18、19 岁妇女生育子女的问题。尽管近期少年生育子女的情况并没有增加，但有关的公众关注却有增无减。

以此观之，18 岁者生育子女的问题，即早年为人父母会妨碍这些父母的发展进程，并侵夺这些父母的未来选择和人生机

会。这适用于所有的承担保育职责的母亲，以及承担相应的保育和经济责任的父亲。孕育和抚养一个孩子，会令一个 18 岁的父母受困于相应的义务中，并因此而被排除在诸多的机会之外。正是生育子女会令发展受困的意义，激发了“孩子生育孩子”的宣传标语。

当然，在任何时候生育子女都会令父母受困于养育的责任中，并将妨碍其他种类的发展机会。在完成成长过程之前生育子女意味着：在父母责任和其他人生机会之间的抉择，是在尚未达到与成年人行为能力相关的社会经验水平的状态下作出的。致使青春期少年为人父母的决定，会因经验缺乏和不够成熟而具有缺陷，并由此而成为公共政策的一个适当的关注问题。我们想让青春期少年积累更长时间的更多经验，在其达到利他主义的永久责任槛限之前，让他们做更多的对其人生具有较少重大和持久后果的决定。

鉴于此，在尚未成熟之前就承担为人父母的责任，其核心问题即与其决策的质量相关。在其社会化发展过程当中的任何一个阶段，任何一个决定为人父母的人都得因此而放弃一些其他的机会。少年为人父母的问题即在于：放弃其他机会的此项决定的作 p128
出，并非基于在民主化社会中、具有与成年人特点相同的开阔世界观和决策经验。

当然，会有一些人可以在 18 岁时作出如同 25 岁或 30 岁时的决定，16 岁时也可能如此。但对绝大多数的现代青春期少年而言，在其中学时期以及后来时期内，其人生会发生戏剧性的变化。在一种非常强调变化与选择的青春期理念中，在尚未悉知可供选择的范围之前即作出具有拘束力的选择，是存在巨大的个人成本的。

对青春期少年为人父母的广泛反对，可以与两套更为精密的问题进行对照——这两类问题即聚焦于少年为人父母和已被证明的病理学问题之间的关系。“孩子生育孩子”的问题之一，即对少年父母成熟进程的妨碍将会导致近期内的不良后果。于是，我们听闻：那些年少时即为人父母者将会因为生育子女而中断他们的学业，并放弃其挣钱的机会。

此间有两点可以明确。

其一，在整个人生进程中，为人父母具有机会成本。成年人生育子女的决定也通常会导致其教育和挣钱机会的牺牲。一种方法经常被用于考虑成年公民为做父母而选择为之作出牺牲的问题。那么，我们何以对少年生育子女进行家长主义作风式的反对呢？对为人父母决策的质量的强调可以为此提供某种答案。关于少年为做父母而放弃其他机会的决定，有关的社会怨叹为：“你不知道你所失去的是什么”。

其二，一些与未成年生育子女相关联的机会丧失将会在较晚时期方才发生。即便年轻的母亲设法完成学业，并找到一份合意的工作，其决定为人父母的过程也缺乏成熟的考量。过早为人父母的他/她会发现：其决定的道路未能包含基于经验的慎重思虑以令其成为更晚时期父母身份的积极方面。由此，身心不成熟可以令生育子女的决定成为一种缺乏真实意思表示的同意（lacking truly informed consent）。

关于青春期少年生育子女的一系列更为精密的问题，即已经
p129 得以识别的特定的病理学问题的高发生率，如初生婴儿体重偏轻、母婴健康状况较弱、福利依赖、非法私生、短期离婚，等等。这些特殊问题频频困扰着青春期少女怀孕的问题，且由于这些相关的病理学问题，应当向有关项目中投入额外的资源，以令

为人父母的时间被推迟至青春期之后。[①]

但如果这一病理学问题是有关问题的核心，那么，关于少女怀孕问题的特殊关注既显得考虑过多，同时又显得考虑不足。其之所以考虑过多，是因为一些青春期少年生育子女会避免严重的病理学问题。在公共资源得以投入到支持生育子女的服务中去的情形下，尤其如此。同时，对少女怀孕问题的特别关注又是考虑不足的，即绝大多数出自离婚和福利依赖家庭的儿童问题并非少年生育子女问题的直接结果。对病理学问题结果的聚焦关注似乎在针对少年父母提供支持和诉诸推迟为人父母等两个方面不相上下。这还会忽略值得关注的青春期少年发展问题的某些方面。

关注的原因

基于现有的数据，有充足的空间以供否认将少女生育子女作为一个适合于公共干预的独立问题的重要意义。许多与少女生育相关的残障并不一定是由怀孕和抚育的问题而引起。[②] 且鉴于其有限的经济来源和教育背景，许多我们希望能为青春期中期和晚期的少年所拥有的教育和经历选项，在任何情况下都为许多年轻母亲所难以获取。在此意义上，激发对少女生育的普遍反对的青春期理论可以被视为限定于中产阶级的。

---

① B. 汉堡、S. L. 狄克逊（B. Hamburg and S. L. Dixon）：《少女怀孕与父母身份》（Adolescent Pregnancy and Parenthood），载玛格丽特·K. 罗森海姆（Margaret K. Rosenheim）、马克·F. 特斯塔（Mark F. Testa）主编：《20 世纪 90 年代的早年父母身份与成长》（Early Parenthood and Coming of Age in the 1990s），新泽西州新布伦兹维克：拉特格斯大学出版社（Rutgers University Press）1992 年版。

② K. 卢克（K. Luker）：Dubious Conceptions：The Politics of the Teen Pregnancy Crisis，剑桥：哈佛大学出版社 1995 年版。

然而，大多数各阶层的都市家庭给予他们孩子的热切希望也相当的中产阶级化，且在20世纪后期的美国中，其父母和同伴将18岁怀孕视为好消息的地方很少有。由于在十几岁后期为人父母是一种近乎于灾难的事情，① 令十几岁时期为青春期少年的个人发展所占据的公众优先考虑可得以正当化。于是，没有人主
p130 张：少女生育子女有利于选择和变化。少女生育子女绝对不是处于困境中的青春期少年所面临的唯一的发展限制，该事实要求有更为广阔的对策项目予以关照，而不仅仅是防止怀孕的举措。而倘若社会满意于他人的孩子受困于永久的角色，而我们自己的孩子却得以保留中产阶级式的选择，那么，这似乎远非一种良性的双重标准。

少年为人父母的代价或许已经被过高地估计——该观点不赞成对那些可能伤害到少年的预防项目予以公共投入。这突出了该领域公共项目的正当性及其内容和效果之间的重要关系。我个人的结论为：只要某公共项目对其试图保护的儿童利益予以适当的关注，某种鼓励将生育子女的时期推迟到青春期之后的政策可得以正当化。

项目策略的内涵

在任何年龄决定生育子女都会具有重大的机会成本。在美国，人们认为：青春期少年生育子女的机会成本要高于在更晚时期生育子女的机会成本。但是否青春期少年父母所承受的负担更大呢？对此，有一个独立的正当化理由，即因为青春期少年缺乏

---

① F. F. 弗斯滕伯格（F. F. Furstenberg）、J. 小布鲁克斯冈（Jr. J. Brooks - Gunn）、S. P. 摩尔根（S. P. Morgan）：《少年母亲的后来生活》(Adolescent Mothers in Later Life)，剑桥：剑桥大学出版社1987年版。

相应的人生经验，以令其能够以一种真正的成人方式来作出如此重大的选择。少年父母不知道他们将会失去什么。

如果这一观念可以成为特别的国家项目举措的正当化理由，那么，我主张：为应对该问题而设计的项目应该是：（1）总体考虑的，而不是单单针对青春期早期的；（2）预防性的，而不仅仅是改良性的；（3）在优先选择推迟为人父母时间的问题上，是家长主义的；（4）在应对危境少年的方法上，是保护主义的，而非惩处主义的，抑或性质不确定的。

总体性

对生育子女决策质量的关注可以支撑相关的项目——涵括了整个青春期的发展。该项目不宜限于具有特别高的生物学和经济学意义上的风险的青春期早期。无论其倾向性如何，青春期早期的怀孕和养育子女呈现出特别高的风险。当那些儿童尚处于13、14和15岁年龄段，尚处于中学教育过程的早期，身体发育尚未 p131
成熟，远无作出婚姻和生育决定所需要的经验基础，其时，“孩子生育孩子”的问题是最为尖锐的。任何特别关注于青春期少女怀孕问题的项目都应当特别优先地考虑年幼的青春期少年的问题。

但是，对生育决定的适当经验背景的关注没必要局限于较为年幼的青春期少年。着眼于年幼者的公共支持项目可以且应当以更为年长的青春期少年以及更为年幼者为目标，并且表达对中学毕业生以及较为年幼的青春期少年的决定的关注。在此意义上，那些不被明显认为还是“孩子”的青春期少年应当成为生育子女决定问题的关注对象，即便他们已经有工作经验，在全国大选中投票，且比更为年幼的青春期少年更接近于真正的成年期。①

预防性

基于该理由，相关公共项目的另一个可得以正当化的特性为：对于青春期少年怀孕和生育的相关问题，该项目既关注预防，也关注改良。如果仅仅是缺乏产前保健就可以令青春期少年怀孕的特殊关注得以正当化，那么，何不集中公共资金为其提供产前保健，而要去试图减少怀孕事件的发生呢？与此类似，倘若与少年生育子女相关的有限挣钱机会是其主要问题，那么，何不就此投入公共资金为其提供辅佐和其他的支持性服务呢？

对不成熟判断的关注提示我们：对预防怀孕问题的资源投入不是为了支持少年怀孕和生育。对较为年幼的青春期少年而言，尤其如此，但也同时适用于那些在读大学的、具备了旅行、教育和约会等多方面经验的孩子。

家长主义

推迟青春期少年生育子女的特殊的正当理由，可以在相关预防项目的管理运作中容许某种程度的家长主义制度，尽管此应当
p132 得以容许的家长主义制度具有重要的实践上和原则上的程度限制。我所支持的有限的家长主义制度，是一种得以坚持推迟青春期少年生育子女的国家举措——即便有关的青春期少年不同意。如果少年关于生育子女问题的判断的问题属性是某种特殊举措的正当理由，那么，该前提将会产生矛盾，即它既可以成为基于判断不成熟理念的特殊举措的前提，也可以成为通过“家庭责任应当被推迟”的公共判断来排除所有欲图生育子女的青春期少

---

① 富兰克林·E. 齐姆林：《变化中的青春期法律观念》（The Changing Legal World of Adolescence），纽约：自由出版社 1982 年版。

年的前提。

但只有在此特殊的情形下，青春期少年身心不成熟的理念才能为我们提供一种自动的以公共判断替代个人好恶的根基。一旦怀孕已成事实，任何关于国家认识最优的假定都很可能会不起作用。我所支持的有限的家长主义制度被限定于尽量不让孩子怀孕的情形。

为何不让青春期少年身心不成熟的理念特别地许可多种的更为强有力的国家干预呢？容我暂缓对该问题的探讨，且将第一节中所勾勒的中心问题中所包含的一系列主题讨论完毕。

保护主义

我所指的关于公共政策安排的最后一个尺度，是最为重要的。在此领域，国家的出发点应当是：保护处于危境中的个体的青春期少年——为了其当即的福利，而不是惩罚性的，抑或性质不明确的。如果我们担心青春期少年为人父母会令其福利居于风险境地的原因如同成人的相关原因，那么，个体青春期少年的福利问题即应当成为某特殊政策安排的中心问题。单只为减少福利名单或婴儿死亡率或离婚率而设计的公共政策制度安排，不应当特别地针对青春期少年。对青春期少年生育子女问题的特别关注点在于少年福利，且国家当局在对少年生活施加的特别干预中所采取的义务，即是为了实现一个核心的政策目标——他们的福利。

记住了少年福利的这一观点，我们即可返回到有限家长主义制度的现实背景中来。旨在应对处于生育危境中的青春期少年的家长主义制度，既有必要，又具疗效。然而，是什么阻碍了社会对家长主义制度的贯彻执行呢？以强制性的国家举措为手段，以少年福利为目的，二者形成一种组合。而对这一组合的反对，是一个实践性的问题。少年法院改革一个世纪的努力中的3/4都是

133 建立在对少年强制治疗的无用性的基础上。更为特别的是，处于怀孕危境中的青春期少年长期以来被视为法律所谓的“身份犯”，并被作为相关公共政策项目的对象，而该项目在保护相关的青春期少年以及周围社会的问题上已被证明是失败的。[①] 在这段历史中，没有可以获得的证据以证明：对危境少年的自由权予以极大限制的强制性举措得以实现其所追求的利益，并与其重大的成本等值。

对身份犯予以强制治疗的历史提示：对那些反过来诉诸政府努力的人而言，其规劝的工作负担应当是可观的。但历史还提示我们：对青春期少年发展危害的新的强调总是伴随着强制干预信念的新的爆发。改变该问题的标签，似乎是对强制性政策热情的复兴。

少年法院被委以广泛的处理大量类型的危境少年的权力。相应的机构得以建立，人员得以配备，政策项目举措得以资金支持，且其理念预设广受赞誉，即家长主义和强制性的政策项目举措能够将青春期少年从犯罪的、不道德的以及放荡的生活险境中救援出来。

最佳的历史证据证实：强制干预的政策项目举措从来就没有起到过良好的作用。[②] 对政府在处理身份犯案件中的角色的当代

---

① 富兰克林·E. 齐姆林：《变化中的青春期法律观念》(The Changing Legal World of Adolescence)，纽约：自由出版社 1982 年版，第 5 章。

② 参见李·弗莱德曼（Lee Friedman）：《身份犯》(Status Offenders)，载《少年司法的一个世纪》（A Century of Juvenile Justice)，芝加哥：芝加哥大学出版社 2002 年版，弗莱德曼，2002 年；史蒂文·施洛斯曼（Steven Schlossman)：《爱与美国少年违法者：“进步时代”少年司法之理论与实践，1825 ~ 1920 年》（Love and the American Delinquent: The Theory and Practice of “Progressive” Juvenile Justice, 1825 – 920)，芝加哥：芝加哥大学出版社 1977 年版。

反思强调：在以志愿者项目和有限的危机干预举措，力图尽量减少身份犯在缺乏管理的环境中所面临的现实危险的过程当中，减少强力干预举措。

由于社会很难接受政府在救助危境少年中的有限能力，支持身份犯政策项目的这一方向改革的一致赞同意见愈加显著。关于有限性的理智与固执的美国式的乐观主义情绪之间存在冲突——这一乐观主义情绪认为：只有能解决问题的才是正确的。

于是，对相关问题和政策项目予以重新标定存在着不小的危险，其可能导致先前身份犯政策冒险举措的相关错误的重演。每一种对青春期少年福利的新威胁，如少女怀孕的流行、霹雳可卡因（Crack Cocaine）的威胁，抑或艾滋病的幽灵，都使得干预的 p134
冲动高涨。有关机构对政策项目失败的记忆常常没有持续至参与政策讨论的新的机构中，以及相关立法变革的角逐场中。因此，美国少年公共政策的一大公害即它只是以新瓶装老酒而已。

预防的危险

一个重要方面是，制定和执行刑法比操作少年司法要容易得多。刑法的目标在于：谴责特定形式的被禁止的行为，以及实施该行为的人。对有关行为及其行为人予以一致的否定性评价，通常是可能的。但是，有关法律给予了少年司法的操作者某种难以达到的目标，即谴责其行为，但不能玷污那些实施该行为的少年。该目标之所以难以企及，是因为：关于特定行为的否定性的社会判断会不可避免地成为对其相应行为人的社会评价。

这一社会事实在现代少年司法的中心设置了一个悖论：如果该司法体系意图与此同时对少年违法行为沾上污点（stigma，或耻辱），那么，正式的法律所要求的——避免令被指控的少年违法者沾染污点，将无法得以实现。即便是在所谓的“铁氟龙总统”（Teflon president）① 时代，关于少年违法行为的社会判断都会不可避免地沾染到其相应的行为人。

同样的冲突也可见于有关少女怀孕政策项目的核心——其项目寻求减少少女怀孕的比率，并改良有关少年的困顿的生活条件。有效的预防项目将谴责少年生育子女的行为。这种否定性的社会判断会将怀孕和生育子女的青春期少年置于更大的风险当中。其后果之一，即该领域预防项目的主要的第二级目标应当为：矫正作为其第一级预防干预举措副产品的负面效应。

成功的预防项目是否会真的影响到青春期少年为人父母的问题呢？当然。任何寻求改变自愿的少年行为的项目都是一种市场营销的演练。关于青春期少年为人父母的问题，相关的营销任务即将注意力集中于怀孕、生育子女和抚养子女的消极方面。在我
p135 们的近期经验中，有一些类似情形，即劝阻少年抽烟以及更为近期的劝阻少年吸毒的公共和私人运动。禁烟运动的研究发现：最为成功的对青春期少年听众的呼吁所起到的效果是短期性的，而非长期性的；该研究还强调了抽烟所造成的精神迟滞的问题。有关的营销任务即在于说服少年：不应当去仿效那些抽烟的同伴。该机制是耻辱化的。

因此，阻止少年为人父母的一个必要因素即耻辱。但是，关于青春期少女怀孕和生育子女的负面信息不可避免地会转化为对怀孕和为人父母的少年的否定性判断。有效地劝阻了处于为人父

---

① “铁氟龙总统”（Teflon president）：即指里根（Ronald Reagan）总统。Teflon 是一种质地光滑的塑料绝缘材料。Teflon president 之寓意为：里根总统具有某种投入到“肮脏”的政治事务中而不折损其名声和受欢迎程度的“出污泥而不染”的圆滑乖巧的政治能力。其出处在于：美国政治者和新闻记者帕特丽夏·施罗德（Patricia Schroeder）的一段评论——该评论称里根总统为“Teflon president”。美国总统克林顿（Bill Clinton）和英国首相布莱尔（Tony Blair）也曾被冠以此称号。——译者注

母风险中的少年的政策项目，会因此而付出进一步降低有关少年的社会地位的代价。

有一项案例研究，对有关少年婚姻的耻辱的显在效应和潜在效应进行了研究。如果 1950 年之后几个年代的美国人口统计学经历变成为一种“佩里·梅森”（Perry Mason）[1] 式的探险，那么可冠之以“新郎失踪案”（The Case of Disappearing Bride-groom）的标题。如图 9.1 所示：1950 年至今的每一个统计年度中，年龄在 15 ~ 19 岁的结婚少女的比例逐年下降，以至于现今的极低水平。[2] 从行为角度而言，少年婚姻在 20 世纪 80 年代是一种社会越轨行为，这似乎在某种程度上降低了青春期少女的婴儿出生率，并将许多年轻妇女生育子女的时间推迟到了更晚的 p136
年岁。[3]

---

[1] “佩里·梅森”（Perry Mason）是美国的一个著名小说人物。在有关的系列小说中，Perry Mason 是一个成功的辩护律师。他所辩护的诸多杀人案件，常常以被告人获得无罪判决的结果而告终。该系列小说于 1957 年之后的数十年中陆续面世，或被纸面出版，或被电台系列广播，或被拍摄成系列影视作品，风靡美国，影响甚大。可登录：http://en.wikipedia.org/wiki/Perry_Mason。——译者注

[2] C. D. 海斯（C. D. Hayes）主编：《驾驭未来：青春期少年性行为、怀孕和生育》（Riding the Future：Adolescent Sexuality，Pregnancy，and Childbearing）（第一卷），华盛顿：国家科学院出版社 1987 年版；美国人口统计局：《美国人口统计：1950 年，第二卷，人口特征，第一部分，美国概览》，华盛顿特区：政府印刷局 1953 年版。

[3] 例见，J. R. 威克斯（J. R. Weeks）：《少年婚姻：一种人口统计学分析》（Teenage Marriages：A Demographic Analysis），康耐尔州西港市：格林伍德出版社 1976 年版。

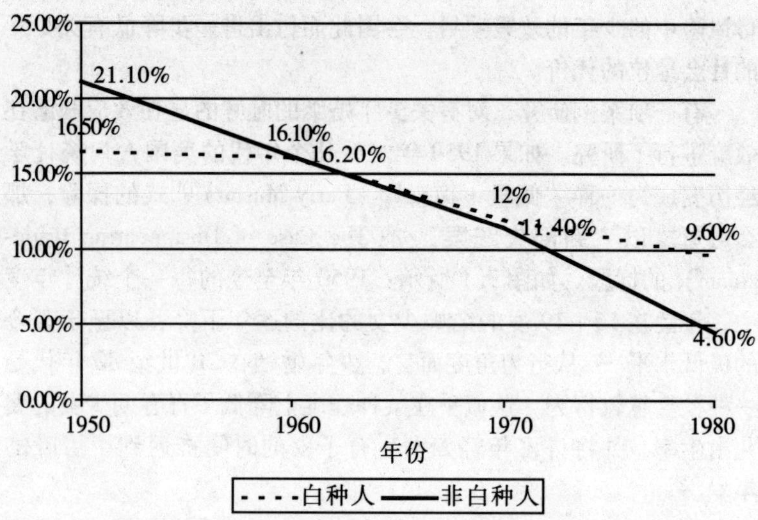

图 9.1　15～19 岁结婚妇女的百分比，按种族和统计年度划分

来源：1950 年的数据来自美国人口统计局；1960 年、1970 年和 1980 年的数据来自海斯（1987 年）。

但随着结婚率的下降，更大比例的少女怀孕事件将会发生在婚姻之外。在此意义上，“十龄”少女非婚生子女的比例增加即为少年婚姻耻辱化政策正在起作用的证据，但其作用的重大代价即在于：出现了一群未婚怀孕成为社会耻辱对象的年轻妇女。

例如，考虑当时的社会环境，一名 18 岁的中学高年级男生于 2005 年作出关于如何应付他 17 岁女友怀孕问题的决定。人口统计学数据暗示：在 20 世纪 50 年代倾向于“为所应为”（doing the right thing）的年轻男人，如今常常会作出不同的决定。而其中的一个重要原因即在于：为了养育孩子而在 18 岁结婚的人社会身份已经急转直下了。无论在其他方面存在多大的困难，“为所应为”都会有一个好处，即在这样做以后，可以获得来自于其所在社会群体的积极评价。这种对 18 岁男子结婚的积极增援似乎已经从美国的成年人社会中以及大多数的青春期少年同龄群体文化中消失了。

简而言之，针对青春期少年怀孕问题的战争必然造成牺牲，而如今，这些牺牲通常是怀孕和生育子女的青春期少女。这些少女总是处于高风险状态，品尝着早为人母的恶果。以耻辱为基础的政策项目的一个消极后果，即令这些危境少年的处境雪上加霜。怎么办呢？

在耻辱型预防项目的负面效应和危境少年的个别化保护观点之间，存在着一个直接的悖论。回应这种冲突的路径之一，即否定国家政策的保护义务。于是，在处理少年违法者的时候，某些当代的观察研究者如今以个体少年违法者具有可谴责性的理由来 p137
否认：国家在少年司法案件的处理过程当中具有考虑其福利的义务。是否可以成立一个类似的观点，即对那些足够愚笨而去怀孕者置之不理呢？我希望不是，但在危境少年社会政策的问题上，谴责受害者是具有诱惑力的。

与此不同的是，一种平衡性的社会日程会要求：通过相应的项目来对青春期怀孕少女所经历的危险状况予以改善。这一义务应当能成为避免在相关项目加诸不当耻辱的一个理由（如将少年母亲排除在教育项目之外）。保护义务还可为有关项目的正当化提供另一个理由——该项目即针对那些选择在青春期为人父母的且认为这不太有害的少男和少女。

一方面支持寻求预防青春期少年生育子女的项目，而另一方面又支持寻求帮助生育孩子的项目，难道这两方面不存在矛盾吗？答案是：不存在。只要少年福利是预防怀孕项目的目的，那么，为预防项目提供资源的相同理由也可劝说我们去帮助那些已经有了孩子的较为年长的孩子。如果我们珍视少年的发展选择权，那么我们应当寻求既培养怀孕少女发展也培养非怀孕少年发展的公共政策。

真正的矛盾在于：追求少年福利，但浅尝辄止——将少年的需要作为干预项目的正当化理由，但忽视那些业已怀孕者和业已生育者的需要。帮助少年父母和防患于未然，二者皆为必要，即为一种公平的针对未成年父母之核心社会危害的政策所必须。

第十章　少年法院或刑事法院？

p139

——放弃管辖之刑罚理论

将少年法院管辖的少年被告人转交刑事法院管辖（即放弃管辖，waiver）的问题，是一个具有特殊属性的复合的法律制度安排，是一种对普遍规则的普遍例外。其第一个普遍性，即少年司法本身。在美国的每一个州中，其少年法院的创设都旨在处理针对16岁以至18岁以下者的刑事指控。

用少年法院来处理少年犯罪案件，事实上已经成为所有发达国家的通例。没有哪一个主要的工业化民主国家将其非常年幼的违法犯罪者的案件审理并同于其刑事法院的正规操作当中。其创建后的一个世纪中，少年法院成为每一个先进法律体系中的少年犯罪政策的统一的大前提。

少年法院是普遍规则，而每一个美国司法管辖区都对此予以了例外规制，即根据情节，按照一定的程序，将属于少年法院的年龄管辖范围的案件移送至刑事法院审理。规定了其所适用的特定程序和对其移送予以正当化的情节，但在美国，某些相关案件移送所适用的条款与其所修正的总体政策一样具有普遍性。

美国少年法院管辖政策及其例外规则都存在着普遍性的困惑。审理少年违法犯罪者的少年法院为什么会普遍存在？在处理刑事案件中，少年法院有何特殊的优势？尽管人们广泛地质疑少年法院基于其原初理念的康复、改造少年的能力，但为何如此的一个法院在任何地方都持续了下来？如果说，少年法院是处理和制裁大多数少年犯的良好场所，为什么不将所有的少年犯都纳入进来呢？

我对这些问题的回答分为四节。第一节主张：在少年法院功能及其局限的背景下，转移管辖的必要性问题必须得以明确。现代少年法院是一种处理因故意的错误行径而应当承担法律责任的
p140 少年的机构，但该机构可以施用的惩罚种类和惩罚数量受到了限制。有些较为年长的青春期少年所受的指控非常严重，以至于应对其适用的最轻刑罚都超过了少年法院的最高刑罚权，于是就形成了将这些案件从少年法院移送出去的强大压力。是少年法院惩罚能量的局限导致了有关案件的移送，以及美国少年法院案件管辖的一种普遍性的例外。

第二节考察了为严厉惩处一些少年而进行的三种不同的结构性安排：其一，将相关的案件管辖批发式地转交给刑事法院；其二，扩大少年法院的惩罚权力，以令哪怕是罪行极其严重的犯罪都能在少年法院中得以应有的惩处；其三，对有关案件予以选择性移送。我认为，选择性的移送显然是回应非常案件之严厉惩罚需要的最佳方案。

而选择性移送可以通过许多不同的途径予以实现。第三节比较了三种不同的移送机制：（1）制定立法标准，以界定移送的必要条件和充分理由；（2）建立某种立法框架，赋予法官决定某特定案件是否需要移送的权力；（3）某种全权委托公诉人（prosecutor）的制度。我揭示：在实践中，真正的抉择在于审判终局职权和公诉终局职权之间。

本章最后一节描述了在少年法院和刑事法院之间的分界面实现公正的几个起码的必要条件。如果没有适当的处理移送案件的实体性条款，任何关于移送方法的程序规制都无法避免该体系的无条理性。

作为本章的导言，还有一点需要明确。由少年法院到刑事

法院的案件移送问题，绝不是一个独立的问题。明智的移送条款的设计有赖于清楚地理解少年法院和刑事法院的功能及其局限，以及这两个机构之间的差异。因此，发现由少年法院到刑事法院的案件移送的适当方法，要求我们理解相关决策的整个背景。

少年法院的使命与局限 p141

非常年幼少年犯的少年法院司法管辖的普遍流行，意味着一个共通的观念，即非常年幼的违法者不同于其他的犯罪者；并同时包含着一个共识，即特别的少年法院比刑事法院更适合于少年案件的审判。在少年法院的原初理论中，少年违法者们被认为只是一类需要帮助的儿童，且儿童犯罪法律对策的唯一的官方理由，即帮助这些儿童。基于该理论，对违法少年生活的干预措施无异于有关法律制度对需要监管的非罪儿童的应对措施，且完全不同于针对成年违法者的适当举措。[①] 在理论上，少年法院的特殊职责自动地从少年法院干预的单一的少年服务目的中流变出来。

然而，是否真的有过这样一个时期——有关法律制度对少年入室盗窃和盗窃汽车案件的应对措施是完全非惩罚性的呢？自最早年份以来的历史记录来看，不带谴责性的帮助从来就不是少年

① 朱利安·马克（Julian Mack）：《少年法院》（The Juvenile Court），载《哈佛法律评论》第23期，1909年版，第104～122页。

法院干预措施的唯一基础。[1] 从一开始，惩罚的动机就似乎成为少年法院对策的一个不可避免的部分，且至 1967 年高尔特案件（In re Gault）判决之时，少年法院对少年违法行为予以制裁的惩罚性内容成为现代程序保护规则的核心事实前提。[2]

而后，在至少一辈人的时期内，关于少年法院之少年违法行为司法管辖的正式法学理论中已经包含着对违法行为的惩罚。即便是因为责任之减轻而令少年应受的可谴责性减小，为何不在刑事法院中实施这一惩处，而要在少年法院中予以实施呢？为何少年法院对少年的惩处风格如此不同，如此优于刑事法院所能够给予的相应制裁措施，以至于每一个法律体系都选择了少年法院的平台形式呢？

少年法院的优势有二。少年法院的第一个显著特征，即在少年和少年发展问题上的专业化。该法院及其附属机构皆专业于少年的特殊需求和特殊对策。在少年司法的现代理解中，关于少年
p142 的此类特殊信息不仅仅关联于康复或改良等问题的狭小范围，还

---

① 安东尼·普拉特（Anthony Platt）：《儿童拯救者》（The Child Savers），芝加哥：芝加哥大学出版社 1969 年版；史蒂文·施洛斯曼（Steven Schlossman）：《爱与美国少年违法者："进步时代"少年司法之理论与实践，1825 ~ 1920 年》（Love and the American Delinquent: The Theory and Practice of "Progressive" Juvenile Justice, 1825 – 1920），芝加哥：芝加哥大学出版社 1977 年版。

② 富兰克林·E. 齐姆林：《少年犯之罪刑均衡》（Penal Proportionality for the Young Offenders），载托马斯·格里索、罗伯特·施瓦兹（Thomas Grisso and Robert Schwartz）主编：《受审判的少年》（Youth on Trial），芝加哥：芝加哥大学出版社 2000 年版，第二部分。

同时关乎适当监管、人身危险性评估以及可谴责性判断等问题。[①]

但是，对少年法院的一致选择不仅仅因为专业化的原因。少年法院的第二点优势，即对毁害性惩罚措施适用的抑制。即便是在关于少年法院使命的法律现实主义的后高尔特时代（post-Gault era），美国少年法院仍然具有非常显著的有所限制的少年福利特性。在配置惩罚措施的过程当中，少年法院必须避免毁害其所关注的对象，并从而保持其合理合法性。

在其他文章中，我使用了“改善机会”（room to reform）一词来形容少年法院的目的——即便是在适用刑罚的时候。少年法院的政策，即惩罚违法犯罪者，但不牺牲其惩罚对象的长期性的人生机会和发展机遇。[②] 此处的关键区别在于伤害性的惩罚和永久耻辱性的惩罚之间。少年司法制裁具有不适感和限制性，但要避免永久污点需要付出巨大的代价，且不提供学校教育和人生准备的少年居留机构将会无可救药地与现代少年法院的宗旨相冲突。

这种对非耻辱性惩罚的寻求绝不等同于只是寻求被确认的少年入室盗窃犯的最佳利益。在为其提供改善机会的过程中，刑事惩罚的所有惯常目标都能达成，包括威慑、短期剥夺犯罪能力以及有限度的报应。但惩罚的限度也是非常重要的。为惩罚少年犯罪而对其予以直至成年期的长期监禁，是对正常的成年早期人生机会的损害。少年法院通常的最大限度的制裁措施会为少年留出

---

① 弗朗西斯·艾伦（Francis Allen）：《刑事司法的边缘领域》（The Borderland of Criminal Justice），芝加哥：芝加哥大学出版社 1964 年版，第 52～53 页。

② 富兰克林·E. 齐姆林：《美国少年暴力》（American Youth Violence），纽约：牛津大学出版社 1998 年版，第 5 章。

时间来，以令年轻成人得以走出监禁机构，走上工作岗位，谈恋爱并组成家庭。高度重视少年违法者的未来人生机会的价值，是少年法院区别于刑事法院没有限度的刑罚组合的一个定义性的特征。这两个法院可能拥有同样的惩罚目的清单，但二者的限度具有非常大的差异。

限制惩罚以保留少年的人生机会的承诺，即为少年法院的唯一诉求，以及少年司法的标志性特征，并由此形成了将一些严重案件移送刑事法院的压力。此双重意义的原因在于：有关制裁措施的这种限制是绝大多数少年违法案件的最佳结果，但对极少数最为严重的少年犯罪案件却成了严重的问题。如果说，不愿给予其对象耻辱是少年法院原初的定义性特征，那么，16、17 岁者所犯的严重犯罪正是少年法院在保持其非毁害性要求的同时所难以回应的难办案件。

p143

鉴于此，有关的限制性制裁措施并非对少年法院组织的某种失察或某种不重要的细枝末节，而是少年法院理念的一个基本要素，以及该法院在大多数案件处理中的巨大力量。但似乎存在这样的情况，即正常组建的少年法院所可以遣用的最为严厉的监禁措施都远远达不到社会得以容忍的最低限度的惩罚。在年龄管辖上限为 18 岁的都市少年法院中，典型的最为糟糕的情形，即由 16 岁或 17 岁者所实施的故意杀人犯罪案件。[①] 这些案件的处理存在明显的问题，即避免影响有关少年犯的人生机会的惩处对策可能达不到社会关于其最低该当性的感觉。怎么办呢?

欲图忽略某种特殊的惩罚性对策的要求，是一种主观意志的行为，会令少年法院在一个民主国家的法律变革中风雨飘摇、岌岌可危。尽管“最为糟糕的情形”问题只是少年法院业务中的

① 富兰克林·E. 齐姆林：《美国少年暴力》（American Youth Violence），纽约：牛津大学出版社 1998 年版，表格 7.1。

一个小部分，但这是一个经常发生的现象。对严重案件增加惩罚的压力予以某种变通已经变成美国的一种通行做法。但是，为应对难办案件而作出的结构性改变有所差异，且这些不同的体系具有非常不同的成本与效益的组合，如下一节所述。

当然，并非所有被移送出少年法院的案件都是超级严重的。鉴于此，有必要对有移送必要的案件类型和被移送的更为广泛类型的案件予以区别。一旦少年法院案件移送制度得以确立，实际的操作常常不被局限于具有移送必要的超级严重案件。一旦两个机构之间的渠道畅通了，所有形式的较为年长者、累犯以及倔犟对抗的少年都被推向刑事法院。① 但我认为：只有一类案件具有移送的必要，且应当大力地投入，以对有关案件的实践操作进行限制，即必须符合此具有核心必要性的标准。

如果放弃管辖被限定于少年法院可以遣用的制裁措施明显不 p144
足的案件，那么，绝大多数接近放弃管辖边界的案件将会是杀人犯罪指控，但并非所有的杀人犯罪指控都是放弃管辖的强大候选者。在我看来，即使谋杀指控也更宜被视为放弃管辖的必要条件，而非充足条件。因此，具有放弃管辖必要性的案件数量很少，但是，发现放弃管辖的某种原则性基础，其意义更甚于对其案件数量的指示。少年法院和刑事法院是如何处理这些最为严重的案件的呢？这是少年法院和刑事法院的法律构架的一个具有重要意义的因素。

---

① 巴里·菲尔德（Barry Feld）：《少年法院符合犯罪原则：少年案件放弃管辖法的立法变化》（Juvenile Court Meets the Principle of the Offense: Legislative Changes in Juvenile Waiver Statutes），载《刑事法与犯罪学杂志》1987 年第 78 期，第 471 页；布鲁斯·弗格森和艾伦·C. 道格拉斯（Bruce Ferguson and Allen C. Douglas）：《少年案件放弃管辖研究》（A Study of Juvenile Waiver），载《圣地亚哥法律评论》1987 年第 7 期，第 39 ~ 54 页。

变通的结构

很少一些少年犯会犯下如此的严重罪行，即其最低罪责都超出少年法院所能够遣用的且可以避免伤害的惩罚。有三种基本的结构性机制，可能改变少年法院的普通运作方式，并可以满足对此类极端案件加大惩罚的需要。可以通过对少年法院的少年违法行为管辖权予以缩减或废除，来最大限度地减少其可资遣用的惩罚权力受限的极端严重案件的数量。或对少年法院的惩罚权力予以扩大，以便获得对即使是极端严重的少年犯罪的适当惩罚措施。抑或建立一个对某些特殊案件予以移送的“安全阀”程序，而不改变总体的管辖权范围或有限的少年法院惩罚权力。在上述三种结构性变通方式中，针对特殊案件移送的安全阀程序是迄今为止最为通用的，且是对少年法院的适当功能危害最小的。只有具有高度选择性的移送制度，方能避免对少年法院管辖权的不必要缩减，以及对该法院合理合法性的无谓损伤。

管辖权的缩减

倘若少年法院是对非常严重案件予以公正惩罚的障碍，何不废除该法院呢？如此的解决方法会被认为是因噎废食的，因为超过98%的美国少年违法案件诉讼并没有因司法裁量的实践操作
p145 而被转为成人案件指控。然而，对少年犯重罪的案件放弃少年法院的司法管辖权，其危害何在呢？

只要特别的少年法院对大多数少年犯罪案件的处理具有特殊的价值，过度缩减少年法院司法管辖权的危害就是重大的。因此，过度缩减少年法院司法管辖权的意愿，即是对我们的一种重要提示，即保持公众对少年法院理念的认同。

缩减少年司法有限的惩罚措施的最极端方法，即完全废除少年法院，并由此而终结系于少年法院的所有关于惩罚的特别限制。由于其过于简单的惩罚性，该改革方案没有任何赞同者，即便是在对少年犯宽仁处遇问题有着强烈关注的年代。在保持少年司法某些理念的合理合法性的问题上，没有什么比缺乏可信的案例更能够影响废除少年法院的问题。

达不到废除少年法院司法管辖的目的，那么，下一个最具影响力的整体缩减其管辖权的方案，即缩减少年法院的管辖年龄上限。少年法院和刑事法院之间的通常界限为 18 岁生日，而许多州以 17 岁生日作为少年法院管辖的年龄上限，而有些州将其少年违法案件的年龄管辖范围缩减至 16 岁。将最大年龄群组从少年违法案件管辖范围中切除，会对严重暴力犯罪问题产生重大的影响，因为此类犯罪更常见于十几岁晚期，而非较为年幼的年龄组。在美国，发生于 16 ~ 18 岁年龄段的杀人犯罪拘捕数量大于所有更为年轻的年龄段的总和。[①]

缩减少年法院的年龄管辖范围——作为一种将严重犯罪从少年司法保护范围中移除的方法，既失之过宽，又失之过窄，但过宽的问题是其决定性的缺点。将少年法院的年龄管辖范围从 18 岁减至 16 岁，将会令待处理的杀人案件数量减少 60%，但每年仍留下了数以百计的杀人犯罪案件于美国少年司法的年龄界限内。因此，缩减年龄并不能完全移除麻烦案件，而需要其他的缩减方法予以补充。但在没有重大成本的任何法律重构中，这基本上不是一种致命的缺陷。

过度缩减年龄的改革必须解释：为何美国许多州都不愿对之 p146
予以采纳，即便是在 1991 ~ 1997 年少年犯罪的恐慌年代——其

① 美国司法部：《统一犯罪报告，1977 年》（Uniform Crime Report 1977），华盛顿：政府印刷局 1998 年，第 232 ~ 233 页。

间，关于少年犯罪对策的立法每年都有。缩减年龄的问题在于：其不加区别地将非暴力犯和暴力犯一并归入了犯罪学意义上的成年期队列中，令非严重案件泛滥于刑事法院。然而，将成千上万的少年扒窃犯、入室盗窃犯置于刑事法院予以审判，其巨大的危害何在呢？

减低年龄界限的努力并没有反复发生，这是一种强有力的间接证据（circumstantial evidence），即证明：在当前，少年法院管辖案件的不必要逐出仍然被广泛视为一种重大的不利。对此我的观点是：如果少年法院管辖不具有对普通少年违法案件（包括许多少年暴力犯罪案件）的强有力的优先权，那么，对其管辖权的总体裁减就会是应对严重案件的当然方法。在分析如何对付严重案件问题的过程中，这种裁减方法的前景值得我们注意，这并不是因为这一转移麻烦案件的方法是多么的通行，而恰恰是因为其在针对少年暴力犯罪的战争中并没有得以信奉。

缩减少年违法案件管辖范围的激进试验没能得以推行，即告诉我们：少年法院对少年犯罪案件的处理仍然是一个规范的体系。鉴于此，废除的方案和缩减年龄的方案都不是少年司法改革的方向。没有人认真赞同缩减少年法院，其唯一的解释为：少年法院对少年犯的管辖理念保持着合理合法性。

关于缩减少年违法案件管辖年龄上限的潮流没有出现的问题，还有一个进一步的方面，即关于青春期少年发展的民意的有价值的数据。一段时期以来，18 岁生日一直是获得一致同意的少年司法界限，而起初的少年违法案件管辖对象的年龄要小得多。[①] 在 20 世纪的大部分时期，最为常见的少年违法案件管辖

---

① 富兰克林 · E. 齐姆林：《变化中的青春期法律观念》（The Changing Legal World of Adolescence），纽约：自由出版社 1982 年版，第 3 章。

年龄上限有所增加。没有迹象表明当前美国的生活条件具有某种强劲的反向发展趋势。法律改革规定：被指控某种严重犯罪的少年可以在更早的年龄阶段被移送至刑事法院，而不宜对年龄上限予以更大裁减的观点却反对相关的结论——少年犯之所以被移送，是因为他们被认为比先前辈代的少年更为成熟。更早的成 p147
熟，可以支持对管辖年龄的总体缩减。只选择严重犯罪作为移送对象，意味着：惩罚的需要，而非惩罚对象的身心发展成熟性问题，是相关的动因。

因此，“如果你足够成熟去实施犯罪，那么你也足够达到相应的责任年龄”的政治口号，并非关于身心成熟的问题。与此相反，它是在否认身心成熟之类的问题与对犯罪者的适当惩罚问题之间存在关联性。美国缺乏一致降低管辖年龄界限的动力，这提示我们：对严重少年犯罪予以惩罚性制裁的移转，并非基于这样一种理念，即成年人责任水平的具备或更早于或更容易于以往的辈代。美国的相关政治冲突并非关于青春期少年身心成熟的问题，而是关于身心不成熟性与少年犯适当惩罚之间的关联性问题。

扩大少年法院的惩罚

一旦严重少年犯罪所产生的问题被认定是少年法院的有限的惩罚权力，一个当然的解决方案即为：扩大少年法院可资遣用的最高刑罚，直至其与社会要求之间的差距得以弥合。多年以来，扩大少年法院刑罚的观念并没有成为少年法院改革的道路，且对该策略的批判是一种假想的演习。[①] 更为晚近时期，在雷丁（Redding）和豪威尔（Howell）所谓“混合管辖”（blended jurisdiction）[②] 的标题引导下，好几个司法管辖区（jurisdictions，或法域）对其少年法院的某些分支机构予以了特殊审判程序和扩大惩罚的授权。有关“混合管辖”方案的细节有所差异，但大多数此类制度有着三个共通的特点：（1）案件被分派至少年法院中的特别部门——这些部门可以适用陪审团审判以及其他一些非标准的程序保护制度（nonstandard procedural protections）；（2）指控罪名成立后，可以适用非常长期的监禁刑，但超过成年期的监禁通常会受到有条件的评定，即需要进一步的程序及审理以确认长期的判决；（3）少年法院的这些混合变通制度并非扩大惩罚的一种排除性机制——每一个拥有混合管辖权的司法管辖区还同时支持将杀人犯罪案件移送至刑事法院。

---

① 富兰克林·E. 齐姆林：《放弃管辖法学理论之注解》（Notes towards a Jurisprudence of Waiver），载约翰·霍尔（John Hall）、唐娜·汉帕里安（Donna Hamparian）、约翰·佩蒂伯恩（John Pettibone）和约瑟夫·怀特（Joseph White）主编：《少年司法之信息与培训》（Issues in Juvenile Justice Information and Training），俄亥俄州哥伦巴斯：当代问题研究院（Academy for Contemporary Problems）；富兰克林·E. 齐姆林：《美国少年司法对疑难案件的处理：捍卫自由裁量之放弃管辖》（The Treatment of Hard Cases in American Juvenile Justice: In Defense of Discretionary Waiver），载《圣母玛利亚法律、道德与公共政策杂志》（Notre Dame Journal of Law, Ethics, and Public Policy）第5期，1991年版，第267~280页。

② 理查德·雷丁（Rechard Redding）、詹姆斯·C. 豪威尔（James C. Howell）：《美国少年司法中的混合判决》（Blended Sentencing in American Juvenile Justice），载杰弗里·费根（Jeffrey Fagan）、富兰克林·E. 齐姆林主编：《变化中的少年司法界线》（The Changing Borders of Juvenile Justice），芝加哥：芝加哥大学出版社2000年版。

创制混合管辖的有关法律过度错综复杂（Byzantine complexity[①]），需要谨小慎微地对待。在一个量刑确定性（truth in sen- p148
tencing）广受欢迎而量刑不确定性（indeterminacy）广受敌视的年代，得克萨斯州规定了名义上的40年的判决——虽然如此，但仍可以在其年满18岁时将某少年予以释放，除非在其年满18岁之际，以另一个单独的审判对其加以更长的刑期。明尼苏达州（Minnesota）混合管辖审判规定的复杂性，是刑事审判历史上最令人生畏的。典型的“混合式”判决的复杂性和附条件性，皆是相关制度设计刻意努力的结果，即该制度设计，在定罪之后，似乎非常严厉，而在实际的监禁执行过程中，却不是那么回事。美国的审判制度存在一个长期的传统，即叫得很凶，而咬得不那么凶。在某种意义上，混合判决的或然性和复杂性或许皆为其制定者的故意的虚假广告，即他们想让立法听起来很严厉。

有关的判决构造与判决确定性的盛行状态大异其趣，而导致相关判决构造产生的因素还有更多。我认为，大多数的扩展判决制度的或然性，是在试图解决少年法院扩大惩罚权力的核心的两难矛盾——在极端案件中，任何得以满足社会报应诉求的长期判决都无法与少年法院对其对象的人生机会的基本承诺保持一致。逃脱此两难境地的唯一可行办法，即某种形式的玄虚之谈（Doublespeak）——长期监禁判决可得以宣告，但并不能得以实际执行。

关于扩大少年法院惩罚的不利之处，在我早先的研究分析和本书的其他部分中已有论说，[②] 在此，我不想再次对之予以长篇

---

① Byzantine complexity，拜占庭式的复杂，即过度的错综复杂而令人难以理解和把握的。——译者注

② 富兰克林·E. 齐姆林：《美国少年暴力》（American Youth Violence），纽约：牛津大学出版社1998年版，第9章。

累牍的赘述。我欲强调的是，如果限制少年刑罚的毁害性影响是美国少年司法的核心信条，那么，任何少年法院的 20 年监禁判决都会与此少年法院理念的核心要旨相抵触。刑事法院或可忽略其被告人的未来人生机会——事实上，他们通常都是那么做的。25 年有期徒刑对刑事法院的权限没有任何的违背，只要该刑罚与罪刑均衡原则相合，与该罪犯的尊严和人格相符。但如果少年
p149 法院牺牲其限制毁害性制裁措施的职责，就会导致其使命危机，即由被赋予扩大惩罚权的少年法院的下属部门而波及整个少年法院。一旦该机构开始无所限制地毁害少年犯的人生机会，其原初的予以限制的诚意就会变得令人质疑，而且是对整个少年违法案件管辖权的质疑。当少年法院成为无所限制地剥夺犯罪能力的工具，其所危害的是其核心义务：该法院没有向自己的脚开枪，而是向自己的心脏开枪。

我认为，混合判决的复杂性和附条件性的负面意义，还不仅仅在于其起草者的虚假广告的诡计，更有甚者在于其完全的无效性。没有哪一个适用附条件判决的司法管辖区停止了向刑事法院的案件移送。在此重要意义上，对少年法院判决的扩大，是对案件移送的一种补充，而非替代。倘若混合判决过于显然而无法取代向刑事法院的案件移送，那么，似乎有可能找到得以在有关新规定的复杂的或然性中看到好处的其他支持者。有关的好处之一可能是：打消那些严重困扰于“真正的”40 年判决会对少年法院合法性造成的巨大阴影中的人的疑虑。

选择性的移送

扩大少年法院惩罚权力的缺陷在于：其破坏了整个少年司法系统的使命。整块削减少年法院管辖范围的缺陷为总量过度，因为在其所削减的部分中，仍然存在着少年法院对有关少年犯罪案

件处理的优先问题，其中的案件并没有与社会最低限度的该当惩罚感之间存在冲突。最佳的结果为：只移送那些需要刑事法院予以重量级惩罚的案件，并通过某种能最大限度地减少不必要移送案件的程序来完成。最为理想的结果即为一种选择性的移送制度，即只对那些在少年法院刑罚上限和构成犯罪者应受的最低刑罚之间存在直接冲突的案件予以移送。这种具有高度选择性的移
送是一种遵循少年法院对大多数少年犯进行审理的积极价值的首 p150
选结果。然而，谁来选择被移送的候选者呢？应当用何种程序来制约有关的移送决定呢？这些问题即为下文探讨的题目。

适宜的安全阀

在美国传统的少年法院结构中，有一种关于放弃管辖的自由裁量（discretionary，即酌情裁量）制度，其中，少年法院法官可以对其具有优先管辖权的少年案件选择性地放弃管辖，且只有通过这种放弃管辖方能令有关的少年案件得以在刑事法院获得判决。在后高尔特时代（post - Gault era）的少年法院，检控官与法官之间关于放弃管辖决定的职权划分，非常类似于审判决定中的劳动力分工。检控官是动议一方，有权提倡移送刑事法院的优越性，而法官为裁判权威，拥有对该问题的广泛的自由裁量权，且其相关决定被上诉法院撤销的可能性很小。这一传统使得移送刑事法院的案件数量非常少。

对自由裁量放弃管辖制度的一种可供选择的方法或补充方法，即对移送刑事法院的问题予以相应的立法规制。首先，应当对关于移送问题的两种立法标准进行区别。一种类型的立法对放弃管辖的前提性的最低标准予以规定。典型的此类立法标准通常会明确规定适合于自由裁量移送的最低年龄槛限，并列出相应的指控罪名。此类立法只规定移送的必要条件，并通常为少年法院

的法官保留着对个案的决定权。此类规定在一定程度上缩限了法官的自由裁量权，并限制了检控官对移送候选者的选择。

立法标准的法定化，会试图对移送刑事法院的必要条件和充分条件予以确定。相应的法定标准，即规定必须遵循的建立在犯罪类型基础上的移送标准。如同巴里·菲尔德（Barry Feld）所指出的那样：在20世纪80、90年代，提供此类法定标准的立法持续增多，以作为将少年被告人移送至刑事法院的或补充性或替代性的放弃司法管辖的方法。当移送刑事法院的立法标准是排除性的，产生移送问题的犯罪目录就会变得相当的长。因为在自由
p151 裁量体系中，即便是杀人案件，也只有一小部分最终会因放弃管辖而被移送至刑事法院。而自动放弃管辖标准会急剧地扩大放弃管辖案件的数量——即便是在起诉裁量（prosecutorial discretion）令相关法律条文部分无效的情况下。

自动放弃管辖的罪名条款可能产生两种相对照的影响作用模式。如果法定移送的法律规定得到切实执行，其所产生的移送案件数量就会大大超过自由裁量体系所产生的移送案件数量，且被移送至刑事法院的案件的严重程度的范围也会非常大。抢劫罪和伤害罪是非常不同的两种犯罪。对即便是加重构成的这些犯罪而言，自动放弃管辖都会令起诉优先权相对较小，而将大量的案件移送至刑事法院。而对于这些案件而言，其能令社会容忍的最低刑罚水平要远远低于那些令移送成为不可避免的极端案件。此类整块的法定移送的缺陷，与废除少年法院或缩减少年法院年龄管辖范围的过度，属于同类，尽管其程度上或许有不同。将种类繁多的异种重罪案件移送刑事法院，可能会令刑事法院为审判此类案件而再设立类似少年法院的相应机构。这一问题的确影响到了纽约1978年的相关立法，以及纽约市刑事法院“少年案件诉讼

事件表”（youth docket）的发展。[①]

如果说，总量过度是宽泛的法定移送标准的一种结果，那么，潜在的自由裁量就是第二位的适应方式。倘若基于法定标准，只有1%~4%的非致命暴力重罪得以移送，那么，规定所有的严重伤害案件和持枪或伤害性抢劫案件都应当被移送至刑事法院的法律就可能因起诉裁量的运作而大量归于无效。[②] 对检控官选择指控的权力以及避免产生自动移送后果的犯罪的指控，少有实践性的控制措施。

如果自动移送标准仅仅是将自由裁量权从少年法院法官手里转交由检控官行使，那么，鲜有理由以资推崇这些作为少年司法法律改革的自动移送机制。检控官或许会喜欢这种法律，即便他们并不想按照字面意义去对其予以执行，因为法定移送的法律规定一方面加强了起诉权，另一方面减轻了为在审判放弃管辖权力体制下获得案件移送所需要的起诉工作努力。但少年法院法官似 p152
乎比检控官更适合于成为特定案件应受惩罚最低水平的裁判权威；如果放弃管辖更像是一种判决，而非一种起诉决定，那么，保持审判权威似乎应当优先于将所有的权力集中于检控官。进而言之，起诉权更难以观察——起诉裁量的运作不如审判裁量决定那么具有可见性和可回顾性。

尽管起诉裁量具有难以审查的显著问题，但一个论点仍然得以成立，即通过侵略性的起诉裁量来对法定立法标准范围予以缩减，更优于遵照宽泛的立法移送罪名目录的字面意义来予以执行的整块的过度犯罪化。

---

① 西蒙·辛格（Simon Singer）：《少年违法的再犯罪化》（Recriminalizing Delinquency），纽约：剑桥大学出版社1996年版。

② 参见：富兰克林·E. 齐姆林：《美国少年暴力》（American Youth Violence），纽约：牛津大学出版社1998年版，第7章。

是否至少可以说：法定移送的法律规定，通过提供某些关于移送决定的一致性的基础原则，对有关的涵盖过广的趋势有所补偿呢？可能没有。在法定移送的列表中，存在着某种入罪的趋势——如果某种形式的犯罪行为可能会受到重量级的制裁。这种恶性案件的方法没有包含具体的判别，即根据每个犯罪的法律定义所包含的行为方式和参与程度的种种差异，有关犯罪的全部或大多数都需要例外性的惩罚。有关的立法者会倾向于对严重案件的移送作出规定——相关规定并不以为：所有的此类案件皆适合于被移送，而是以为：此类案件中的某些应获得移送。此类立法常常是为了应对某个广受媒体宣传的实际案例而得以通过的。

在决定移送刑事法院所必要的适当的最低年龄槛限和犯罪类型的时候，恶性案件的方法或许是适宜的；而该方法的错误即在于：其将所有相关类型的少年犯罪都想象为最坏形式的应当被移送刑事法院的此类犯罪。这种对相关的必要条件和充分条件的混淆，即造成了其在基本逻辑过程中的失败，而这一混淆还同时是另一个问题的通常基础，即以公众对某些骇人听闻的特定少年犯罪的担忧作为将少年被告人改派至刑事法院的理由。

因此，将相关犯罪类型整体归入刑事法院的法定移送标准是缺乏原则的，是过度的；而该制度的最佳状态，即通过起诉裁量来选择将其中最为严重的案件移送刑事法院审理。但即便是这一
p153 对类型化移送立法的最佳调节方式，其权力定位也次于传统的审判放弃管辖的程序。关于类型化移送法令，我们所能够寄予的最佳期望，即高水平的起诉裁量和相关决策的非常低的能见度。在实体和程序两个方面，这显然不如业已在美国少年法院进化了近一个世纪的审判放弃管辖的机制。

应用宽泛的犯罪类别——作为应受惩罚之特定水平的一种结论性的假定，其错误无法通过更为细致的法条拟定的方式来予以弥补。如果移送刑事法院的核心问题在于应受惩罚的程度，那

么，作出相应惩罚决定的恰当的分析单位几乎总会是相关的个案。基于其预设的该当惩罚性，将相关类型的犯罪案件予以整体移送，即是一种雷同于强制最低刑（mandatory minimum penalty）和绝对确定刑（fixed - price sentencing，或定额量刑）方案的错误。[①]如果不了解罪犯的特征，如果不了解其在犯罪事件中的具体作用以及前科，那么就只能对其应受惩罚性作出粗略的估计。对犯罪类型不加区分的刑罚政策或许存在某种辅助性的动机（instrumental motives），[②] 但在此抽象水平上对应受惩罚性予以计算，显然是武断的。

刑事法院的公正司法

盛行于美国少年法院第一个世纪的审判放弃管辖制度（the processes of judicial waiver），在许多方面都是行之有效的，即该制度能够选择出少量的移送案件，而如果不对这些案件予以移送，则可能造成少年法院内部的紧张状态，且令该法院在对抗外界压力的过程当中显得脆弱无力。但我所认可的标准的审判放弃管辖制度——作为应对极端严重案件的坏处最小的方法，存在两个主要的缺陷，而这两个缺陷应当成为少年法院第二个世纪初期改革努力的聚焦点。第一个缺陷，即缺乏指示和制约少年法院法官相关决定的法律标准。第二个缺陷，即缺乏对刑事法院应当给予其非常年幼被告人特殊待遇的适当认知。目前看来，对这两个问题予以及时改进的前景不佳。

---

① 麦克·汤瑞（Michael Tonry）：《量刑问题》（Sentencing Matters），纽约：牛津大学出版社 1996 年版。

② 辅助性的动机（instrumental motives），即为实现第二位目标的行为动机。——译者注

审判放弃管辖决定缺乏法律规制的特点，亦如其难以获得补
p154 救的问题那样，容易得到相应的解释。从定义上而言，自由裁量决定与可以预测结果的原则之间的关系不太紧密，且关于该当刑罚的自由裁量决定声名狼藉，即很难将其规制为某种可供回顾审查的能够保证类似案件得以类似处理的程序。刑事判决的上诉法院审查，在政治上不受人欢迎，也不具有理念上的便宜性——因为上诉法院的法官缺乏明晰的对照标准。①

在法官作出放弃管辖的决定过程当中，这些固有的困难会被混合于法官得以授权考虑的相关标准的数量和种类——从年龄问题、犯罪严重程度的问题，以至于处理结果的可接纳性，以及“老练世故”，无所不及。有如此众多的不同类型的潜在决定标准可供选择之用，任何放弃管辖的决定都会易于获得支持，即便是在需要对此出具书面意见的情况下。② 如果不对此书面意见予以要求，那么，再审机构就几乎完全没有了借以推翻某一审判放弃管辖决定的基础。于是，无怪乎，上诉法院颇为不愿意推翻下

① 汉斯·蔡赛尔（Hans Zeisel）、莎莉·戴蒙德（Shari Diamond）：《判决公正研究：马萨诸塞州和康涅狄格州的再审》（The Search for Sentencing Equity: Sentencing Review in Massachusetts and Connecticut），载《美国律师基金会杂志》（American Bar Foundation Journal）第2期，1977年版，第883~940页。

② 二十世纪基金会少年犯判决政策特别任务组（Twentieth Century Fund Task Force on Sentencing Policy toward Young Offenders）：《应对少年犯罪》（Confronting Youth Crime），纽约：二十世纪基金会1978年版，第55~57页。

级法院的放弃管辖决定。[①]

对放弃管辖决定的法律环境的两点改变，有可能提高有意义的上诉审查的机会，但仍然为放弃管辖的初审者保留了巨大的自由裁量权。第一个需要改革的是，广泛地要求对支持或否决某一放弃管辖动议的决定出具书面的正当化理由。这可以令某一初审决定的理由得以获悉，且可以将相关的关键事实问题和假设前提单独地提取出来，以引起后来的再审法官的注意。再者，这种出具书面意见的纪律还可以提高初审法官相关决定的质量。

对放弃管辖决定的现行环境予以改善的第二点，即重点强调某一单个的标准，即可资以对少年进行的制裁措施和有罪被告人该当的最低刑罚之间的差距。对该当惩罚的明确关注，将减少法官被有关案件其他方面的重点强调分散注意力的可能性。当然，法官在相关决定中也会考虑少年的老练程度、认识态度或对处理决定的服从性等问题，这些问题也与应受惩罚的问题相关，但对该当惩罚的持续强调可以在某种程度上减小混淆和自欺的空间——有关的混淆和自欺伴随着传统少年法院的法律文辞，诸如“服从性”和“老练程度”，以及长篇累牍的放弃管辖标准清单。p155

但是，这些弥补空隙式的改革举措无法改变审判放弃管辖决定的自由裁量的基本特性，且因此而不会改变强烈的主观因素对每一个放弃管辖决定的影响作用。如果法官 A 和法官 B 在性情上和理念上有所差异，审判放弃管辖的自由裁量特性即意味着：哪一个法官听审放弃管辖诉请，将会对相关决定的作出具有重大

---

① 琳达·E. 克劳森（Lynda E. Clauson）、理查德·L. 邦尼（Richard J. Bonnie）：《少年司法上诉》（Juvenile Justice on Appeal），载杰弗里·费根（Jeffrey Fagan）、富兰克林·E. 齐姆林主编：《变化中的少年司法界线》（The Changing Borders of Juvenile Justice），芝加哥：芝加哥大学出版社 2000 年版。

的影响作用。这些主观决定中的绝大部分都不可避免地会被提请上诉。如果合法性的规则仅仅明确可予考虑移送的案件，那么，实际的放弃管辖决定肯定是主观性的。只有在相关规则令放弃管辖的充分条件和必要条件都得以明确的情况下，移送案件的选择方能规范化，但相关规则制定的代价是非常大的。令人烦恼的是，对放弃管辖决定的抉择在于简易性和原则性之间。对适格于放弃管辖的案件予以限定，是一种可以同时满足简易性和原则性的控制方法。将杀人犯罪指控作为放弃管辖的必要条件，可以减少由法官性情来决定放弃管辖判决结果的情况。但有关的总体趋势为：适格罪名的长长列表。

放弃管辖审判制度的第二个主要缺陷超越了少年法院的界限，但其结果却对少年司法乃至刑事司法制度形成了基础性的威胁。该问题即缺乏一种针对刑事法院中已经被放弃管辖的少年犯的少年政策。

在少年法院中，至少存在三种不同形式的少年政策，且连贯一致的法律政策会令其中的两种少年政策继续地适用于已被移送至刑事法院的少年犯。第一个方面，即由于身心不成熟性会导致责任的减轻，因此在任何法院中，对少年犯所科处的惩罚程度都应当得以减轻。[①] 相关司法政策的第二个重要方面，即为少年犯提供与其年龄相适应的机构设施、项目举措和保护措施。[②] 第三方面的少年政策，即尽力避免严重毁害少年犯的人生机会的刑

---

① 富兰克林·E. 齐姆林：《少年犯之罪刑均衡》(Penal Proportionality for the Young Offenders)，载托马斯·格里索、罗伯特·施瓦兹 (Thomas Grisso and Robert Schwartz) 主编：《受审判的少年》(Youth on Trial)，芝加哥：芝加哥大学出版社 2000 年版，第三部分。

② 富兰克林·E. 齐姆林：《美国少年暴力》(American Youth Violence)，纽约：牛津大学出版社 1998 年版，第 8 章。

罚。正是最后这样一个义务——避免永久性伤害，而非减轻责任的政策，抑或与其年龄相适应的机构和项目的政策，在放弃管辖案件中，可能与社会的最低惩罚诉求之间存在冲突。

原则上，放弃管辖的惩罚主义理论，在某一特定案件中因惩
罚需要而对身心不成熟罪犯的遏制措施与视同少年犯并不年少的 p156
处遇方式之间，存在着显著的差异。实践中，一旦少年犯被移送至刑事法院，就会存在一种对其尚为年幼的事实予以忽视的倾向，仿佛放弃管辖的决定即是对有关罪犯业已成年的认定。

然而，原则性强且行之有效的少年司法制度在两个方面受制于刑事法院的少年导向性的政策。刑事法院对被放弃管辖的少年的专断处遇，可能导致整个司法制度的少年犯罪政策的违背原则性。如果与先前讨论的严格必要的标准相符合，放弃管辖本身并非一种对少年犯的专断处遇。但在刑事司法制度中，对少年导向性的保护政策的不必要的刈除，确实会形成一种不公正的模式，而少年司法制度与此有着因果关系。

刑事法院对少年犯的专断处遇对美国少年司法的品质存在着第二个方面的威胁，且这是我们近期历史的一个教训。在雷丁和豪威尔的文章中所讨论过的“混合管辖”方案试验，扩大了少年法院的惩罚权力，同时带来了少年法院的使命危机，并排斥了作为少年法院基础原则的损害限制。少年司法制度的某些支持者为何会欢迎这一惩罚性的“特洛伊木马”（Trojan horse）进入少年法院呢？为了保护少年犯，以免其面临被刑事司法制度的黑洞吞噬的风险。刑事法院在罪刑均衡和年龄区分上的失利，会令无原则地保留对严重少年犯的司法管辖面临几乎所有的风险。

自由裁量的审判放弃管辖缺乏法律规制的特性，是一种固有的缺陷，但在保持刑事法院针对被放弃管辖的被告人的一致政策的问题上，不存在任何不可避免的障碍。遵循原则的有关改革的主要障碍，即政治方面的问题，且其政治问题的成分巨大。

对刑事法院连贯一致的少年政策的最佳期望，即精英和专业人士在有关政策创制中的领导地位。但在如今的刑事司法政治中，职业精英的影响作用已经过时了，且儿童福利和少年利益团体的网络仅及于惩罚机构的年龄分割上，而尚未能涉足于刑事司法的政策中。疏通少年司法的联盟常常止步于少年司法的边际，
p157 而没有跟随被放弃管辖的少年犯进入到刑事法院的领域中。关于混合管辖的近期探索表明：刑事司法制度在少年犯处遇问题上的瑕疵，在行之有效的少年司法的前景上投下了长长的阴影。在可预见的将来，在刑事法院建立起相应的少年政策相当困难——如此的政策是少年司法的连贯一致性所必要的。

在极为严重的案件中，依靠刑事法院来保护少年法院免受政治风险的威胁，具有特别的讽刺意味。在制定关于青春期问题的法律政策时，少年法院是具有相关的首要责任的法律机构，但其无法成为相关的唯一机构，否则，就会产生严重的不协调和不公正的结果。

第十一章 美国少年司法中少数民族比例过大问题危害之消减 p159

在一个重要的议题上，本书先前10章的资料既显得有所缺失，又显得过于抽象。弱势少数民族在美国少年司法的法庭和拘留所中的比例过大（overrepresentation）①，是一个不可否认的事实，而且是一个严重的问题。在整个世界范围内，贫困弱势者被羁押于社会控制机构中的数量远远大于其人口比例。在美国，种族主义的长长阴影大大地加剧了对已经处于严重弱势地位的少年的关注。刑罚和污点令其窘境雪上加霜。怎么办呢？

我们在试图解决少年司法的不均衡危害中所面临的问题，有其显然性，也有其模糊性。在美国，毋庸置疑的是，通过逮捕、拘留、审判和监禁等方式对少年所施加的不利，不均衡地偏重于弱势少数民族的男性。同样明显的是，加之于受到正式制裁的少年的苦难，其本身就已经非常重大了，而如果加上社会弱势因素的其他副产品，情况还要糟糕。但本章乃是关于我们在试图减少少数民族不均衡集中所产生的危害的时候，所面临的不太明显的选择。改革少年司法制度以保护少数民族少年，可以采取多种不同的途径，而不是所有的途径都具有同等的有效性。

在本章的论述中，我的雄心壮志在于：阐明一些关键的为减

① 比例过大（overrepresentation）：即当一个族裔在一个公共机构所占比例明显高于其在总人口中的比例时，这一现象就被称为“过多呈现”或“过多代表”，亦即“比例过大”。——译者注

少在美国少年法院中所发现的不公正问题而必须作出的政策选择。对相关的目标和优先考虑事项予以明确的定义，对于明智的政策筹划而言，是非常基本的。我的观点为：相对于仅仅致力于减少少年法院中的少数民族案件而言，减少少年法院案件处理所带来的危害，或许是一种保护少数民族少年的更好办法。

p160 本章分为两大部分，而这两部分又分为数个小部分。第一部分关注于为评估少数民族法律政策的影响作用而必需的观念准备。该部分的第一个小部分拟探讨：是否最宜将少年司法中少数民族聚集的问题视为存在于少年司法体系中的一个特殊问题，抑或更宜将其视为一个存在于刑事司法以及其他社会控制体系中的总体较高风险现象的一个部分。第二个小部分主张将危害减少作为有关的首要标尺——借此，为应对少数民族比例不均衡问题而设计的政策应当得以判别。第三个小部分对两种相互对立的关于少数民族弱势地位以及相关不利因素和总计不利因素的测量标准进行了比较对照，以作为相关改革的适当目标。第四个小部分对最大限度减少危害的两种总体方法进行了比较，即缩减少年司法案件处理所产生的危害与缩减少年司法体系中的少数民族少年的数量和比例之间的比较。

第二部分试图将第一部分得出的结论应用于对少年司法法律改革的近期篇章的问题探讨中，即案件移送政策的变化、对身份犯的非监禁化（deinstitutionalization），以及对转处项目的热忱。该部分的最后一小部分对少数民族少年被置于少年法院予以处理而带来的伤害和少数民族少年被置于刑事法院予以处理所带来的伤害进行了对照。如果说判别相关机构对少数民族少年影响作用的标准在于——减小对这些少年的伤害，那么据实而言，现行少年司法体系对少数民族少年的危险性要大大地小于刑事司法机制对少数民族少年的危险性。

评估少数民族法律政策的影响作用

少年司法背景：特别状况？还是总体状况？

我拟探讨的第一个问题，即少数民族比例过大的类型和数量是否在少年司法体系中存在着重大的差异。与美国刑事司法体系中的弱势少数民族的聚集模式相比较而言，非洲裔和西班牙裔美国少年违法案件在少年司法体系中比例过大的状况如何？

但是，为何关于少数民族弱势状况的总体模式问题应当成为寻求相关问题解决办法的起点呢？其原因在于：相关的数据是否 p161
揭示：少年司法的特别组织性和实体性规则应当被疑为相关问题的大体原因，以及转变少年法院的特殊规定或特别程序可以被冀望于为相关问题提供某种解决办法。如是，则少年法院的特别方法应当成为改革的优先考虑。然而，如果少年司法中少数民族比例过大的程度与刑事司法体系中的相关情况大体相当，那么，相关问题模式就不太可能是少年司法体系特性的产物。

此种分析之有用性的一个例证，即少女在少年司法监禁人口中的相对聚集。图 11.1 回溯性地比较了 1974 年根据性别划分的少年和成年人的监禁状况，以作为寻求少年司法的特殊模式的一种常见例证。1974 年是联邦立法首次规定对身份犯予以“非监禁化”（deinstitutionalize）的一年，相关数据旨在概括当时的相关模式。

1974 年被监禁的少年女性的 23% 是监狱中关押的女性比例的 7 倍多。少年女性的更大聚集比例表明：不同的动机（包括亲权主义）和不同的实体法律规定（所谓的身份犯）会在少年司法中产生不同的结果。鉴于此，改革这些特别规定应当成为相关问题关注的首选事项。图 11.1 中的女性监禁情况明确地暗示了少年司法体系的规则和程序问题。

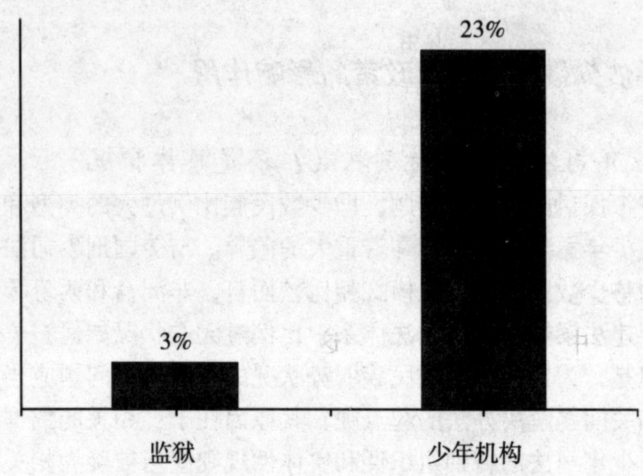

图 11.1　监狱和少年机构中被监禁的女性的百分比，1974 年

来源：《被监禁的儿童》（Children in Custody）；《囚犯》，美国司法部司法统计局 1974 年，1997 年；《少年》，美国司法部司法统计局 1997 年。

p162 图 11.2 对照了 1997 年少年监禁机构和成年人监禁机构中的非洲裔美国人的百分比。我将监狱、看守所以及少年机构中的非洲裔美国人与其他群组进行了对分，以令有关的分析简单化。刑事司法机构中的另一个主要少数民族——西班牙裔，通过现行的测量方法，更难以界定，且更为不确定。被监禁的非洲裔美国少年的 40% 的比例大大地超过了非洲裔美国少年在少年人口中的比例（约 15%）。因此，其比例过大的问题是显而易见的，而且是重大的。但非洲裔美国人在成人刑事司法体系中的监禁人口数量还更大，其监禁人口数量接近于总量的一半。如果我们将另一少数民族的人口数量加进来，则少数民族所占的总体份额就会增加，但图 11.2 中所描述的不同体系之间的对比情况仍将保持接近。

对此总体模式予以探讨的重要性，并不在于最大限度地减少少数民族少年比例过大的问题，而是在于警示有关的政策分析家：有关的模式超越了少年司法的范畴，且因此而不太可能是少年司法体系的特殊规定和程序所导致的结果。在少年司法体系中的较低聚集程度，实际上可能在提示我们：转变少年司法体系的优先性和案件处理程序，令其趋向于刑事司法体系对较为年长的罪犯的处理制度，可能会令少数民族的问题更为糟糕。反而，从图 11.1 中所能推导出来的是，很可能是对成年人规定和程序的应用导致了少女的比例过大问题。因此，少数民族男孩似乎在少年司法体系中处于弱势地位，但这并没有超过其在其他刑事司法体系中的表现。少数民族少年在少年违法案件中所具有的弱势状况，是一个更为广阔的模式中的一部分，很可能应当通过复合的体系方法来予以观照。

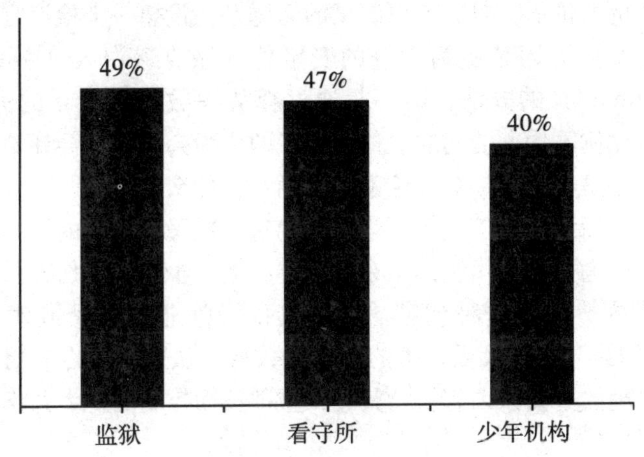

图 11.2　被监禁的非洲裔美国人的百分比，1997 年

来源：美国司法部司法统计局 1974 年，1997 年。

平衡弱势，还是令危害最小化？ p163

我的朋友和老师——汉斯·蔡塞尔（Hans Zeisel）曾经发表过一则笔记，揭示：佛罗里达州的死刑累计数据中具有某种特别明显的比例不均衡现象。蔡塞尔发现：该州95%的被判处死刑的被告人皆被指控杀害白人被害人。[①] 蔡塞尔揭示：佛罗里达州的某些检控官认为，对该问题的解决办法，即将更多以黑人为被害人的谋杀案件添加到佛罗里达州颇为繁盛的死囚人口中去。[②] 蔡塞尔对该策略感到愤怒的原因在于：扩大残酷而不人道的刑罚是他最不愿意做的事，且通过对死囚区增加黑人被害案件的方法来拉近比例均衡，是一种对有关体制的具有讽世意味的操纵，其再一次造就了有关体制的专制性的暴虐。在汉斯·蔡塞尔看来，佛罗里达州死刑制度的错误还远远不止于比例失衡的问题。

我在想：在2005年，对于我们中的许多人而言——关注于死囚区和训导学校中的少数民族比例过大的问题，这一事例是否具有范例的价值。对此予以测试的问题是：设想一个检控官，他试图通过尽力囚禁更为大量的安格鲁-撒克逊白人（Anglo-Saxon whites）的办法，而不是通过释放少数民族少年的办法，来回应比例不均衡的问题。这种积极的作为会获得社会评论家的赞许，还是会获得社会评论家的批判？为什么？

许多深为忧心于比例不均衡问题对少数民族少年的影响作用的人们认为，少年司法体系在其深层次上对少年有所伤害，且他们欲图尽量减小这种伤害。通过仅仅增加非少数民族对象的"积极作为"来扩大受伤害的少年的数量，从这一观点来看，是违背常理的。其原因有二。其一，这种负面控制的扩大并不能改

---

① 汉斯·蔡塞尔：《死刑制度中的种族偏见：佛罗里达州的经验》（Race Bias in the Administration of the Death Penalty: The Florida Experience），载《哈佛法律评论》第95期，1981年版，第456～468页。

② 汉斯·蔡塞尔：《死刑制度中的种族偏见：佛罗里达州的经验》（Race Bias in the Administration of the Death Penalty: The Florida Experience），载《哈佛法律评论》第95期，1981年版，第464～466页。

善任何少数民族少年的人生机会。他们仍继续以同样的比率，承受着同样的伤害。其二，伤害对象人群的扩展会伤及许多新的少年，令其被置于近似于少数民族少年的弱势境地，而这是批评家所极力诟病的。大多数积极应对少数民族比例过大问题的人们深切地关心着所有肤色和背景的少年。这种可怕的积极作为方式，在他们看来，是一种倒退。 p164

在此我的观点为：在应对该体系对少数民族少年的影响作用时，存在着两个相当不同的问题：即处罚不均衡对少数民族少年的影响作用和这些处罚对被该体系所俘获的大部分少数民族少年的负面效应。对该体系的批评家有两个目标：减少对少年的伤害和减少该体系中少数民族少年的比例。但哪一个目标应当更为优先呢？

依我之见，制度改革者越是注重实效，他或她就越会选择如此的方法，即尽力减少少数民族少年所承受的为获取更好比例的政策项目所带来的伤害。如是，则伤害减小可以创造相应的机会，以利用人们对该体系对少数民族少年的影响作用的关注，并以此楔入以减少该体系对其所有处理对象的伤害性影响作用。由强调比例均衡转变为强调伤害减小，还意味着：少数民族少年违法者和非少数民族少年违法者之间不存在竞争的问题，非但如此，跨越不同群体之间界限的自然的利益共同体可以令少年司法体系在深层次上的伤害减小。

强调伤害减小的问题，还存在着一个阴暗面。刑事司法刀刃的锋利面几乎总是落在弱势少数民族的身上，且程序改革得以解除相关损害的问题还不甚明了。刑法的某些领域（交通和毒品）可以通过行政控制措施来减少对少数民族的影响作用。在非少数民族区域扩大交通禁令，可以减少涉及少数民族的交通拘捕和罚款的比例。但其他的领域，包括暴力犯罪，仍成问题。基于种种原因，少数民族少年比白人少年更多地涉嫌街头犯罪，且变革法律施行程序并不会结束少数民族少年因抢劫罪和入室盗窃罪被拘捕的比例过大的问题。只要城市警察面临着大量的少数民族犯罪的被害人，少数民族犯罪嫌疑人就会成为美国暴力犯罪拘捕案件中的不均衡部分。

p165 改革抉择：伤害之绝对标准 v. 伤害之比例标准

伤害减小和比例平衡之间的方法抉择，将会导致对关于何种改革最为有效的问题的不同判定。试设想：某一改革保持少数民族少年违法者被监禁的比例不变，但令被监禁少年的人数减少10%；而另一改革办法令少数民族少年违法者被监禁的比例减少10%，但让被监禁的少数民族人数保持不变。哪种改革办法更好呢？在某些情况下，对少数民族少年的“最为不坏”的结果将有赖于何种标准被选择为应对问题的最为重要的方法。如果比例平衡的方法最为重要，那么，有关的观察研究者就会重点关注加之于少数民族少年人群的总体伤害的最低百分比所带来的结果。如果伤害减小标准得以适用，那么，有关的观察研究者将会尽力减小少数民族人群所承受的伤害数量，而不论少数民族少年所承受的不利结果的总体份额。

如果具有强烈选择性的法律施行风格聚集了对少数民族的不利结果，那么，以最高比例对少数民族少年予以惩处的法律施行方法，可能仍然比均匀地加之于少年人群的更为大量的伤害结果的制度所惩处的少数民族少年更少一些。具有高度自由裁量权的体制可能比均匀地增加对少年人群惩罚水平的体制具有更大程度的比例上的不公正，但后者对脆弱的少数民族少年所造成的伤害数量更大。原则性的观点可以优先选择任何一种结果。但比作出一个特定的优先选择更为重要的是，对两种标准之间的潜在冲突有所认识。

我的怀疑在于：拥有儿童福利背景的人们更易于选择总计伤

害减少的标准，并对其分布状况不予重视，而具有强烈法律倾向的人们则更有可能选择分布更为均匀的总量更大的伤害。

人们不得不对此作出艰难的抉择，我并不认为：那些对伤害减少而非比例减小的优先选择可以被解释为一种“自由主义对保守主义”的差异。相反，我认为：该冲突凸显了两种相对观 p166
点在政治左翼上的差异，即在某些情形下指向于不同的优先选择。在探讨少年法院移送案件至刑事法院的法律改革中的规则与自由裁量之间的对抗的问题时，我将简要地对该问题予以再一次的论说。

少年违法案件处理结果：均匀化 v. 柔化

如果加之于少数民族少年的伤害的最小化成为该领域政策抉择的主导性标准，那么，在此方面就有多种不同的政策杠杆可供选择。其中，有两种不同的方略：其一，尽力减少承受伤害后果的少数民族少年的数量，而不试图去改变少年违法案件判决的结果；其二，力图通过减小少年司法制裁措施所带来的伤害的方式，来减少少数民族少年所承受的伤害总量。第一种方略试图改变制裁的分布状况；第二种方略力图刈除制裁本身的某些危害。

从根本上而言，选择哪一种改革方略，是一个需要实证研究的问题，而大体的论说无法将其阐述清楚。但某些关于这一抉择的大体论说颇具教益。第一点，即鉴于伤害减小被选择为有关的优先方略，那么，对相关制裁的严厉程度予以柔化便成为优先选择的改革路径。是伤害减小被独立为一个目标，而非其分布状况，导致了相关制裁内容的转变，并由此而在平等保护少数民族少年的问题上，形成了与改变分布状况战略之间的竞争。

关于刈除相关制裁的某些伤害的第二点，与其减少被惩处的少数民族少年的数量分布优势相关。处罚措施改革的益处可以惠及所有的在相关改革之后不幸受到处罚的少年。所有受到制裁的少数民族少年可获益于此，而不仅仅是那些因分布状况改革而被免于惩罚的少年可以获益。且所有的少年违法者皆可从中受益，而不仅仅是少数民族的少年。再者，由于大多数有着严重违法行为的少年都处于社会弱势地位，因而该方略对非少数民族受益者与其所重点关注的少数民族少年并无二致。

处罚柔化方法存在一个潜在的问题——在现行状况下，不具备任何的实际影响。力主减小处罚伤害的策略会产生某种矛盾冲
p167 突，即少年福利的拥护者会感受到的在严厉制裁措施中存在着的强大的社会和司法利益。然而，大多数少年福利拥护者并不喜欢严厉的少年处罚措施，于是，不相信少年福利拥护者会不乐于减小美国少年司法中近来水平的负面影响，似乎是安全的。

比例减小策略和伤害减小策略之间的第三个比照，即令其方略得以正当化的关于比例过大问题的推论。对减少少数民族所受处罚份额的重点关注，不一定有赖于这样一种假定，即某种形式的歧视导致了少数民族比例过大的现象；但是，当歧视问题被疑存在之时，令平衡比例的补救措施正当化就会容易得多。但倘若将因抢劫和杀人而被监禁的少年越轨者的巨大百分比与少数民族的抢劫和杀人犯罪的拘捕率进行对此，将会如何呢？相比较而言，试图减少处罚措施对所有少年越轨者的负面影响作用的方略则没有牵涉歧视问题的证实。

我无意在此推测相关的政治环境问题——其有益于强调减少少数民族聚集的策略，而与有关处罚制裁措施的伤害性内容的减少策略相对照。这两种策略可以通过某种减少伤害的协调项目而形成相互补充。我觉得，此即为何有关利益群体的人们很少主张对弱势少数民族的罪犯采取强硬政策的原因所在。少数民族利益群体因为结构性的需要而成为刑罚改革的拥护者。

关于比例不良的关注和少年处罚措施伤害的关注之间的紧密关联，一个进一步的含义，即我们对比例失衡的担忧常常折射出

我们对某种刑罚措施严厉程度的公正性的关注。对少数民族在美国死囚区中的比例过大的特别关注，其原因之一，即感觉到：对于一个文明国家而言，死刑是一种过于可耻的刑罚制裁措施。我们的监狱人群，如同我们的死囚区，存在着种族性的偏斜状态，而对死刑问题的矛盾心态使得其在死刑案件中的聚集问题更为引人关注。

这种对更为严厉处罚措施的更大的不信任的模式预示着：在混合管辖少年司法体制中扩大相关的处罚措施，以及更为频繁地移送刑事法院的立法趋势，可能会加大对少年司法中少数民族比例过大问题的忧虑。正如降低刑罚尺度可以排除对少数民族呈现 p168
比例不均衡的某些伤害，可以预料的是，提高少年司法体系中的刑罚尺度即会增加人们对加之于弱势少数民族成员的更大负担问题的关注。

少数民族比例不均衡与现代少年司法改革

本章第一节试图为相关的政策分析提供相应的分析工具。本节的目的在于：将刚刚描述的观点应用于考察过去一代人的时期内少年司法政策改革的三个变化的影响作用：（1）为补充少年法院法官自由裁量放弃管辖的立法移送标准的大量增加；（2）通过创制对身份犯案件处置措施具有严格限制的单独法律范畴，以图保护身份犯免受监禁的处遇；以及（3）通过移送项目来解决少年越轨案件的诉讼问题——不对其适用正式的少年法院指控或判决。这三个改革项目都没有重点关注少年越轨案件中少数民族比例过大的问题，但每一种变革都对少数民族在少年司法和刑事司法中的呈现状况产生了某种影响作用。进而，对这些变革的相关影响作用的评估，即为当前政策分析的至关重要的任务。本节的最后一小节提出：以少年法院来替代刑事法院对相关案件的处理，是一种对美国少数民族少年具有长期的积极影响作用的法律改革举措。

自动移送规则与少数民族伤害

几乎所有的少年司法体系都提供某种形式的案件移送制度，即将接近成年的被指控犯有严重罪行的少年越轨者移送至刑事法院，令其面临比少年司法体系所能提供的严厉得多的处罚措施。[①] 决定年龄较大的少年是否应当被移送的传统方法，即通过少年法院的某种审理程序，由法官决定是否对他或她“放弃”少年法院的管辖权，并由此而允许对其适用刑事起诉。[②] 在此审理中，少年法院法官所面临的问题，即有关的少年是否是少年法院的合适对象。这总是一种自由裁量的决定，难予复查，且很少被上诉推翻。[③]

p169 这种类型的自由裁量似乎是一种理想的滋生某些看法的基础，即对非洲裔和西班牙裔美国少年的偏见。没有对此的精确研

---

① 参见杰弗里·费根（Jeffrey Fagan）、富兰克林·E. 齐姆林主编：《变化中的少年司法界线》（The Changing Borders of Juvenile Justice），芝加哥：芝加哥大学出版社 2000 年版。

② 罗伯特·O. 道森（Robert O. Dawson）：《司法放弃管辖之理论与实践》（Judicial Waiver in Theory and Practice），载杰弗里·费根（Jeffrey Fagan）、富兰克林·E. 齐姆林主编：《变化中的少年司法界线》（The Changing Borders of Juvenile Justice），芝加哥：芝加哥大学出版社 2000 年版。

③ 琳达·E. 克劳森（Lynda E. Clauson）、理查德·L. 邦尼（Richard J. Bonnie）：《少年司法上诉》（Juvenile Justice on Appeal），载杰弗里·费根（Jeffrey Fagan）、富兰克林·E. 齐姆林主编：《变化中的少年司法界线》（The Changing Borders of Juvenile Justice），芝加哥：芝加哥大学出版社 2000 年版。

究，但移送少数民族少年的高比例的放弃管辖记录不是鼓舞人心的。[①] 然而，与此同时，传统的自由裁量放弃管辖的标志性优点，即低比率地移送相关的少年案件。

近年来，几乎所有的州都通过立法对自由裁量放弃管辖的规定予以补充，即当某少年被指控犯有严重犯罪列表中的某一项时，就将其自动移送至刑事法院。该严重犯罪列表通常包括：谋杀罪、持枪抢劫罪、强奸罪，以及诸多其他的严重犯罪。[②] 这种立法体系的有利方面在于：其以某种明确的规则替代了个人的自由裁量。其不利方面在于：其所移送的所有种类的少年，包括众多的少数民族少年，比少年法院放弃管辖审理所移送至刑事法院的，要多很多。即便其移送的所有少年中的非洲裔和西班牙裔美国少年的“比例”有所下降，其所移送的弱势少数民族少年的“数量”也会增加。据此第一印象看来，法定规则与自由裁量之间的抉择近似于某种介于比例呈现和伤害减小之间的竞争。当自由裁量放弃管辖为自动移送所替代，受伤害的少数民族少年的数量将会增加，即便被移送的少数民族少年所占的份额有所下降。

---

① M. A. 伯特纳（M. A. Bortner）、马乔里·S. 扎兹（Marjorie S. Zatz）、达内尔·F. 霍金斯（Darnell F. Hawkins）：《种族与移送：实证研究与社会背景》（Race and Transfer: Empirical Research and Social Context），载杰弗里·费根（Jeffrey Fagan）、富兰克林·E. 齐姆林主编：《变化中的少年司法界线》（The Changing Borders of Juvenile Justice），芝加哥：芝加哥大学出版社2000年版。

② 巴里·菲尔德（Barry Feld）：《少年法院管辖犯罪案件之立法排除：历史与批判》（Legislative Exclusion of Offenses from Juvenile Court Jurisdiction: A History and Critique），载杰弗里·费根（Jeffrey Fagan）、富兰克林·E. 齐姆林主编：《变化中的少年司法界线》（The Changing Borders of Juvenile Justice），芝加哥：芝加哥大学出版社2000年版。

然而，第二眼看来，“自动移送”标准不能为少数民族少年提供任何好处，哪怕是某种确定统一的适用规则。唯一比少年法院法官自由裁量更难予复查的，即检控官的自由裁量，而自动移送标准的采取，真正地使法官的自由裁量为检控官的自由裁量所替代。检控官可以对少年的指控予以选择，且相关的指控决定将确定相关案件是否进入少年法院或刑事法院。没有任何的复查得以迫使检控官提起比其所欲提起的更多的严重犯罪指控，甚或他或她根本就可以不提起任何的指控。

我的猜测为：比起司法审判自由裁量的情况，在起诉权的统治下，被移送的少数民族少年的比例或许会在某种程度上有所下降，但这并非因为检控官对少数民族问题更为敏感。相反，随着被移送少年人数的大量增加，被移送的人口数将在某种程度上趋
p170 向于接近被指控的少年越轨者的总人口数。更为大量的少年被置于弱势地位，作为其结果，受到起诉自由裁量制度伤害的少数民族少年的比例份额可能有所下降，但没有任何人会将此定义为少年之福利。面临刑事处罚的少数民族少年的数量将会增加，且更大数量的非少数民族少年与其同赴此难，并不能为其带来什么慰藉。

进而言之，在此变革背后，没有任何的法律原则可供贯彻实施，而只有起诉自由裁量对审判自由裁量的替代——一种权力核心的转移，即从一个具有关照被指控少年福利的正式职责的法律参与者转移至一个没有相关职责的法律参与者。

身份犯的非监禁化（deinstitutionalization）

由于原初的少年法院的预设为：只有在维护少年福利的前提下，方能行使其权力；该法院被赋予专门机构安置的权力，包括令逃学或不服管教的但尚未有侵害行为的少年被置于拘留场所和训导学校。鉴于少年法院的制裁措施不被视为惩罚，据称：没有

必要就其针对少年越轨者的权力予以罪刑均衡的限制，且由此而没有必要就其帮助性的干预措施予以入室盗窃和离家出走之间的区别。

自其肇始，该理论即遭遇到两个相互关联的问题。其一，在效果上，且常常在意图上，少年法院的拘留措施和职责履行都是惩罚性的，由此，将其加之于不应受到惩罚的少年，或对不服管教者施加太多的惩罚，显然是不公正的。其二，没有证据证明：在20世纪的少年司法中，对少年越轨者的惩罚性处遇是一种行之有效的治疗措施或社会控制手段。[①] 关于少年司法的法律现实主义造就了诸如高尔特案件（In re Gault）之类的决定，并要求：应当对国家加之于离家出走、逃学以及与父母发生冲突的青春期少年的权力加以比例均衡的限制。《1974年联邦少年司法与少年越轨预防法》的特定目标，即阻止国家将身份犯置于监禁机构的做法。令身份犯逃脱少年监禁机构的努力是长期性的、成功的，其核心判断——对非犯罪不良行为者的不受限制的羁押是 p171
不公正的、无效的，已经经历了时间的检验，即使关于少年司法的许多其他方面有着某些偏移性的观点或情绪。

身份犯政策的转变很少被视为关于少数民族比例过大的政策的一种重要方面。少年司法的过度的家长式作风主要集中于女孩，而被置于国家司法程序的身份犯并没有更多地集中于少数民族，而是针对所有的少年越轨者。

但是，对这一政策目标的强调是否对少数民族少年有所裨益

---

① （Lee Titlebaum）：《身份犯》（Status Offenders），载玛格丽特·K. 罗森海姆（Margaret K. Rosenheim）、富兰克林·E. 齐姆林（Franklin E. Zimring）、戴维·S. 坦嫩豪斯（David S. Tanenhaus）、伯纳德·多恩（Bernardine Dohrn）主编：《少年司法的一个世纪》（A Century of Juvenile Justice），芝加哥：芝加哥大学出版社2002年版。

呢？对该问题的考虑再一次涉及关于少数民族弱势状况的总体方法和比例方法之间的对照。作为成功的非监禁化的直接结果，被羁押在拘留中心和训导学校的非洲裔和西班牙裔美国少年的数量有所下降。但该项目可能会导致被羁押的少数民族少年的比例增加。尽管更少的非洲裔美国少年被羁押，但其所占比例更大。这是一种进步吗？我认为，该问题的答案应当是肯定的。

然而，难道身份犯的非监禁化没有将少年福利的饰面从少年法院剥离出来，并因此而令针对其他类别的少年越轨行为的更严厉政策更可予接受呢？① 毕竟，发生在少年法院的少年福利门脸背后的严厉打击“少年嗜血者”的强大压力已经被移除。因此，何不下此结论：身份犯政策改革的潜在功能，即针对残留于少年法院体系中的主要为少数民族越轨少年的额外困难问题？

如此的身份犯政策改革变化的第一个问题，即此项改革的支持者们对少年越轨者的监禁措施表示总体的怀疑态度。那些将1974年改革推向公共议程的政策分析家们不主张将入室盗窃者和偷车兜风者关入监禁机构。严厉打击少年犯罪也没有以任何清晰的方式源自于身份犯的政策改革。20世纪80年代，少年法院政策争议中的强硬辞令和惩罚压力，是开始于20世纪60年代晚期的刑事司法政策变革的附带结果。② 身份犯政策改革的预设和例证很可能不利于少年司法之惩罚政策的推行，并因此而得以与少数民族少年福利的拥护者保持一致。我将在本章最后一节中再

---

① 马尔·T. 恩培（Lamar T. Empey）：《儿童和少年司法之未来》（The Future of Childhood and Juvenile Justice），夏洛茨维尔（Charlottesville）：弗吉尼亚大学出版社1979年版，第408~409页。

② 富兰克林·E. 齐姆林、戈登·霍金斯（Gordon Hawkins）、萨姆·卡明（Sam Kamin）：《惩罚与民主：加州之三振出局制度》（Punishment and Democracy: Three Strikes and You're Out in California），纽约：牛津大学出版社2001年版，第9章。

一次地论及此问题。

转处与少数民族之公正 p172

在少年司法中，旨在将少数民族少年初犯从正式诉讼程序中转移出来的改革的影响作用如何呢？转处政策的介入，似乎与较低水平的严厉控制和对少年福利的关注之间相互协调一致，但其结果如何呢？在此，计分方法可能将再一次地决定其结果。在正式的案件处理程序中，转处制度对少数民族少年数量的总计影响作用是有益的，除非有关的转处项目完全是伪劣的。如果大量的少年得以逃脱拘留和判决，那么，其中将会有许多的非洲裔和西班牙裔美国少年。但即便受益的少数民族少年的数量颇大，那些没有得以转处的弱势少数民族少年的比例将不会降低，且有可能上升。因此，比例性的标准不能提供相应的证据以支持——转处制度对少数民族比例过大的问题具有某种积极影响作用。因为我相信：伤害减小是其适当标准。我的结论为：转处项目有益于少数民族少年人群。

少年法院 v. 刑事法院

关于伤害减小策略的最后一项比较，乃是介于当前少年法院与刑事法院的少数民族监禁率之间的。此项比较具有教益的原因有二：其一，比较与此两种体系相关联的伤害表现，是判断少年法院的总计影响作用的一种途径——少年法院是对美国法律的一种特殊改革，是关照少数民族少年福利的。对少年法院与刑事法院的总体结果予以比较的第二个原因，即间接地检验有关改革的效果，如转处制度和身份犯非监禁化改革对少数民族少年福利的效果。将一种具有这些特性的体系和另一种处理被指控犯罪者的体系进行比较对照，可能会有助于我们判定：近数十年来，这些制度介入是否使得少年司法体系对少数民族少年的利益更加同情，或更为不同情。

表 11.1 重复了图 11.2 所使用过的一种关于少数民族比例过大问题的方法——被监禁的非洲裔美国少年人口的百分比，但增加了 13～17 岁和 18～24 岁年龄段的数据，即少年司法所主要管辖的 13～17 岁年龄段和刑事法院所管辖的 18～24 岁的早期年龄段的非洲裔美国男性的监禁比率（每 10 万人）。

p173 **表 11.1　少数民族比例过大的比较指标，**
少年法院和刑事法院，1995 年

	少年机构	看守所	监狱
被监禁的非洲裔美国人的百分比	40	47	49
总体监禁率	年龄段 13～17 岁	年龄段 18～24 岁	18～24 岁年龄段与 13～17 岁年龄段之比
非洲裔美国人的监禁比率	1332	4699	3.5

来源：美国司法部，司法统计局 1974 年，1997 年司法统计局（监禁人口）；美国司法部，人口统计局，1997 年人口统计局（美国人口）。

如上关于非洲裔美国人比例呈现过度的少年与成年人的对比数据显示：被监禁的所有少年中，有 40% 为非洲裔美国人——其监禁人口比例大大地高出其占少年总人口的比例。而且，被监禁于看守所和监狱中的非洲裔美国少年比被监禁于少年机构中的非洲裔美国少年多 20%。

然而，支持我观点的重要数据为：少年机构和成年人机构中的少数民族监禁率之比。13～17 岁年龄段的非洲裔美国少年的监禁率为每 10 万人 1332 人。18～24 岁年龄段非洲裔美国男性的监禁率为 13～17 岁年龄段的 3.5 倍。成人司法体系的惩罚性

不是比少年司法体系对非洲裔美国少年的惩罚性大 20%，而是
大 250%！我怀疑：同样的少年法院—刑事法院模式会支持其他
少数民族男性人群的离散和比例过大状态。监禁率的巨大差异意
味着：与刑事司法的影响作用相比较，少年司法政策对少数民族 p174
少年的总体的保护性影响作用显得更为重大。借用一个拉丁法律
用语来说，即“不言而喻”（res ipsa loquitur）。

结　论

弱势少数民族在少年司法体系中的比例过大问题，是在整个美国和大多数其他地方的法律施行中所观察到的一种更为广泛的模式。看来，与刑事法院相比较，少年法院的特殊学说和制度并没有加剧比例过大的问题。

本章的分析对照了比例过大问题的两种方法：即强调减小比例不均衡影响作用的一种法律形式主义的观点和试图减小少数民族少年所受伤害的一种少年福利主义的观点。

过去一代人时期中，少年司法的显著的积极改革——身份犯非监禁化和转处制度，在少年司法体系的深层次上，并没有对少数民族少年的比例不均衡问题造成巨大的影响。然而，少年法院所具有的较低的监禁水平意味着：所有种类的少年在少年法院中所承受的伤害，比其在刑事法院中所承受的伤害要小得多。换言之，少年司法的整个制度起到了减小对少数民族少年越轨者的伤害的重大影响作用。

我所谓的伤害减小观点清晰地表明：关注少数民族少年健康发展的人们必定会坚持少年法院的持续运作——鉴于其在现代犯罪控制中的显著的更少之恶。少年司法制度需要改革，不应当模糊其更小伤害的事实，以及其政策的蕴涵。

p175 第十二章 少年与枪支政策之合理抉择

20 世纪 90 年代少年犯罪的社会恐慌时期，关于美国少年暴力犯罪的最为令人惊恐的数据，即杀人犯罪的增长——其皆为在攻击中使用枪支的增长所导致的。1985 年后的 8 年中，24 岁以上者的杀人犯罪率没有增长，而少年杀人犯罪率翻了一番多。但这一统计数据本身包含着两种相当不同的差异趋势。整个 20 世纪 80 年代以及 90 年代早期，除了持枪以外的所有方式的少年杀人犯罪非常稳定。然而，在 9 年中，未满 18 岁者的持枪杀人犯罪拘捕率增长了两倍多。

美国的通常模式为：少年持枪杀人犯罪只占成年人持枪杀人犯罪的一个较小的百分比。在一个不到 10 年的期间，这一模式发生了逆转——14 ~ 17 岁者杀人犯罪的比例超过了成年人杀人犯罪。[①] 美国少年杀人犯罪的增长皆为持枪杀人，且公众关于当代少年暴力犯罪这方面的感知与这一事实一致。

美国公众关于少年拥有枪支的态度是罕见一致的，而对于与火器控制相关的任何其他问题，存在的不仅仅是争议，而是爆炸

① 富兰克林·E. 齐姆林：《少年、枪支与杀人：关于特定年龄流行病症的政策》（Kids, Guns, and Homicides: Policy on an Age - Specific Epidemic)，载《法律与当代问题 》（Law and Contemporary Problems）第 59 期，1996 年版，第 25 ~ 37 页。

性的争吵。在美国，全国步枪协会（the National Rifle Association）的全体成员通常被视为总统候选人的一种政治筹码。不限制拥有枪支和弹药，对许多公民而言，是一种非常重要的意识形态问题——该情绪可用“火器自由”一词予以表达。学术杂志出版了相关的数据性的观点，即被允许持有隐藏枪支的普通公民的数量增加会减少杀人犯罪率[1]——该结论被枪支拥有组织视为是显然的，且得到了他们的热烈支持。诸如限制半自动武器和枪支管理制度之类的问题，在当前旗鼓相当的议会中，是极具争议的。

但没有人支持14岁少年购买枪支的“火器自由”，即便是 p176
极力反对对持有和使用枪支予以法律限制的组织也不支持。美国于1938年通过了第一部关于禁止某些公民购买火器的联邦法律，其中，未满18岁的未成年人是第一个被禁止拥有枪支的人群。当时，这一例外规定没有引起任何争议，且一直以来，不存在任何可靠的力量借以解除这一禁令。[2] 1968年《联邦枪支控制法》（the Federal Gun Control Act of 1968）将持枪的最低年龄提高到了21岁。在极富争议的联邦枪支控制法律构架中，这两次变革都是最不具争议的。[3] 各州和地方法律通常与联邦标准近似。据

① 约翰·洛特（John Lott）、戴维·马斯塔德（David Mustard）：《犯罪、威慑与持有隐藏手枪的权利》（Crime, Deterrence and Right - to - Carry Concealed Handguns），载《法律研究杂志》（Journal of Legal Studies）第26期，1997年版，第1~68页。

② 富兰克林·E. 齐姆林：《火器与联邦法律：1968年枪支控制法》（Firearms and Federal Law: The Gun Control Act of 1968），载《法律研究杂志》（Journal of Legal Studies）第4期，1975年版，第133~198页。

③ 富兰克林·E. 齐姆林：《火器与联邦法律：1968年枪支控制法》（Firearms and Federal Law: The Gun Control Act of 1968），载《法律研究杂志》（Journal of Legal Studies）第4期，1975年版，第133~198页。

一项严格的数据统计：2005 年在美国，21 岁以下者很可能占所有被禁止购买枪支者的 90%。于是，基于这一数据可见：美国枪支控制主要是针对儿童和少年的。

尽管少年被禁止拥有枪支，关于枪支问题的法律从来就没有成为美国少年政策的一个重要部分，且少年政策也从来不是联邦枪支管理法律施行的一个重要因素——这种情况一直持续到最近。1997 年，马丁·加德纳出版了一本题为《少年法之理解》(Understanding Juvenile Law) 的 346 页的概要。[①] 在其目录表和索引中，都找不到“火器”和“枪支”的语词。在我更早期的《变化中的青春期法律领域》(The Changing Legal World of Adolesence) 的评论和分析中，也没有提及火器、枪支或枪支控制等问题。[②] 相比而言，酒和烟的问题皆为持续一贯的研讨题目。在相关的著述中，拥有枪支的年龄限制之所以被忽视，是因为其一直被视为没有争议的和无关紧要的——直到最近为止。

对持枪少年的公共政策仍然是没有争议的，但绝非无关紧要的。未满 18 岁者持枪伤害和持枪杀人的急剧增长受到媒体的广泛关注。自 20 世纪 90 年代晚期以来，持枪少年犯成为各州和联邦立法机构的优先目标，其中包括刑事法院移送制度的变革(第 10 章所讨论的)，以及犯罪、团伙持枪犯罪和飞车枪击案件(drive - by - shootings) 等问题的特别规定。尔后，就在少年持枪犯罪在 20 世纪 90 年代中期下降之际，一系列校园枪击案件增加了公众的担忧。

立法议案的范围非常广泛，而新的议案常常是独创性的，且

---

① 马丁·加德纳 (Martin Gardner)：《少年法之理解》(Understanding Juvenile Law)，纽约：马修·本德 (Matthew Bender) 1997 年版。

② 富兰克林·E. 齐姆林：《变化中的青春期法律领域》(The Changing Legal World of Adolesence)，纽约：自由出版社 1982 年版。

经常是不一致的。在过去的20年中，美国国会制定了两个单独的题为《校园禁枪法》（Gun－free Schools Act）的版本。第一个 p177
版本于1989年通过。制定该法的联邦权力显然是基于国会对商业行为的管制权力。该法效仿了联邦“校园禁毒”立法的模式，即象征性地谴责了令人焦虑的犯罪，并寄望：联邦追诉的威慑会减少枪支和致幻剂在校园中的出现。

基于校园禁枪法，联邦最高法院在“美利坚合众国 v. 洛佩兹案”［United States v. Lopez（115 S. Ct. 1642，1994）］中驳回了一项起诉，并裁决：即便是基于商业条款的联邦政府的广泛权力——最高法院超过50年的法学理念所秉持的、具有无限弹性的，在国会1989年法令的宣言之下，也无法延伸联邦司法管辖范围以至于地方学校的周边地区。国会对此的迅速反应，即在短时期内通过另一个具有不同事实陈述的令联邦司法管辖正当化的《校园禁枪法》。这一举措是否有助于美国校园的禁枪活动，尚不得而知。但联邦政府仓促的广泛立法活动与前一个世纪之间形成了强烈的对照——前一个世纪中，小学和中学的禁枪问题还不成其为问题。

开　始

常常使用的针对少年持枪问题的立法技术，即借用在其他领域中已经通行的对策方法。正如国会在校园禁枪政策中翻新使用《校园禁毒法》的方法，即相关的支持者们将长期的强制性的监禁判决与棒球术语相结合，在加州率先通过了一项“三振出局”（three strikes）的制度，即规定：被指控犯有非法携带火器的年满14岁以上者，会被强制性地处以10年的监禁。[①] 虽然这一立法提案的投票失利，但一个缩减的版本获得了该州立法机构的通过，即保留了对较为年长的少年的强制加重惩处。

本章的目的在于：为思考作为一项公共政策问题的少年枪支使用提供某种战略性的背景。其第一步即关于年龄特别禁令的正
p178 当理由。为何禁止少年持有枪支，而允许成年人持有枪支呢？我们禁止少年持有枪支的理由，是否也可以成为我们对其违犯此禁令的行为予以惩处的理由呢？这些问题是第一节所关注的。

第二节拟讨论：作为枪支控制策略的部分或特定年龄禁止的潜在问题和限度问题。当大多数其他公民都得以任意拥有枪支的情况下，防止持枪犯重罪和防止未成年人获得枪支，具有多么大的困难？应当采取怎样的控制策略，方能阻止枪支的合法持有者们将其枪支交给被禁止拥有枪支的对象？

第三节拟考察相关的实践问题，即通过借鉴类似的烟草、酒类和色情作品方面的禁令，来禁止少年获得枪支。特定年龄的枪支禁令可能更易于还是更难以实现呢？

最后一节拟探讨一个更为特定的主题：是少年法院还是刑事法院更适合于处置违反特定年龄枪支禁令的少年案件。

年龄底线：正当理由和内在含义

常常与社会政策的广泛共识相关联的一种缺陷，即缺乏对其正当理由的探索分析。当前美国90%的被禁止拥有枪支的人为未满21岁者，而关于枪支管理问题的著述鲜有关注这一禁止的

---

① 帕梅拉·波杰（Pamela Podger）：《最近的雷诺兹成就将以枪支犯罪为目标》（Latest Reynolds Effort Will Target Gun Crimes），载《弗雷斯诺蜜蜂报》（Fresno Bee），1995年10月18日，第AI版。

理由的。然而，其理由可以从现行规则的条款中推导出来，也可以通过比较其他不适格人群的限制规定而推导出来，尽管在诠释现有的法律规定时，需要相当数量的创见。

对未成年人的限制规定是两种矛盾情绪相交织的共同产物：其一，所有人的广泛而不受限制的拥有枪支的权利；其二，一种共识性的判断，即青春期中期和晚期的少年还不够成熟，而不能被赋予持有易隐藏的致命武器的权利。关于依法不能为未满特定最低年龄的人所购买的商品和服务，其一个共通的特性，即对成年人可以轻易获取这些商品和服务感到担忧。我们对一些恶习，如赌博、饮酒和吸烟，加以分别的年龄底线的限制规定，是因为我们对任何人都得以自由参与这些活动的观念感到不安。

年龄底线是介于禁止和自由获取之间的一种有趣的妥协，其
中混合了种种关于旨在保护儿童和少年的限制性规则的情绪。作 p179
为一个历史问题，这可见于：在禁酒令被解除之后的数十年中对饮酒的年龄底线规定的艰难执行。此种政策设计的一个更为晚近的例证，即在20世纪80、90年代中，当吸烟的社会态势有所下降之际，防止儿童和少年吸烟的关注增强。再者，另一个例证，即反对儿童接触色情作品的改革运动——该运动总体地吸纳了那些彻底反对露骨色情作品的群体的能量和热情。①

一种类似的矛盾情绪没有在1938年拥有火器的年龄底线规定中发挥重要作用，而是在1968年的拥有手枪的年龄底线规定中起到了重要的作用。对持有手枪予以选择性禁止的客观性的正当理由，即其被用于杀人、自杀和其他犯罪的比率较高。但其中也存在着主观性的理由。手枪是一种拥有着比猎枪和步枪更为危

---

① 富兰克林·E. 齐姆林、戈登·霍金斯（Gordon Hawkins）：《自由社会中的色情作品》（Pornography in a Free Society），纽约：牛津大学出版社1989年版，第176～179页。

险的社会名声的武器。这种问题性的社会名声还可以解释“周六夜特价品”（Saturday night special，即小口径手枪：易于获得和藏匿的廉价手枪）一词的发明及其特殊规则。①

然而，为何选择对未满21岁的人予以特殊的限制呢？对此的正当理由为少年的身心不成熟性，而不是其年幼无知的狠毒。禁止少年持有枪支的联邦枪支管理法律也同时禁止被判处过重罪的人持有枪支。此禁令的后者是永久性的，即这种无资格状态将永远不会被解除。对少年的禁令是暂时的，即随着其对象的长大，该禁令的理由将会丧失。由此可以推论：少年无此资格的特性即其身心不成熟性，即缺乏判断能力和社会经验。而我们假定：这种判断能力和社会经验有助于拥有枪支的成年人控制自己持枪实施不正当暴力行为的冲动。

在可被用以使火器禁令正当化的身心不成熟性和表明其缺乏刑事责任起码水平的道德和认知能力的身心不成熟性之间，存在着某种重要的差异。无刑事责任能力是一种极端的情形——极少能在一个正常的14岁以上的少年身上得以成立。不同的身心不成熟水平——其群体成员实施不当行为的风险将会随之攀升，远远达不到令其个体不具有刑法可归责性的程度。如果说身心不成熟是头伤风，那么，无刑事责任能力就是双侧肺炎。

因此，否定一个高风险人群的特权，并对违反相关禁令者予
p180 以惩处，也就无不合理可言了。因为我们相信：15岁者不够成熟，我们可以禁止他们持有手枪。如果他们仍然持有手枪，令其特定年龄禁令正当化的身心不成熟性无以禁止对他们的惩处。在此意义上，与年龄相关的禁令或许兼为家长主义式的和惩罚性

① 参见富兰克林·E. 齐姆林：《火器与联邦法律：1968年枪支控制法》（Firearms and Federal Law：The Gun Control Act of 1968），载《法律研究杂志》（Journal of Legal Studies）第4期，1975年版，第133～198页。

的，且因此而并非不合理的。

如果特定年龄的枪支禁令因其身心不成熟而得以正当化，但又要求：持枪抢劫的15岁者应当受到与具有完全责任的成年人一样的惩罚，那么，关于少年暴力犯罪的法律规则会变得不合理。[①] 此处的不合理在于：其忽视了与成年人判断能力和风险管理能力保持一致的作为获取和拥有手枪之限制基础的减轻的行为能力。这种对同等有责性的要求，无异于同时设想：（1）发展进程所决定的不利状态不是他或她造成的，且（2）充分具备了成年人水平的成熟和判断能力。

无所限制地获取火器将会是危险的——基于该理由，青春期少年并非唯一的不适格于拥有枪支的群体。根据联邦法律的规定，另一个重要的被排除在外的群体，即曾被判犯有重罪的人。[②] 于是便产生一个问题，即曾被判犯有重罪的被排除拥有枪支权利的人是否是因为其无责任能力，且是否在其获取枪支并予以滥用的时候，也不应当获益于减轻责任的法律原则呢？基于诸多的理由，关于未成年人和重罪犯应当得以类似待遇的观点都将是成问题的。其最为重大的问题，即没能理解未成年人和成年人之间的区别。儿童和青春期少年之所以没有拥有枪支的权利，是因为他们不能被冀望于拥有足够的判断能力和控制能力，以使得其拥有枪支成为一种值得为之的风险。但其判断能力的缺乏不完全是青春期少年的错，我们也并不期待人生的成熟会来得那

---

① 例如，参见帕梅拉·波杰（Pamela Podger）：《最近的雷诺兹成就将以枪支犯罪为目标》（Latest Reynolds Effort Will Target Gun Crimes），载《弗雷斯诺蜜蜂报》（Fresno Bee），1995年10月18日，第AI版。其中描述了相关的建议。

② 参见富兰克林·E. 齐姆林：《火器与联邦法律：1968年枪支控制法》（Firearms and Federal Law: The Gun Control Act of 1968），载《法律研究杂志》（Journal of Legal Studies）第4期，1975年版，第133~198页。

么早。

罪犯之所以没有合法拥有枪支的资格，是因为其先前的犯罪行为意味着某种不可接受的高风险——其将来的拥有枪支将会产生问题。我们预期：成人罪犯和其他成年人具有同样的身心成熟性。因此，对他们的犯罪行为予以惩罚而不考虑减轻责任的理念，就是适当的。与此对照，青春期少年的行为能力更类似于那
p181 些已经成年的因为精神疾病或缺陷而被禁止购买枪支的人。在这些情形下，有关禁令的理由不是其先前的恶劣行为决定的，而是因为其缺乏充分的成年人的决定能力。在任何情形下，行为能力的缺陷都得以在完全成年人的标准之下减轻其刑罚。

制定规则的权力：广度与深度

令青春期少年获取枪支的诸多国家规制得以正当化的身心发展不成熟性，还同时限制了对少年违犯枪支管理法律或犯其他罪行予以惩罚的程度。不能对青春期少年犯施以最为严厉的刑罚，可能会减弱对青春期少年枪支犯罪的刑罚控制。然而，国家所拥有的规制少年持枪问题的丰富的附加权力组合，足以补偿减小刑法惩罚性的需要。在有关的司法管辖区内，成年人获取武器基本上不存在任何限制，而国家对未成年人持枪限制的特别权力却相当可观。现行法律对青春期少年的规则控制的广度的确相当大。可以在校园内将少年叫住，并对其予以搜查；可以在经过同意或不经过同意的情况下，对学校储物柜予以检查；可以在获得父母同意的情况下，对私人生活空间予以搜查；且可以禁止其通过法定的方式获取枪支。由于还可以对其犯罪予以重大的惩罚，包括违犯枪支管理法律，有关刑罚效能的损失不大。总体而言，在美国，限制少年滥用枪支的制度工具要大大地多于规制成年人拥有和使用枪支的制度工具。

部分禁止之前景

可以说，限制未成年人获取枪支的前景要优于规制成年人使用枪支的前景，但这绝不等于说，美国特定年龄的枪支控制举措 p182
行之有效。可以获取的手枪数量可能超过6000万——在这样一个环境中，针对任何群体的枪支控制都是难以实现的。

尽管有着法律的禁止，少年仍然可以通过三种途径获取枪支，而特定年龄禁止必须对所有这三种供应来源予以阻断，方能行之有效。第一条途径，即法定的零售供应商，他们承担着美国境内新武器的批量流转任务，且他们中的许多还使用枪支。这是有法律规制的市场。其二，在个人之间，在所谓的“手到手市场”（hand－to－hand market）中，存在着使用过的枪支的非法交易。[①] 我将通过盗窃的移转以及非经销商个人之间的买卖和赠与都纳入这一类别。这一类别中的人们，其转移前的原初的枪支拥有是合法的，但其转让枪支的行为是非法的，且因而导致了新的枪支拥有者没有任何的记录。这一供给渠道可以被称为灰色市场。第三种供给途径，即批发商明知购买者不是法律所许可的得以拥有枪支者，而仍然将其枪支销售给这些人。此为枪支的非法市场。我将这一供给渠道称为枪支的黑色市场。

黑色市场和灰色市场的区别常常在于：有关的销售商是否知道其武器转让是犯罪。在灰色市场中，枪支的拥有者不专门地从事转让武器给被禁止拥有者的业务。相反，其私有枪支被以市场利率转让给种种不同类型的使用者，而没有任何法律规定的正式

---

① 富兰克林·E. 齐姆林、戈登·霍金斯（Gordon Hawkins）：《枪支控制之公民指南》（The Citizen's Guide to Gun Control），纽约：麦克米兰出版社1987年版。

手续。与此相对照，在黑市交易中，销售商明知其购买者不得合法拥有枪支而对其枪支予以销售。非法转让的收费会高出依法适格者所愿意支付的市场利率几分，因为其中存在着一种犯罪关税(crime tariff)，即一种用以补偿销售商抬高黑市价格的风险的额外费用。

任何阻止未成年人拥有手枪的有效项目都需要发展有关的策略，以阻断这些具有相当差异性的供给机制。这意味着：特定年龄禁止的任何的成功项目都必须在三条不同的战线上同时作战。再者，针对这些不同的供给渠道，需要有不同的规制和政策方法。

有法律规制的手枪销售市场是非常易于保证遵循年龄底线规
p183 定的。枪支销售商被指示获取预期购买者年龄的证明，如驾车执照之类的证明文件的照片识别，是为人们所广为携带，且易于查询的。当然，驾照上的年龄可以伪造，且甚或预期的购买者可能看起来不到21岁——在其刚刚达到法定持枪年龄后不久。如果法律加强对销售商注意义务的规则压力，那么，不需要费很大的力气就可以有效地关闭对未成年购买者的合法零售渠道。

与防止对曾经犯有重罪的人销售枪支的问题相比较而言，此种管理的轻而易举是令人愉快的。年龄的文件证明可以在大多数成年公民的小提包或钱夹中找到。无犯罪记录的文件证据则不是公民随身携带的东西。数十年来，联邦法律沮丧于如此的事实——购买枪支者只需要对此做一个不具有无资格记录的宣誓即可。现行法律关于“即时核实”犯罪记录的规定，即试图弥补重罪犯问题的巨大缺漏——未成年购买者不存在这一问题。1993年布莱迪法案（the Brady Bill）最初规定的等待期间和先前法律验证程序的缺失之间形成了某种折中。

防止灰色市场为未成年人提供手枪更为困难，且比保证合法市场遵守有关法律的成本更大。个人之间二手枪支的转让数量大于从经销商处购买的枪支数量。[①] 法律可以要求：个人之间的枪支转让也必须具备如同从经销商处购买枪支一样的文件和报告。然而，这一规定的执行可能存在问题，因为经销商是枪支转让业务的熟手，深谙有关的规则，而个人则并非如此。他们难以通过官方的沟通来予以达成，且很难促动——除非对其予以严刑峻法的威慑。当然，在被盗武器的买卖中，不可能进行记录的核查。促动某个漠然的拥有枪支者去核实购买者的资格身份，可能是很困难的，而获取入室盗窃者或销赃点的合作则会更加困难。

管理上的努力是保证零售经销商遵从有关法律的主要资源，
而减少枪支通过灰色市场流向少年的努力则应当采取管理和刑法
相结合的策略。管理的举措越是成功，法律机构对不谨慎卖枪者
并非完全无辜的认定就越是合理。换言之，如果大多数“手到 p184
手”的转让为偶然随意的，没有正式文件的，那么，就很难选
择认定某一卖枪者具有道德上的可谴责性，并对其予以刑事指
控；但如果对年龄底线的谨慎程度总体标准很高，那么，违犯该
标准的卖枪者就更容易成为被追究的对象。

在黑市中减小枪支的可获得性，主要是刑法贯彻实施战略和人事安排方面的任务。黑市经销商从事的是一种非法买卖，且因此而无望成其为规劝的对象。减小黑市供给，可以仿效致幻药品法律的贯彻实施，辅以诱惑侦查（buy – and – bust campaign）和情报人员的使用。刑法的这种贯彻执行方式是劳动力密集型的。因为其高成本，被指派严格贯彻执行黑市枪支任务的警察部门的

① 乔治·牛顿（George Newton）、富兰克林·E. 齐姆林：《美国生活中的火器与暴力》（Firearms and Violence in American Life），全国暴力犯罪原因与预防委员会特别任务小组报告（Task Force Report to the National Commission on the Causes and Prevention of Violence），华盛顿特区：美国政府印刷局 1969 年。

优选程度将会非常高，且因此而鲜见于地方性的警察部门或一般司法管辖区的警察机构中；只有诸如联邦酒类、烟草和火器局（the Federal Bureau of Alcohol，Tobacco and Firearms）和专业警察机构（所谓的枪支分队）的火器专家们才得以从事一贯性的黑市对策。

多样的供给条件

尽管灰色市场和黑色市场渠道可见于许多的都市环境中，但其对未成年人的供给很可能因总体可获取程度的不同而有所差异。在枪支的可获取程度高的地方，灰色市场就会成为比黑色市场更为重要的少年得到枪支的来源。如果某人群拥有非常大量的手枪，且这些手枪广为散布于人群中，那么，其中就会有更多的枪支被随意地转让。一次随意的入室盗窃就会产生一起手枪转让，或者被转换为该少年入室盗窃者个人使用——如果某城市40%的家庭拥有手枪，其几率将会更高于只有10%的家庭拥有手枪的城市。灰色市场枪支的更为大量的供给，会相应使得想拥有枪支的16岁少年更容易如愿以偿。此外，少年还拥有更大的机会从其自己家里获取手枪。于是，黑市商人就难以从未成年顾客那里收取大量的额外价格。那么，灰色市场就会成为主导性的（如果不是独占性的）供给来源。

然而，手枪的总体可获取性较低的地方，其可供少年借用、购买和盗窃的灰色市场枪支就会较少。那么，其黑色市场就会成
p185 为更为重要的为未成年顾客供给手枪的渠道。在诸如纽约市和波士顿之类的地方，其拥有手枪的家庭的比例被认为远远小于诸如亚特兰大、休斯敦和迈阿密等城市，更多的资源应当投入对黑市的规制中，而更少的资源应当被投入灰色市场的管制中。在手枪可获取程度高的地区，需要加大对灰色市场的规制。

可获取程度高的城市和可获取程度低的城市之间的差异，警示我们：防止少年获取火器的可能性取决于枪支可获取程度的总体状况。在诸如纽约和波士顿之类的拥有手枪比例低的城市中减小黑市枪支的可获取性，其难度可能相当大，而在诸如亚特兰大、休斯敦和迈阿密之类的拥有手枪比例高的城市中减小少年的枪支可获取性，其难度似乎更大。

预防与查获

减少对少年的枪支供给和解除少年持有的违禁武器，是两种不同的但相互补足的法律实施目标。两种战略的终极目标，即减少未成年人的枪支暴力犯罪。防止少年获取枪支的显著的第一位的益处，即如果少年人群不拥有武器，就不会发生枪支暴力犯罪的风险。欲令预防项目得以成功地禁止少年人群拥有枪支，就得令有关的禁止政策得以最高效能地运作。但预防项目还远未完善，于是便需要建立第二道防线，即设置相应的项目，以尽力发现并查获未成年人非法拥有的枪支。预防项目的目标人群应当包括所有的可能成为未成年人武器供给链条一部分的成年人枪支出售者和拥有者。尽力解除未成年人违禁枪支的查获项目的目标被限定于那些尚未达到合法持枪年龄的少年。

旨在查获非法持枪者并解除其枪支的项目，在一个方面不如预防项目有效，但在另外两个方面比预防项目更为有效。解除战略的不利之处在于：高风险人群对枪支的拥有会持续一段时间。查获的效应可能晚于枪支暴力犯罪事实的发生。查获战略的有利之处在于：必须予以筛查的持枪人群的范围更小一些。阻断少年
枪支的市场供给来源，必须规范所有受禁武器的交易，而不仅仅 p186
是那些最终被未成年人获取的武器。对照而言，解除战略仅对那些事实上被非法拥有的枪支感兴趣。非法武器的搜查将会涉及筛

查并给许多没有携带枪支的少年造成麻烦，而其所打扰的成年人非常少。从预防到查获的重点转移，成年的枪支拥有者和销售者将会成为其特别的受益者。枪支解除战略第二方面的效能，即如果某未成年人被查获携带枪支，其面临麻烦的风险通常相当高。在街上携带枪支的少年之于社会危害的接近性意味着：成功地查获即可降低潜在的枪支暴力犯罪率。

同样的环境条件限制着预防战略和解除战略的有效性。如果枪支的获取是自由的，那么，少年获取某特定枪支的预防可能会轻而易举地被另一种替代性的供给来源中性化。如果被查抄的武器可轻易地再次获取，那么，解除少年枪支的有益影响作用可能还会是短期的。因此，在手枪可获取性低的情况下，手枪的预防和解除更易于成功施行。

在手枪可获取性的总体水平与贯彻执行持枪底线年龄之预防和解除战略的最优组合之间，可能还存在着某种关联。手枪可获取性非常高的水平可能对预防战略和解除战略都有所阻碍，但其程度不一。在某一可获取性高的环境中，阻断某些来源可能对少年获取枪支的问题只有轻微的影响作用。高的可获取性还会令枪支解除项目受阻，但查获持枪少年仍将在查获后随即的一段时期内减少枪支暴力犯罪——在该段时期中，少年枪支暴力犯罪的即时风险可能相当高。因此，在可获取性高的环境中强调枪支解除的项目可能存在着比较性的优势。再者，如果高的可获取性导致了少年持有和使用枪支的较高水平，那么，同样数量的警察搜查
p187 将会发现更为大量的枪支。于是，具有讽刺意味的是，查获枪支的单位成本正是因为对枪支解除战略具有阻碍作用的环境而得以减小。

上文的分析提出了两个命题：其一，在手枪可获取性低的环境中，其预防战略和解除战略对于限制未成年人的枪支暴力犯罪都将更有效。其二，在可获取性高的情况下，旨在解除少年持有

枪支的战略应当重视预防项目的损害问题。任何一个命题都尚未经过严密的验证。

其他的底线年龄规定

在美国和其他发达国家中，直到前不久，防止未成年人携带手枪方才成为少年法律规则中的重要章节，而对获取其他物质和特权的限制已经得到充分实施。政府主要采取的两种努力皆试图推行相对较高的底线年龄，即酒类（通常为21岁）和烟草（通常为18岁，但正在上升）。关于特定年龄持枪禁令的前景，上述规定的历史对我们有何教益呢?

国家对烟草和酒类底线年龄的贯彻努力，并没有导致黑市的产生——在致力于非法销售业务的意义上，这主要是因为有着从普通商业渠道移转出来的香烟和酒类的充足供给。直到前不久，尚不存在很多为青春期中期少年供给香烟的灰色市场行为。烟草购买的国家和地方规定是如此的宽松，以至于大多数想要获取香烟的少年可以从普通零售店中购得。

国家贯彻酒类年龄底线限制的努力要远远胜过对香烟的限制。饮料控制当局通常会为经营酒类即时消费或购买回家业务的商家颁发特别的经营执照。在现场，如酒吧和餐馆，执行年龄限制的规则相对比较容易，因为消费者就在眼前——业主可以对其予以监督，且执行当局可以通过直接视察来监管其业务的守法性。

然而，防止在酒类商店批量销售的酒类饮料被移转给未成年
消费者，比阻止未成年人进入酒吧更加困难。酒类饮料合法零售 p188
向灰色市场的主要转移方式为：（1）未成年人从家中盗取或借取酒类；（2）刚满法定年龄者与其较为年幼的熟人或约会者共同分享酒类；（3）谋划的通过已达饮酒年龄者购买的一些酒类，

或单独为未成年人购买，或购买共用。烟草存在着类似的灰色市场机会，且最近为减少对未成年人直接出售的管理资源投入的增加，很可能会令对未成年人的供给渠道从柜台上转移至灰色市场。

手枪和酒类或香烟之间的类比并不严整，因为其物质不同，且其社会商业背景也不同。枪支是一种大宗商品，其购买价格高，而通常数量的酒类和香烟价格较低。手枪以危险而著称，且带有某种污点，而香烟和酒类并非如此。枪支还属于耐用商品。拥有枪支不需要频繁地补给，即便是弹药。

即便存在如此的差异，酒类年龄底线规定的施行历史也可以为减小枪支灰色市场的问题提供重要的启示。关于酒类，其灰色市场的供给取决于社会交往的模式。除非少年盗窃其自家或他家酒橱内的酒品，其社会同伴的年龄及其帮助意愿，是令酒类相对容易获取或相对难以获取的关键变量。

在工作中，在学校里，21 岁男子和 19 岁男子混在一起，且他们会与 17、18 岁的女孩约会。由此，那些经常与达到购买年龄者一起参加社会群体活动的人就很容易获得酒类饮料。没有严格的不同年龄群组之间的社会界线，对特定行为的事实上的年龄限制可能会在某种程度上低于其形式上的限制，且可能会受到其青春期晚期和成年早期社会交往模式的重大影响。

此灰色市场现象的一个通常影响作用，即底线年龄的限制规则更易于有效地排除较为年幼的青春期少年（如 13、14 和 15 岁者），而不是那些接近成年者。相近同龄群体所扩散的违禁商品越多，非常年幼者中的可预期的增量效应也就越大。如果酒主要来自于家庭的酒橱，那么，15 岁者和 19 岁者对酒类供给的获取
p189 就将是同等的。如果啤酒的主要来源为朋友或朋友的朋友，那么，相对于 19 岁者而言，15 岁者就更难以获取酒类。倘若灰色市场枪支的主要来源为熟人，那么，当底线年龄为 21 岁时，19

岁者比 15 岁者更易于获取枪支。在这种同龄群体供给的情形下，其中的成年供给者应当成为有关法律施行努力的主要目标——与其被供给者无异。

再者，社会环境和社会期待还有可能成为少年获取枪支的决定要素——毒品和酒类问题的分析家通常将这一方面的背景称为“需求面”（demand side）。如果社会同龄群体在酒类或毒品的拥有和使用上具有重要的地位，那么，特定少年拥有和使用酒类或毒品的几率就会增加。对有关物品的积极态度具有某种双重打击的效应，即令较为年幼者更急切地想要获取，且令较为年长者更为情愿地去供给。

手枪在青春期少年文化中的社会地位和社会意义，应该是手枪持有和使用率的一个重要的决定因素。在某种意义上，这或许是一个想象中的在某些情况下进行自我防卫的需要问题。那些欲图以功利主义表达方式来预测和解释青春期少年行为的人，绝不应当忘记：对于大多数青春期少年而言，其在同龄群体中社会地位的压倒性价值。

同伴的否定态度可以对青春期少年枪支暴力犯罪产生即时且重大的影响作用。20 世纪 80 年代中期之后持枪杀人犯罪的急剧增加，向我们提供了惊人的证据以证明：时尚变化引起社会后果的产生是何等的迅速。其好消息可能为：对枪支使用加以负面的污名将会产生即时而重大的影响作用，且这或许可以部分地解释 20 世纪 90 年代中后期少年枪击案件的急剧下降。其坏消息为：对青春期少年冒险行为加以负面的污名并非易事。美国一代人时间的反吸烟宣传对少年吸烟趋势的影响作用收效甚微。如果给予冒险行为某种恶名是某项公共信息运动的目标，那么，少年将会是一个特别难予推行的对象——任何寻求减少致命暴力风险的公共信息运动之所以将少年作为其首要的目标，其原因即在于此，而不仅仅是因为青春期的社会价值。

p190 少年法院，还是刑事法院？

如果某项旨在减少枪支暴力犯罪的运动将会成为少年暴力犯罪总体对策的一个重要部分，值得考虑的是：何者为其最佳的机构设置——少年法院，还是刑事法院？在这两种机构之间进行选择通常是不太可能的，因为少年法院的司法管辖权几乎总是在18岁时终结，而联邦和大多数州的现行法律框架都试图对手枪问题实行21岁年龄底线的标准。年龄最大的违反枪支管理法律的人将只适合纳入刑事法院的管辖范围，与此同时，该法院还是最适合审理被查获向未成年人出卖枪支的年满18岁者的刑事指控的。

但是，哪一种法院体系最适合审理未满18岁的在城市街道上携带手枪的罪犯呢？对该问题的讨论，既有理论价值，也有实践价值。作为一个实践问题，此类案件并不少见，且可以预期：不论少年的武器装备是否增加，对解除少年武装的不断增加的重视会导致枪支案件数量的增长。因此，在何处对这些案件进行审理最为适宜，便立即成了一个重要的实践问题。对审理枪支案件的最优法院体系予以探讨的理论价值在于：这可以为讨论替代性审理策略之优点提供一个特定的背景。将少年暴力犯罪所产生的重要的法律执行问题独立出来，对其予以专门考虑，可以减少关于少年法院和刑事法院之间问题讨论中的泛泛而谈。在政策分析中，对象问题的更强特定性可以缩小错误的空间。

将14～17岁的因携带手枪而被拘捕的少年移送刑事法院管辖，其好处何在呢？

其一，比较少年法院而言，刑事法院拥有更大的权力对罪犯施以更为长期的监禁。但与拥有和携带隐秘武器的案件相比，更大刑罚权在持枪杀人和严重伤害案件中的实践价值更为重要。通常而言，针对前者的刑罚上限会小于少年法院所可以遣用的监禁期限。此外，因为违犯武器管理法律的少年与较为年长的罪犯及其更为严重的犯罪之间存在抗争关系，所以没有可靠的理由令我们相信：其对拥有枪支的15岁少年的制裁会更加严厉于少年法 p191
院对相同案件所作的处理。

其二，持枪少年犯罪案件是严重的案件，且人们常常认为：严重案件应当归入刑事法院的管辖范围。加州州长皮特·威尔逊（Pete Wilson）似乎也持该观点，他曾宣称：“少年法院不是为处理严重和暴力犯罪少年……或携带攻击武器的儿童而设计的”。[①]该观点隐含着这样一种认识，即将少年犯交由少年法院处理是对这些犯罪的平凡化。这实际上是在反对少年法院对“任何”严重犯罪的管辖，且若推而广之，其可适用于每年被移交少年法院管辖的成千上万的暴力伤害和抢劫案件。倘若少年越轨行为管辖不适用于任何的严重不良行为，那么它也不适用于枪支案件。但该观点的实证基础不强。胜于通过想象以渲染边缘案件的严重性，将少年案件混杂于成年人司法体系中，可能会产生反面的效应——上文提及的与刑事法院制裁措施相关的一种可能性。[②]

少年法院管辖枪支案件的优势来自于该法院处理身份违法行为（status offenses）的长期历史。法律禁止特定年龄以下的所有人拥有手枪，且对违犯者予以惩罚，这可以被称为一种身份违法行为，因为有关行为之所以受到法律禁止，只是由于其违法者的

---

① 皮特·威尔逊（Pete Wilson）：《致加州参议院的信》（回复未署名的参议院669号提案），1977年8月25日。

② 参见彼得·格林伍德（Peter Greenwood）、琼·彼得西里亚（Joan Petersilia）、富兰克林·E. 齐姆林：《年龄、犯罪与制裁：少年法院至刑事法院的案件移送》（Age，Crime，and Sanctions：The Transition from Juvenile to Criminal Court），加州圣莫妮卡：兰德出版社1980年版。

少年身份。少年法院存续的整个世纪，其很大一部分业务即处理特定年龄的身份违法行为，其中包括未成年饮酒、吸烟、驾车以及违反宵禁。一些身份违法行为，如吸烟，是对单单旨在保护未成年人的法律的违反，而少年法院所监管的大量的传统的身份违法行为还包含着保护社会免受未成年者危险行为侵害的意图。作为某种正当化的目的，对少年宵禁和未成年饮酒的限制规定当然地具有对社会的保护作用。

因此，枪支管理法律对年龄底线的规定与少年法院对大量的其他类型案件的策略和程序之间，似乎存在着紧密的契合性。现行讨论的一个显著特点，即枪支管理对策和传统的身份违法规定之间的连贯一致性没有引起人们的注意。符合传统，在此，并非一种没有积极意义的观点——对于延续少年法院对枪支案件的管
p192 辖权而言。然而，如果公众关于枪支案件适当对策的对话不对密切相关领域内一个世纪的经验予以参考，那么，有关的问题不仅显著，而且令人担忧。

然而，应当由少年法院还是由刑事法院来担负起少年枪支控制的重任，是以一种确然重要的方式问错了问题。少年枪支市场及其行为的社会背景表明：在少年法院和刑事法院之间任何年龄界线的两侧，都需要进行重大的努力，如此方能令其战略得以协调一致地贯彻施行。比抉择法院体系更为重要的是，对一般原则的共识，以及对相关力量的协调——将两个机构有效地连为一体，以实现其共同的战略。

第十三章 难案中的难案：少年杀人犯

p193

被指控犯有杀人罪的少年案件，是最难以寻求对其少年犯进行保护，并对其正常发展机会予以保留以至于成年期的。在发达国家中，致人死亡是犯罪所能够造成的最大损害，其损失是一个富裕国家经济资源和保险机制所难以防御或予以有意义的补偿的。如果死亡是故意的严重伤害所致，且实施伤害行为的少年意图致人死亡，那么，即便死亡的后果得以避免，该少年在道德上的可谴责性仍然巨大。在此类案件中，个人罪责程度高和后果极为严重的组合，为法律体系对其予以严厉惩罚施加了极大的压力。处理杀人案件，是少年暴力犯罪综合政策的非常重要且具有特别难度的一个方面。

这些最为严重的案件是最受公众关注的——关于其相关法律体系的合法性和有效性。同时，这些案件还是对贯穿于整个法律体系中的一般原则的艰难而重要的考验。杀人案件是考察适用于其他少年犯罪和越轨案件处理的动机和原则的一个重要领域。如果说，我们所说的和所做的之间存在着某种现实的巨大差异，那么，近观杀人案件的决策便可对之予以揭示。

本章拟探讨关于少年杀人案件惩处的应然的实体原则。第一节拟揭示：老套的少年法院和刑事法院难以获取少年杀人案件的公正结果。第二节拟用新闻报道的案件来探索少年杀人案件的多样性。第三节拟以第五章所讨论的减轻责任和改善机会理念为方

法，来探索少年杀人犯的惩处原则。第四节拟就减轻责任的问题
p194 进行特定的案例研究：（1）杀人犯应当被视为部分责任而非完全责任的年龄；（2）确定少年杀人犯之该当惩罚的适当方法；（3）作为少年刑法问题的推定的（constructive，或建立在法律解释基础上的）杀人犯罪刑事责任；（4）少年杀人犯的死刑问题。

一种错误的二分法

如果少年杀人案件的审判和惩处，只能在单单考虑少年处遇问题的少年法院和忽略被告人年龄及情节的刑事法院之间进行选择的话，那么，寻求相关适宜对策将会成为一项不可完成的任务。在大多数情况下，即使违法者对其行为的性质只有极小的判断能力，非法故意剥夺他人生命的行为也是需要受到惩处的。因此，对任何负责处理少年杀人犯罪案件的法律机关来说，刑罚一定是其适宜对策措施之一。

对 15 岁杀人犯施以恰当的惩罚，必须考虑其身心的不成熟性以及其他的特定情节。否则，在进行报应性判决的时候，负责定罪量刑的法律机关将会得出前后不一致的结果来。在刑事法院中对非常年幼的被告人进行审判，无须考虑其身心不成熟性以及其他的限制性因素——该普遍流行的观念是错误的，但又是具有启迪作用的。少年案件的移送通常被描述为一种“将此被告人视为成年人予以审判”的决定。但如果该被告人年仅 15 岁，且智力略低于正常水平，那么无论从哪方面来看，将其视为成年人予以审判和惩处都是一种危险的违背事实的做法。

对少年被告移送刑事法院的过程予以描述的语言，被精神病学家们称为“奇幻思维”（magical thinking，或幻觉），即认为改变某案件的审判地点，便可以一下子消除引发冲突和矛盾心理的那些特性。司法管辖移送的物理现实（physical reality）是颇为

平淡的——将被告人置于刑事法院中“当做成年人”予以审判，只是改变了案件审理的地点，而并没有改变被告人的特性。如果我们可以仅仅通过一个司法意愿上的行为，便将少年事实地变为成年人的话，那么，在那些与少年越轨和犯罪相去甚远的情形 p195
中，如此的程序将备受父母和学校的青睐。“奇幻思维”的这一特别分支，因伍迪·艾伦（Woody Ellen）的一部名为《香蕉》的电影而为世人所永远铭记——在该影片中，革命领导者的替身在其就职演讲中宣布：“所有不满16岁的儿童在此皆为16岁”。

关于少年法院放弃管辖案件被移送至刑事法院的比较统计数据表明了被指控犯杀人罪的少年所造成的独特问题。在得克萨斯州，少年杀人案件的放弃管辖比例是最高的，它是排在第二位的犯罪类型的移送请求比例的6倍，杀人案件与其他类型违法行为案件之间放弃管辖率的差距远远高于其他类型犯罪案件之间放弃管辖率的差距。①

少年法院通常可以遣用的制裁选项，达不到对大量的杀人案件予以惩罚的需要。更大惩罚的压力可以通过两种途径予以满足，即赋予少年法院更大的处罚权力，或者是将被告人移送到已经具有更大处罚权力的刑事法院。在任何一种情况下，要想对少年杀人案件作出适当的司法处理，都需要对其犯罪行为和犯罪行

---

① 罗伯特·道森（Robert Dawson）：《肯特式少年案件移送刑事法院之实证研究》（An Empirical Study of Kent Style Juvenile Transfers to Criminal Court），载《圣玛丽亚杂志》（St. Mary's Journal）第23期，1992年版，第975页；乔尔·伊根（Joel Eigen）：《费城司法管辖移送的决定因素与影响作用》（The Determinants and Impact of Jurisdictional Transfer in Philadephia），载约翰·霍尔和堂娜·汉帕里安（John Hall and Donna Hamparian）主编：《公共政策读物》（Readings in Public Policy），俄亥俄州科伦巴斯：当代问题研究院1981年版。

为人进行一次个别化的调查，即通过某种对杀人犯及其犯罪行为的分析，兼对其事实细节和处理原则予以特别明确。

而令人沮丧的是，各州刑事法院在对成千上万的少年杀人案件的审理中，很少论及这种特别问题。这一沉默的存在有着三种不同的可能性：

> 1. 对少年杀人案件的特别分析的缺失预示着：被移送的被告人会受到与成年人同等的严厉处罚。
>
> 2. 起诉和审判程序中存在的自由裁判，会导致对少年被告人的宽仁，而这种宽仁基本上是没有明文规定的原则可循，也不存在可辨别的模式。
>
> 3. 存在着某种可资解释和预期相关刑罚抉择的基于含混原则的潜在的普通法规则。

这些模式中，最具可能性的是第二种。决定少年刑罚的法律体系很可能基本上没有明确的法律规定。如是，解释杀人案件判决结果的适当法律标准的缺失，则会产生远远超出特定结果之外
p196 的消极后果。如果相关的判决结果是恣意专断的，那么，这种恣意专断的模式就很可能蔓延开来。如果在处理有重大利害关系的杀人案件时不能对特定判决结果的公正性进行分析和对话的话，就无望在处理那些较轻的犯罪时有更好的表现。怠于对杀人案件之刑罚进行原则性的分析，将有使整个司法程序都陷入缺乏原则性的重大风险。

不成熟性和有责性：马尔科姆·沙巴兹案件之教训

1997年夏天，一个发生在纽约的案件被广泛报道。该案颇具教益地揭示了年少及其身心不成熟性对犯罪行为之公正刑罚的

多方面的影响作用。12岁的马尔科姆·沙巴兹（Malcolm Shabazz）——一个淘气多动的小孩，在知道他奶奶在家的情况下，故意用汽油点燃了房子。马尔科姆·沙巴兹是黑人激进分子马尔科姆·X的孙子。在火中丧生的是马尔科姆·X的遗孀，马尔科姆·沙巴兹的监护人。

在庭审中所呈现的证据表明：马尔科姆是一个十分令人头疼的小孩，他有神经分裂症的临床表现，还是个有案底的放火惯犯。他的刑事辩护律师和检方雇用的一个临床心理学家都坚决否定被告人意图杀害他奶奶。“我不相信他是有意想伤害他奶奶”，检方雇用的临床心理学家伊丽莎白·奥斯本医生说道：“我相信这是一个无意识的行为，他这样做的目的是使他奶奶害怕，让她改变主意，并按他所想的去做。”①

犯罪者的年少和身心不成熟性影响着该案件公正审理所需考虑的大量因素。或许需要获取关于年少和身心不成熟问题的数据，以资判断：该放火行为是否是难以抑制的（在此年龄群组中，这一情形并非不寻常的），被告人是否在主观上认可（appreciation）其行为所具有的致人死亡或者致人身体重大伤害的风险，以及被告人假想有一个同伙控制其决定的幻觉的似乎合理性（plausibility）。②

在马尔科姆案件中，非常明晰的是，年少和身心不成熟性不只是对特定行为过程及其结果的该当刑罚予以修正的事实因素。

---

① 简·格罗斯（Jane Gross）：《专家证实男孩沙巴兹为精神病人》（Experts Testify Shabazz Boy Is Psychotic），载《纽约时报》，1997年7月30日，第B1版。

② 简·格罗斯（Jane Gross）：《专家证实男孩沙巴兹为精神病人》（Experts Testify Shabazz Boy Is Psychotic），载《纽约时报》，1997年7月30日，第B1版。

行为人的身心不成熟性对犯罪行为的诸多主观因素有着普遍而深
p197 入的影响。这些因素包括：认知、意志以及对相关行为结果的认可，如放火行为可能致人死亡。被告人的身份及认知能力与诸多问题有关，而其中的每个问题都能够影响到个人有责性的大小，并进而影响到其该当刑罚的轻重。

用数学上的一个比喻来说，身心不成熟性不仅仅是决定刑罚轻重的方程式中的一个单一变量，而且是一个可能影响诸多不同变量的特性。最好将年少及身心不成熟性视为可能影响行为各个方面的因素，而非将其视为在确定应受谴责程度中起主要作用的致害特征。马尔科姆·沙巴兹和一个没有遭遇可知的成长困境的25岁纵火犯相比，不是实施了相同犯罪行为的两种不同类型的人，而是实施了不同违法犯罪行为的两种不同类型的人——由于违法犯罪者特性和认知能力的不同，二者之间存在着根本性的差别。

基于诸多原因，马尔科姆·沙巴兹所实施的致命放火行为并非少年暴力杀人行为之典型。其年龄显著地小于典型的少年杀人犯。其精神病迹象远甚于一般案件。从针对死者所使用的枪支、刀具以及个人力量的考察中，更容易推导出相关行为的伤害故意来。但年少及身心不成熟性对主观因素的潜在而普遍深入的影响是少年致命暴力行为的一个标准特征。而其中的主观因素影响着个人有责性的程度。

马尔科姆·沙巴兹案件之所以不是一个典型的少年杀人案件的另一个原因为：并不存在少年杀人犯罪的典型特征。对于任何留意新闻报道的读者来说，少年杀人案件的丰富多彩性不言而喻。就在同一个月份中，有关新闻报道了相对于马尔科姆·沙巴兹案而言的另一极端的蔡林（Lam Choi）案：

昨天，蔡林——被指控为杀害了犯罪头子陈光

(Guong Tran）的凶手，被当做成年人接受了审判。37岁的陈光，在11月15日离开位于菲尔莫尔和格林威治大街的一个叫“皮尔斯大街附属”（Pierce Street Annex）酒吧后，于凌晨1:40被枪杀……在陈光被枪杀的当晚，当时17岁的蔡林，依其供述，和三名成年人与另一名少年在一起。检控官称：这群人在酒吧和被害人有所交谈，其中四个人尾随被害人到他的汽车，在那儿，蔡林开枪射杀了陈光。①

同年发生在圣弗朗西斯科海湾地区的另一起枪击案，其被害人遭受了近乎致命的伤害后幸存下来，该案的情形更是与马尔科姆案或蔡林案的情形大相径庭： p198

警方称，目击了当天上午晚些时候的事件发生的孩子们告诉他们：一名女孩激男孩说，他不敢使用他所携带的手枪，该13岁的男孩听了之后，故意向该女孩开了枪。目击者称：两个人推推搡搡，随后争吵升级，男孩对着女孩的胸口开了一枪。②

这一季报纸报道的另一个案件是有关一名14岁少年的案件——该少年在佛罗里达州开枪杀死了一个英国游客并使另一个

① 斯蒂芬·施瓦兹（Stephen Schwartz）：《被告杀人犯将被当做成年人接受审判》（Accused Killer Will Be Tried as an Adult），载《圣弗朗西斯科纪事》（San Francisco Chronicle）第A17版，1997年6月28日。

② 塞艾·沃克（Thaai Walker）、伊莱恩·赫希尔（Elaine Herscher）：《奥克兰女孩被同学枪杀》（Oakland Girl Shot by Schoolmate），载《圣弗朗西斯科纪事》第A17版，1997年3月12日。

人受伤。而这名被告人是拦截车辆的三名少年中年纪最小的一个，也是三人中唯一开枪的人。[①]

就在该文准备发表的时候，媒体持续报道了另一起少年杀人案件。在肯塔基州的西帕迪尤卡（West Paducah），一名14岁中学新生用一把点22口径手枪打破了某中学祈祷会的平静，开了12枪，2名学生中枪而亡，其他6名学生受伤。[②]

没有典型的少年杀人行为——这一论断是法学上而不是犯罪学上的观点。少年杀人案件的统计分析的确揭示了重复发生的事实模式。在致命伤害中使用的武器绝大多数都是手枪。与成年人实施的杀人案件相比，少年实施的杀人案件更有可能是共同作案。另外，少年法院所管辖的两个最大年龄组（16岁和17岁）的杀人伤害案件比率远远高于其他年龄组。

然而，少年杀人犯的应受谴责性的程度存在着诸多的差异。在评定某被告人的行为及其情境以判定其有责性的时候，可见存在着诸多影响有责性的重要变量，且其要素分布状态也对有责性有着重大的影响作用。首先是被告人的年龄，还有与年龄相关的判断能力和经验。其次是导致致命伤害的行为环境以及被告人的
p199 过错程度。如果是由打架引起的，那谁先动的手？谁先实施了致命伤害的行为？如果是团伙作案，则必须考虑特定被告人的行为在致命结果发生过程中的责任程度。于是，杀人案件有责性程度的问题是广泛分布的，而并非相对集中于相关系统整体（contin-

---

① 麦克·珀耳帖（Michael Peltier）：《枪击英国游客 佛罗里达少年被控有罪》（Florida Teen Guilty in British Tourist Shooting），载《路透社新闻》，1997年8月29日。

② 保罗·霍弗斯滕（Paul Hoversten）：《肯塔基州血流遍地》（In Kentucky，“Blood Was Everywhere”），载《今日美国》（USA Today），1997年12月2日，第3页。

uum）的某一特定的点上。如果说，存在着某一类显著的刑罚额定的杀人案件，少年杀人犯肯定不属于此类。

确定少年杀人犯之该当刑罚是一项宽泛而艰难的工作——该观点还可作为否定坐标式的量刑指南（guideline grids）或者其他机械式的量刑基准（sentencing benchmarks）。此类指南或基准试图依靠非常少的一些特征，如年龄和先前的犯罪记录，以生成模式化的量刑值（sentencing values）。更适于此复杂任务的是：通过对大量的少年杀人案件的司法分析，并随着其时间积淀过程而建立关于少年罪责的普通法。

然而，现存的关于少年杀人案件的上诉法院审议已经包含着大量的司法成就，而这种成就是构建关于罪责性的普通法所必要的。在对少年法院放弃司法管辖的适当性进行审查的过程中，上诉法院会考虑少年杀人案件的具体情形。对这一过程的最佳期待为：根据罪责的不同平均水平，将被告人粗略地分为两类。对某一特定杀人案件予以回应的适当原则是无法明确的——无论是少年法院还是刑事法院对该案件予以审判。

理论差距

鉴于杀人案件的数量巨大以及每个案件的重要意义，对相关罪责问题缺乏一以贯之的分析，这是一个异常而重大的缺陷。关于少年杀人犯的惩罚原则，缺乏相应的理论。其部分原因可能在于：相关的案件事实并不能完全和法学理论上或法院管辖的统一类型相符合。在美国，少年法院和刑事法院并不仅仅被视为两个不同的法律机构，还被视为分析和理论上的两个不同学科。在马尔科姆·沙巴兹案件中，12 岁的马尔科姆·沙巴兹被置于家事法院中审判，但如果他是 13 岁的话，那么他就会被送往纽约的 p200
刑事法院进行审判。马尔科姆案件中的那些问题并没有在其 13

岁生日那天发生剧烈的变化，但是只要我们把这两个体系分割开来，就不存在任何调和的方式来解决它们的共通问题。

相关理论缺失的另一个原因为：作为少年暴力犯罪政策争论的特征，相关司法管辖问题起到了先入为主的作用。关于被指控杀人的少年应当由哪个法院来予以审理的问题，美国人进行了长期的对话，而这一对话是在一种错误的印象中展开的，即美国人认为：他们正在讨论相关犯罪行为刑事责任大小的实体问题。

一种寻求理论的实践

在少年法院和刑事法院中，对少年杀人案件被告人适当刑罚问题之集中分析的缺乏，并不意味着现行制度在决定制裁时忽视年龄和身心不成熟的因素。大量的证据表明：年龄和身心不成熟因素在实践中有着强有力的影响作用。回顾可见，在得克萨斯州，检察官甚至对7/10的杀人控诉不要求移送到刑事法院（参见第十章）。关于刑事法院中的少年犯，相对较少的证据表明：与年少有关的事实因素可以产生减轻处罚的效果。[①] 杀人案件的现行制度似乎是一个被称作“一种寻求理论的实践”的经典案例。[②] 然而，高风险、原则的缺失和自由裁量的低可见度之间的

---

① 彼得·格林伍德（Peter Greenwood）、琼·彼得西里亚（Joan Petersilia）、富兰克林·E. 齐姆林：《年龄、犯罪与制裁：少年法院至刑事法院的案件移送》（Age, Crime, and Sanctions: The Transition from Juvenile to Criminal Court），加州圣莫妮卡：兰德出版社1980年版。

② 詹姆斯·沃伦伯格、伊丽莎白·沃伦伯格（James Vorenberg and Elizabeth Vorenberg）：《刑事司法制度之早期转移：一种寻求理论的实践》（Early Diversion from the Criminal Justice System: A Practice in search of a Theory），载劳埃德·欧文（Lloyd Owin）主编：《美国囚犯》（Prisoners in America），新泽西州英格伍德克里夫：新月图书（Prentice Hall）1973年版。

组合，预示着擅断与不公正。具体针对少年杀人案件的一以贯之的理论，不仅仅是一个学术上的精妙问题，还是司法制度中一种重要的实践需要。

两个适用原则

本节运用了第五章中的两个广泛原则，将其作为对被指控的少年杀人犯进行政策分析的两个基本范畴。其一，即作为适用于少年杀人犯的实体刑事法律原则的减轻责任所引起的相关问题。其二，即先前在“改善机会”标题下所讨论的种种问题，也即关于政府针对儿童和少年的政策方法，而这些政策方法可能影响 p201
到惩罚的程度，以及相关惩罚适用的条件。

减轻责任与该当刑罚

与减轻责任相关的罪犯心理素质和认知能力的因素，影响着作为特定犯罪行为判决结果的刑罚数量。一些理论家意图以某一该当刑罚来对应某一特定罪犯所实施的某一特定犯罪行为——每一犯罪行为一个适当的刑罚代价。而我赞成诺瓦尔·莫里斯（Norval Morris）的观点:[①] 将该当惩罚（desert）视为一条指导性的原则——该原则对特定案件的处罚范围予以界定，而该处罚范围与该案件的应受谴责程度相适应。如果所判刑罚低于该当刑罚之最低限度，则社会将蒙受损害——因为被告所承担的后果过分贬低其犯罪行为对社会环境所造成的损害的严重性。如果所判刑罚高于该当刑罚之最高限度，则社会和犯罪人的权益都将受到

---

① 诺瓦尔·莫里斯：《监禁之未来》（The Future of Imprisonment），芝加哥：芝加哥大学出版社 1974 年版。

损害——因为加之于犯罪人的痛苦超过了其特定情节对其罪责的正当化程度。但是，在该当刑罚范围之内所作出的任何处罚，在报应意义上而言，都将被视为恰如其分的。

鉴于此，罪犯之减轻责任应当是界定该当刑罚范围的因素之一。构成了马尔科姆·沙巴兹案件的成为共识的事实特征，即身心不成熟、心理疾患和认知障碍，以及对后果缺乏鉴别，都是确立该案之该当刑罚范围的重要因素，且无论审判法院是少年法院还是刑事法院，这些事实因素都将具有相关性。如果减轻责任的因素是常见的，则应当将其组合为可资遣用的最高刑罚限度和最低刑罚限度的基本结构。倘若这些事实因素只能在基于其他理由决定的最低刑罚限度范围内被用以指导自由裁量，则这种测算因太过迟缓而无法确保刑罚报应均衡目标的实现。

关于少年之减轻责任和少年杀人犯刑罚之选择，可以总结出四个总体性的观察结论。

第一，减轻责任之原则应当全面地适用于犯罪行为严重性问
p202 题的每个方面。身心不成熟因素只能用以减轻那些危害相对较轻犯罪的该当刑罚——这一流行的政治观点是荒谬的。如果说，主体罪责与该当刑罚之间存在着根本的相关性，那么，就不存在任何原则性的根据以供否认罪犯身心不够成熟或缺乏辨别能力与犯罪行为最高限度的严重性之间的相关性。

因减轻责任而减轻刑罚，可能会阻碍作为一种控制工具的刑法的有效性，但如果道德上的一致性是其适当之标准，那么减轻责任好坏都应当具有总体上的可适用性。杀人案件不应当被排除在减轻责任可以适用的范围之外。

第二，主观因素，而非客观因素，在决定犯罪行为之适当刑罚范围的时候越重要，那么由于身心不成熟而减轻责任对该当刑罚的影响作用就越大。在刑法的适用中，不仅要考虑犯罪行为造

成的损害，还要考虑行为人所注意之环境情况（circumstances of advertence）以及造成损害的意图——这种考虑越多，则减小主观罪责的个人缺陷对减轻该当刑罚范围的潜在作用就越大。

对主观因素的这种强调，使得减轻因素对杀人犯罪之刑法规定的潜在影响非常巨大。在美国，致人死亡的犯罪行为被分为非故意过失杀人罪（involuntary manslaughter）、一般杀人罪（manslaughter）、二级谋杀罪（second - degree murder）、一级谋杀罪（first - degree murder）以及（在 3/4 的州中的）顶级谋杀罪（capital murder）。从一般杀人罪到一级谋杀罪，最低限度刑罚的范围从缓刑以至于终身监禁，而使这些罪相区别的几乎全是关于意图、注意和动机方面的主观特征——其凸显了减轻责任理念的重要意义。倘若蓄意（一级谋杀）和恶意（二级谋杀）的差别意味着多 15 年监禁，[①] 而同样致人死亡的行为可以被判处缓刑（如果是疏忽），也可以被判处长期的监禁（如果是非常轻率），那么被告人的年少和身心不成熟就应当对其该当刑罚之程度具有非常巨大的影响作用。

在刑事实体法的某些方面，个人罪责与刑罚几乎单纯由其个
人的主观意图来决定，而不是由其对犯罪行为的实际参与来决 p203
定。例如，共谋犯的责任原则，即对其共谋犯实施的犯罪行为承担罪责，以及对其主犯之犯罪行为的从犯刑事责任。[②] 在特定案

① 富兰克林 · E. 齐姆林、乔尔 · 伊根（Joel Eigen）、希拉 · 欧莫里（Sheila O' Malley）：《费城之杀人犯惩罚：死刑之观察》（Punishing Homicide in Philadelphia: Perspectives on the Death Penalty），载《芝加哥大学法律评论》（University of Chicago Law Review）第 43 期，1976 年版，第 227 ~ 252 页。

② 斯坦福 · 卡迪什（Stanford Kadish）：《共谋、起因与归责》（Complicity, Cause, and Blame），载《加州法律评论》第 73 期，1985 年版，第 323 ~ 404 页。

件中，法律越是单纯倚重于行为的主观方面，因身心不成熟而引起的减轻责任的潜在作用就越大。当判处刑罚的基础只是被告人的合意和主观意图的时候，则被告人的身心不成熟性会对其该当刑罚产生重大的影响作用。

减轻责任对从犯的更大影响作用，在少年杀人案件中具有巨大的实践意义，因为太多的少年暴力犯罪行为皆为结伙作案。前面第六章曾揭示：纽约家事法院所审理的大多数的严重犯罪案件都涉及共犯。我将在本章最后一节中揭示：在那些未满 18 岁的因涉嫌杀人而被捕的犯罪者中，有一半的犯罪者拥有不少于一名的同伙。如果某罪犯只是出现在案发现场，或知道案件的发生，而并没有实际地参与实施致命的伤害行为，那么对于相关的被动者、随从者和帮从者来说，其该当惩罚减小的幅度是相当大的。在探讨非故意危害后果之推定责任（constructive liability）的时候，我将回到这一观点上来。

为何相对较小比例的少年杀人案件指控会引起检方之放弃司法管辖请求呢？从犯数量很大，即为对之予以解释的一个重要原因。在一起致命枪击案中，比起站在枪击者旁边的 14 岁同伙或是在车中等待的 16 岁者而言，开枪者的反社会意图的证据要重大得多。另外，对于开枪者而言，其犯罪行为与危害后果之间的联系更为紧密。

第三，存在着大量的关于应受谴责性的不同问题，对这些问题的认识是重要的。在设定杀人案件之刑罚时，应当对诸多因素予以考虑，其中包括被告人大体上的身心不成熟性、缺乏理解危险行为与危害后果之间关联的经验，以及缺乏控制或摆脱同伴压力的能力。除了有关犯意（mens rea）与错误的规范问题之外，被指控者的身心不成熟性也与英美法之规范假设前提的适用相关。让我们来回忆一下马尔科姆·沙巴兹案件中的那名检方心理医生。他认为：在马尔科姆·沙巴兹开始放火烧他奶奶的公寓的时候，他并未想害死他的奶奶。刑法中的规范话语为："行为人能够意识到自己的行为可能产生的后果，并意图造成这样的后 p204
果。"我们是否得以迅速地假定：一个男孩，在其12岁、14岁或16岁的时候，就可以认识到其实施的行为可能发生的后果并意图造成这样的后果吗？刑法中大量的规范原则，如严格责任，可能与少年被告人的情境及心理不相符合。同时，也不宜认为，针对具有充分行为能力的成年人的道德判断可以适用于少年被告人。

犯罪者的年龄和身心不成熟性与其该当之刑罚范围具有相关性——其中的大量问题指示着某种与少年杀人案件审理之现行趋势相反的程序性结果。法官针对逐个案件作出罪责问题的判定是具有重要意义的——在杀人案件中如此，在其他类型的刑事案件中亦如此。在少年杀人案件中，弃权听证会和个别化裁判的决定都会遇到错综复杂的司法挑战，然而，相关的立法趋势却与此背道而驰。杀人案件的通行模式为：由起诉自由裁量来决定案件的移送，与此同时，关于身心不成熟及其内涵的问题，规制刑事法院刑罚裁量的实体法律对此全然无语。关于罪责的诸多问题需要引起刑事法院的注意。本章最后一节将对此诸多问题中的一些予以探讨。

杀人罪量刑与少年政策

司法体制的一个重要标准，即其能在多大程度上裁判少年违法者而大体上不损害政府少年政策的目标。我在第五章中论述道：违法少年，无论如何都应当被视为政府少年政策的主体。这一结论的口号是：这些孩子是犯罪者，但这些犯罪者仍然是孩子。① 少年裁判政策的首要目标在于避免毁害少年在成长过程中的充分潜能和自由选择。因此，此类政策的标签即“改善机会”。

在理想的世界中，对所有违法少年的惩处将尽量避免耻辱性污点、伤害性监禁刑以及其他的持久性发展障碍。当然，在理想
p205 的世界中，15 岁的少年也不会犯故意杀人罪。无论何时，只要社会之报应诉求是合法的且具有重大价值的，在少年违法者发展机会的最大化与杀人犯罪报应需要的满足之间，就会存在矛盾冲突。

少年政策理念与减轻责任之间的一个重要差异在于：“改善机会”之承诺超出了特定个人因特定犯罪行为而该当惩罚的范围。每一个借以减轻责任能力的情节都有助于确立该当刑罚之上下限。由此，减轻责任能力与该当刑罚范围之间并不存在实质的矛盾冲突，因为前者对后者起到了决定的作用。

然而，政府的少年政策不应当成为决定刑罚该当性的方程式中的一个组成部分。我们希望所有的少年都成长为健康而实际的成年人，但这一事实并不直接关乎某犯罪之必要刑罚底线或其该当刑罚之上限，以及因超过其该当性而不公正的刑罚。另外，由于少年政策的利益并不在于其是该当惩罚决定因素中的一个部分，因而两者之间可能存在直接的冲突。与某严重犯罪之该当罪责相适应的最小惩罚可能会造成某种损害，而这种损害正是政府少年政策所力图避免的损害。

---

① 彼得·格林伍德（Peter Greenwood）、富兰克林·E. 齐姆林：《还有一次机会：寻求少年惯犯的有前途的干预策略》（One More Chance: The Pursuit of Promising Intervention Strategies for Chronic Juvenile Offenders），加州圣莫妮卡：兰德出版社 1985 年版。

当少年政策的目标与该当惩罚的最低需要之间存在无法避免的冲突时，后者将获胜。如果在计算减轻责任的时候，年少及身心不成熟性得以充分考量，那么就不会出现不公正的结果。但这些案件的结果将伤及重要的社会性利益，即没能使得少年从其青春期的错误中充分恢复过来。然而，当该当惩罚与少年保护相冲突时，选择底线的该当惩罚成了审判法院的无奈之举。

然而，即使对待少年杀人者，少年政策也能够获得比现行实践更好的适用。促进少年正常发展的价值在于：其能够在业已确立的该当惩罚范围内适度地影响刑罚量的选择；且少年刑罚的性质与条件得以适当的设计，以令其合乎政府少年政策利益的实现方式，并由此而远远优于现行的体制。

旨在惠及少年发展的政府政策不会影响特定违法少年的该当 p206
刑罚范围，但这并不是说，此政策不会对特定案件所选择适用的刑罚产生任何影响。其理由如下：

首先，严重犯罪该当刑罚的范围通常是很大的，而在此范围内，少年政策的影响作用会存在重大的差别。简言之，假定某一特定杀人犯罪的该当刑罚范围是两年半以上九年以下，则即使少年政策不能对此最低刑和最高刑的价值产生影响，其也可以成为实际刑罚判决的一个重要的决定因素。

其次，少年政策可以通过其他的制度考虑来对某一范围内的刑罚的形式产生影响作用。一个常见的例子，即对被控告犯有极其严重罪行的少年违法者大量适用不确定刑。少年违法者的可塑性，以及在监禁刑过程中少年的性格和成熟性发生根本变化的可能性，导致了刑事法院对较为年长的少年适用不确定刑的重视。《联邦少年矫正法》（the Federal Youth Corrections Act）——美国1984年之前的一种刑罚裁量选项，以及英国、欧洲大陆国家的类似规定都反映了这种重视。所有这些规定都是为刑事法院对少年违法者进行刑罚裁量而确立的。在这种体制下，少年违法者实际执行的最低刑罚量为其该当刑罚范围的底线，但在执行完这一最低刑罚量之后，少年政策的实质性关注可能会导致这样一种结果，即少年违法者的释放成为一个“悉听尊便”的问题。

另一种影响少年杀人犯处遇的少年儿童政策途径在美国的诸多司法实践中被严重忽视，即无论一个 14 岁少年所犯下的罪行有多么严重，鉴于其对教育的需求和对成年人侵害的脆弱性等问题，没有任何理由不好好反思一下该少年违法者业已成年的奇思异想。我认为，无论何时，少年违法者对保护、教育以及技能发展的需要都可以获得满足，而不危及社会的安全——政府有责任完成这些任务。

犯下严重罪行的少年不再需要通常与其年龄相适应的服务和
p207 学校教育——该断言基于两种情绪：其一，即认为，真正的严重犯罪是成熟的一种标志——这一基准标示：对其解除法律保护是合适的。此种推论从未得到过实证数据的支撑。相反，这似乎遵循着如此的一种假说，即真正的未成年人是没有能力犯下杀人罪的。其二，撤销所有的特殊规则是对犯罪的一种适当惩罚。成年人刑罚的某些支持者将此刑罚扩大到处遇少年违法者——就好像少年违法者已经是成年人了，并以此否定关于监禁问题的特殊条件，如与较为年长的罪犯隔离和保护、教育项目、咨询服务以及特殊精神健康服务等。其暗含的观点，即少年违法者不应该获得任何的益处，如以少年为导向的保护措施（youth - oriented protections）所可能给予的。

然而，只要是在监禁的安全性没有被削弱的情况下，就很难看到为少年违法者提供服务与对其予以惩罚（即便是最为严重的犯罪）之间的实质冲突。基于功利主义的立场而言，即使对于长期监禁而言，对少年的教育与培训也是具有积极价值的。从报应主义的角度来看，提供与罪犯年龄相适应的监禁条件似乎类似于向所有罪犯提供所需要的医疗救护——这种连贯性的责任并没有削弱监禁的惩罚性痛苦。为防止侵害攻击行为而进行的教育与安全保障并不是赋予少年的特权，也不得因为不法行为而被取消。

概言之，少年政策与刑罚报应需要之间的互动关系是附随性的。当社会对必要的刑罚最低限度要求过高而无法对少年违法者的发展提供充分保护时，所有少年可以期望获得的与能够提供给最严重少年犯的之间将产生直接冲突。鉴于这一真正冲突，底线该当刑罚需要得以控制。

然而，在该当刑罚的范围内，常常可以找到可容少年犯成长发展为正常成年人的机会，且总是有可能为即使是最该受惩罚的少年杀人者提供教育和与其年龄相适应的措施及监禁条件。在这些案例中，没有任何理由去终止与刑罚正义诉求不相冲突的少年特殊政策。

减轻罪责之案例研究 p208

本节只是一项前期工作——关于少年暴力犯罪责任的内涵及限度问题，尚需大量研究工作来对之予以适当的发展。在此，我拟从减轻责任能力的年龄界限以及死刑的潜在适用性方面对四个实体问题予以探讨。

减轻责任的年龄区间

大量的实践问题存在于先前论述过的原则与少年杀人案件的判决与处置运行体系之间。其中一个问题涉及减轻责任的年龄界线。从其下端而言，即我们何时可以宣布从无行为能力到具备底线行为能力的转变，而与严重犯罪的某些刑罚不相矛盾？对此，普通法有其总结性的推定，即未满 7 岁为无责任能力，14 岁以上为有责任能力。

图 13.1 显示了 1995 年所有 18 岁以下者的杀人案件拘捕数
p209 量的分布情况。13 岁以下者的杀人案件拘捕数量极少，且 15 岁以下的也不多。15 岁的比所有 15 岁以下的总数还要多，且 16 岁的比 16 岁以下的总数也要多。

图 13.2 显示了少年法院中按年龄划分的杀人案件的估测比率。13 岁的移送起诉率非常低。大量的杀人案件指控始于 14 岁年龄段，继而稳步上升。至 17 岁年龄段，其指控比率达到了 13 岁年龄段的 19 倍之多。实践中，大量的杀人案件指控始于12 ~ 14 岁。尚不清楚：对于 14 岁以下几乎为零的比率，拘捕和指控的自由裁量是否起到了主导性的作用。无责任能力与有责任能力之间的界限通常被视为一个个案裁量的问题——首先是检察官的裁量，其次是少年法院法官的裁量。

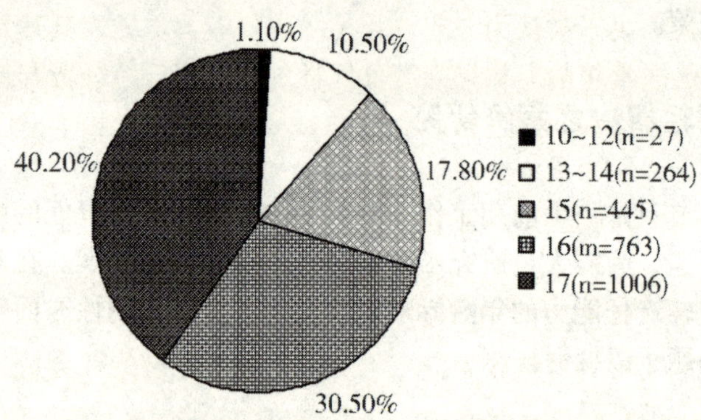

图 13.1 因谋杀和非过失杀人而被拘捕的少年的百分比，10 ~ 17 岁，1995 年

来源：美国司法部，联邦调查局，1995 年。

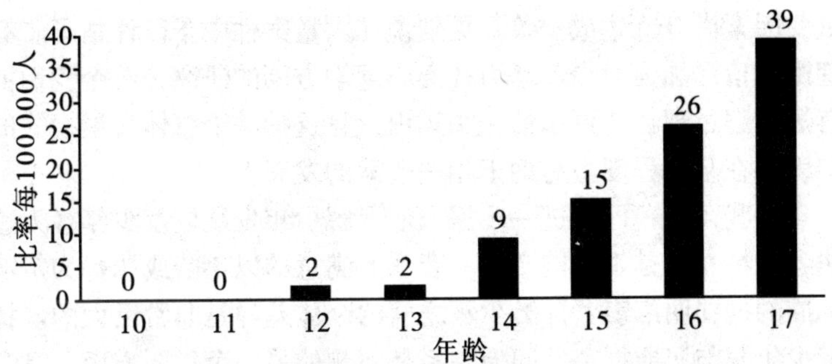

图 13.2　少年杀人犯罪案件的估测比率，每 100000 人，1992 年

来源：斯奈德与西格蒙德，1995 年。①

在达到责任年龄底线后，减轻责任能力对确定该当刑罚的作用还能持续多长时间，以及这种作用能有多大呢？回答该问题的正确政策取决于被认为与罪责相关的责任能力范围及其达到此责任能力的通常年龄。如果第五章描述的减轻责任特征皆与刑罚相关，那么对这些问题进行研究通常就能将其扩展到 18 岁以上的杀人案件中。如果抵制同伴压力和应对他人挑衅的经验缺乏也被视为减轻处罚的因素，那么绝大多数的少年犯都能获得显著的减
轻处罚。对照而言，大多数道德判断的基本能力在较早的年龄段 p210
即可获得，通常是在 14 岁或 15 岁。越是对经验和社会技能予以强调，犯罪行为可被认为应当承受充分惩罚之前的社会成长和经验发展的必要程度就越高。

这些大体的考察还远未达成与罪犯年龄或其他因素相关联的刑事责任程度的具体量表。原因之一，即缺乏关于少年违法者社会技能与社会经验方面的有效数据。关于刑事法律之身心成熟的

① 霍华德·斯奈德（Howard Snyder）、梅利莎·西格蒙德（Melissa Sickmund）：《少年犯罪人与被害人：一份全国的报告》（Juvenile Offenders and Victims：A National Report），华盛顿特区：美国政府印刷局 1995 年版。

重要因素尚有待达成一致，更别说在大量案件中予以评估了。有理由相信：加强对少年暴力社会心理学方面的研究，会令我们拥有远远超过现在的更多的相关知识，且这种关于总体发展模式的知识将在某种程度上有助于相关政策的发展。

但我怀疑：即便进一步深入地了解少年发展以及少年暴力违法者的特性，是否就能产生一套令人满意的以年龄或罪行为定额标准的刑罚明细表？同龄少年之间的个体差异是非常巨大的。特定少年犯与犯罪损害之间的关系是问题的另一个重要方面，且它会以不同方式与不同年龄相互作用。确定少年杀人者的适当刑罚，其中的重大变量很难契合于刑罚裁量的二维坐标网格。鉴于此，除了将具有广泛潜在可能的裁量构架、推理性的个别化的司法裁判以及上诉复审予以组合运用之外，我认为，没有任何其他的最佳选择了。

缺乏与价目表式的裁量的契合性，是少年杀人案件的一个特点。其原因有二：其一，在所有类型的杀人案件中，主观因素对该当刑罚的影响程度都是巨大的，因此应当有一个宽泛的刑罚幅度以供遣用——即便是在身心不成熟因素将问题搞复杂之前。其二，如果影响适当刑罚裁量的主要因素为犯罪类型而不是违法者主观状态或行为控制能力的差异，在此情形下，这种价目表式的裁量最为有效。如果大多数有相同前科的入室盗窃犯在相对狭小的幅度内获刑，量刑指南就得以相对特定化，且没有不公正。在具体的刑罚裁量中，特定犯罪越不重要，那种将犯罪选定为基础
p211 组织类别的量刑指南体系就越没有用处。

少年罪责的计算方法

一旦作出有关的实体性决定，即认定身心不成熟性为责任减轻的事由，并由此而成其为该当刑罚范围的一个影响因素，则有两种不同方法来决定特定少年犯的适当处罚：即刑罚折减与独立

裁量。在折减策略中，少年该当刑罚的起算点将会是同类犯罪之成年罪犯的该当刑罚。如果具有特定犯罪史的成年入室盗窃犯通常获刑4年监禁，那么计算15岁入室盗窃犯恰当刑罚的方法就是在此量刑基础上裁量折减。如果平均起来，15岁少年减轻责任的条件应当产生50%的刑罚减轻，那么就应以该成年罪犯的刑罚量与1.0减去折扣量的差的乘积作为计算所得的少年刑罚量，即4年×（1.0－0.5）＝2年。这种折减方法的变体形式，即直接依据成年罪犯的刑罚种类及其期限，已被建议在刑事法院[①]和少年法院[②]中对少年适用。

鲜有著述论及：如何将少年违法者的种种不同特征转化为刑罚折减的明细表。巴里·费尔德（1998年）倡议在刑事法院中对少年违法者予以刑罚折减，以作为现行少年法院体制的一种替代措施。他这样描述这一过程：[③]

在量刑过程中，这种直截了当的方法采用了一种明

---

① 巴里·费尔德（Barry Feld）：《少年及刑事司法体系对少年暴力之回应》（Juvenile and Criminal Justice Systems's Responses to Youth Violence），载麦克·汤瑞（Michael Tonry）、马克·摩尔（Mark Moore）主编：《犯罪与司法：年度研究回顾》（Crime and Justice：An Annual Review of Research），芝加哥：芝加哥大学出版社1998年版。

② 司法管理研究学会（Institute for Judicial Administration）：《少年司法标准》（Standards for Juvenile Justice）（第1－2卷），纽约：司法管理研究学会1977年版。

③ 巴里·费尔德（Barry Feld）：《少年及刑事司法体系对少年暴力之回应》（Juvenile and Criminal Justice Systems's Responses to Youth Violence），载麦克·汤瑞（Michael Tonry）、马克·摩尔（Mark Moore）主编：《犯罪与司法：年度研究回顾》（Crime and Justice：An Annual Review of Research），芝加哥：芝加哥大学出版社1998年版。

> 确的“少年折减”形式。例如，14 岁少年犯将受到成年人刑罚量 25% 的处罚，16 岁少年犯将受到 50% 的处罚，而 18 岁的成年犯将受到完全的处罚。少年犯更大幅度的刑罚折减与责任能力发展的连续性相应。

该理念，以其同样以年龄为基础的折减，显然适用于所有犯罪类型及其责任的范畴。

与此相对的一种方法采用源自于成年人体系的犯罪严重性层级，以及入室盗窃罪会被视为比抢劫罪轻微而比盗窃罪严重的犯
p212 罪，但该方法不将成年人的一般刑事处罚作为计算少年刑罚的基础。基于诸多原因，我相信：无论在少年法院还是在刑事法院，对少年犯的这种独立的刑罚裁量方法更为适宜。

这种对少年杀人犯刑罚的独立计算方法更为确切地反映了刑罚的不可量化性以及少年犯的罪责程度的巨大差异性。成年杀人犯监禁刑的一般期限通常是犯罪的诸多不同等级以及刑事责任程度的总体计算结果。非预谋故意杀人罪（voluntary manslaughter）的刑期或许不比非致命暴力犯罪的刑期长很多。在许多司法管辖区中，二级谋杀罪（second - degree murder）的量刑会长很多。将两组判决合并计算并取其一组平均值，是一种对成年杀人犯该当刑罚的武断裁量方法。取两类犯罪的各自的平均值，即假定：成年人杀人犯罪的类型分布状况雷同于少年杀人犯罪，且在这两类犯罪的应受谴责性的关系问题上，少年同于成年人。在我看来，这并非一套合理的假设。

亦无理由认为：监禁刑的期限成比例地体现了应受谴责性的不同程度。难道 10 年监禁刑所体现的社会谴责是 5 年监禁刑的两倍？难道 5 年监禁刑所体现的社会谴责是 1 年监禁刑的 5 倍？如果不是，那么刑罚折减就不应当建立在某一监禁刑期限的某一固定比例的基础上。如果成年人刑罚是不准确的，那么即便是应

受谴责性及其监禁刑期变化的未经整理分类的衡量方法也只能是与罪责程度之间存在粗略的关联性——倘若将成人刑罚的某一分数作为少年之刑罚，或制定一个关于不同分数的明细表，以应对一个未经整理分类的且需要多种因素决定的监禁期限平均数——仿佛这就是对该当刑罚之社会感觉的一种更为灵敏而精确的计算方法。无论相关折减的分数如何仔细地计量和报告，其中的巨大误差也是无法减小的。事实上，申言之，任何对少年犯折减分数的制度都会使问题恶化，而这一问题是由于将成年人刑罚作为罪责之通货（currency）① 而造成的。

首先，在12~18岁年龄阶段中，年龄尚不能完全代表成熟程度。同龄者之间的个体差异是巨大的，且由此，关于身心不成熟性的个别化裁量优于建立在笼统模式基础上的平均值（参见 p213
第三章）。其次，在某些模式的杀人案件的解释中，与其他因素相比，与青春期早期和中期相关联的易受影响性起着更为重要的作用。因不愿被同伴们叫做胆小鬼而勉强同意参加致人死亡的抢劫犯罪的被动共犯与鼓动此抢劫犯罪的同龄者相比，更应该获得大范围的减轻处罚，即使也是基于树立肯定的社会形象的动机而使其在犯罪中发挥了更为积极的作用。在群体冲突中的某种挑衅也可以导致大范围的责任减轻，正如奥克兰的13岁少年因被其被害人指责为“太胆小”而开枪射杀被害人。当致人死亡的结果发生时，那些对少年之特别易受影响性施加了极端压力的情形是大幅度减轻刑罚的强有力的事由。此外，实际成熟程度的巨大差异性与出现在不同情境中有差异的易受影响性之间的相互作用，呈现出错综复杂的景象，由此，基于一套常设标准化的刑罚价目表，预设一系列以年龄为决定因素的折扣，太过复杂。

---

① 通货（currency）：即一般等价物，也即根据其属性，可以作为其他相关事物价值的换算基础或一般标准的事物，如货币。——译者注

我本人的观点为：无论在少年法院还是刑事法院，以通常期限的百分比来计算减轻之刑罚是一种不适当的策略。在少年法院，成年人类似犯罪的预期量刑或许与少年犯适当处置之间的关系相去甚远。其所处的监禁类型是不同的，少年与成年人对时间的感受也是不同的，且其处罚决定背后的混合目的也不同于刑事法院。

对在刑事法院中被判决的少年犯而言，固定量刑折扣的适用可能显得更为强劲，但还远未达到显著的程度。创设犯罪类别以适应杀人犯罪之减轻刑罚需要——在此方面，刑法拥有丰富的经验。二级谋杀罪就是依据这一减轻策略而创设的；非预谋故意杀人罪（voluntary manslaughter）也是一例。值得注意的是，非预谋故意杀人罪的刑罚绝非源自于一级谋杀罪刑罚的某个分数。杀人犯罪的每一个罪责阶梯都有其自身的刑罚幅度，而以我的个人经验而言，这些刑罚幅度绝非源自于谋杀罪某个特定等级的通行比率的分数。

在美国或者欧洲，刑事法院对少年进行特殊量刑的传统方法也避免了以成年人刑罚的特定分数来推导。相反，最低刑相对较
p214 短的不确定刑是一种典型的模式。固定量刑折扣的方法从未被采纳为减轻责任的施行机制——这一事实应当引起注意。

推定原则与少年杀人犯罪责任

一系列相关原则要求成年人对他人的致命行为及其可能造成的死亡结果承担刑事责任，即使特定的被告人并没有具体的伤害意图。这些原则包括重罪谋杀规则、从犯责任原则（the doctrine of accessorial liability）以及规定从犯因帮助或同意帮助他人犯罪而有罪的规则。关于推定责任网络的标准案例，即 A、B、C 共同协议抢劫便利店一案。A 制订抢劫计划但只待在家里；B 开车将 C 送至商店而自己却在车里等候；C 持枪对准抵抗的店员。搏

斗中，枪响，店员受致命伤。在美国的大多数州，A、B、C 三人均成立一级谋杀罪。从犯责任原则令 A、B 因其促进他们的共同谋划方案的实现而对 C 的行为承担责任。重罪谋杀规则要求：如果抢劫致人死亡，那么推动抢劫持续进行的犯意就是产生一级谋杀罪责任的充足心理状态。抢劫犯罪的意图在法律上说是蓄意犯罪（malice），且谋杀罪法律规定通常会令致人死亡的严重暴力犯罪的责任人承担一级谋杀罪的责任。[①]

从犯责任之相关规则对少年犯具有重大意义，因为少年暴力犯罪的结伙性强于其他任何年龄段。联邦调查局关于杀人案件的一份数据分析显示：所有因涉嫌杀人而被拘捕的未满 18 岁者中，有一半以上的涉及另一名被拘捕的同案犯。这一比例是 18 岁以上因涉嫌杀人而被拘捕者数量的两倍多，即 51%∶23%。[②] 重罪谋杀原则也很重要——因涉嫌杀人而被拘捕的所有未满 18 岁者中，约有 1/5 被警方提起重罪杀人罪的指控。

从犯责任原则可以与少年对群体压力的易受影响性相互作用，并从而为广泛的刑事制裁措施创造非常的边际条件。但这并 p215
非否定一些少年共犯可能对特定死亡结果起主要作用。我所认为的是，相关罪责之幅度是非常大的，且罪责之低端分布应当是相当小的。单只基于杀人犯罪之从犯责任，则只有在有证据证明特定被告人明知并鼓励使用致命暴力的情形下，该少年案件方能被允许放弃管辖而移交刑事法院。在一个只有杀人罪方能导致大比

---

① 富兰克林·E. 齐姆林、詹姆斯·朱赫尔（James Zuehl）：《都市抢劫犯罪中的被害人伤亡：芝加哥的一项研究》（Victim Injury and Death in Urban Robbery: A Chicago Study），载《法律研究杂志》（Journal of Legal Studies）第 15 期，1986 年版，第 1～40 页。

② 美国司法部、联邦调查局：《美国犯罪》（Crime in the United States）（1976～1996 年），华盛顿特区：美国政府印刷局 1994 年。

例案件移送的司法体制中，除杀人犯罪推定责任之外的更多问题方才显得有意义。

我不知道任何关于少年重罪谋杀和从犯责任的广泛分析。但很可能，大量被移送到刑事法院的从犯会引起英美法系刑法史上关于该当刑罚与少年从犯的第一次持久讨论。

对杀人罪从犯责任的重大减轻是基于对共谋之主观罪责的更大强调。重罪谋杀规则可能是显著区别于其他从犯情形的。因为其加诸严格责任——其并不要求任何超越严重暴力犯罪的主观心理状态，而即使是 16 岁的少年也能够意图抢劫。然而，可容争议的是，法律假定了超越普通少年实际达到的成熟程度及行为能力，以作为严重暴力犯罪结果之严格责任的基础。问题并不在于大多数少年杀人案件被处以轻刑和受到非正式少年法院审理的过程当中，相关问题受到了人们的持续关注，而是法院可能会发现：严格责任的加诸不仅仅有赖于通常刑事责任的起码行为能力。

作为一个实践问题，如果移送刑事法院被限定于具有道德相当性的故意杀人案件，则不应当在重罪谋杀规则之下令其仅仅基于他人杀人行为的责任。这种限制并不会排除刑事法院对重罪杀人案件的审理，而是将其被告人限定于被证实在杀人案件中起到积极支持和参与作用的人。该体系最为严厉的制裁应当适用于那些在杀人案件中的作用并不止于消极共谋的少年犯。如果对某些谋杀案件保留严格责任，则此责任应当适用于经验更为丰富的重罪犯。

p216 ## 死刑与少年杀人犯

在美国，唯一引起持续关注的关于少年杀人犯减轻行为能力的法律问题是一个宪法问题，即联邦宪法第八修正案关于禁止酷刑的规定是否暗示了不能对非常年幼的杀人犯执行死刑。基于死刑之合法性问题以及其他国家和美国一些州关于底线年龄的规定，辩护律师们一直寻求排除对犯罪时未满 18 岁的少年适用死刑。美国联邦最高法院于 1989 年第一次否决了这一诉求，而自 1988 年以来，基于宪法第八修正案的理由，对犯罪时未满 16 岁的少年最终执行死刑已被排除——即使他们或许已经具备充分的行为能力和责任能力（1988 年汤普森诉俄克拉何马州案）。[①] 而后，在 2005 年罗珀诉西蒙斯一案中，联邦最高法院将这一禁令扩展至所有未满 18 岁的少年犯。[②]

在罗珀诉西蒙斯案以及之前的汤普森诉俄克拉何马州案等案件中，法官的判决理由未就少年杀人犯减轻责任的问题提供明确的阐释，其原因有三：

其一，相关问题产生于死刑问题的背景下，且关于死刑问题的强烈而绝对的情感控制着诸多观察研究者对死刑政策之细节问题的反应。罗珀案和汤普森案之后，为了引起人们对被告人少年身份的充分重视，首先必须要做的是，将相关原则从死刑案件的背景中剥离出来。这一工作尚未完成。

其二，根据宪法第八修正案判决的案件有其合宪性审查的限定基础。基于政策理由指定适当的死刑执行底线年龄，并非联邦最高法院自命的职责。相反，该法院只有在其可能明显违背当代社会文明标准（contemporary standards of decency）的情况时，方能对国家权力予以限制。因此，该法院所确立的标准可能远未能达到规定底线年龄之适宜政策的程度，而诸多法官可能会对此政策予以采纳。

其三，联邦最高法院重视不同刑罚体系之实践问题，而不是其背后的理由。例如，在汤普森诉俄克拉何马州一案中，其争论点在于：有多少个州规定了暗示或明示的适用死刑的底线年龄，

① Thompson v. Oklahoma, 487 U.S. 815 (1988).

② Roper v. Simmons, 125 S.Ct. 1183 (2005).

而不是为什么底线年龄会被视为与适用死刑之道德相容性相关的必要因素。这一争论所带来的关于少年行为能力及其罪责方面的基本问题阐释至多是间接的。在寻求死刑年龄限制的各州和各国
p217 中，减轻责任或许是其规定最低年龄标准的理由，但这场宪法性争论的核心点在于相关年龄限制的规定，而不是相关年龄限制的原理。

鉴于这些相当的限制，在任何关于将被告人少年身份作为刑罚减轻因素的讨论中，相关的死刑案件判例法仍然具有其先例的价值。在汤普森诉俄克拉何马州一案中，以四位法官的相对多数支持这个禁止对所有未满 16 岁的罪犯适用死刑的规定，并且以俄克拉何马州制定法为依据，桑德拉·戴·奥康纳（Sandra Day O'Connor）也赞同这一判决结果。如果宪法禁止对无论犯任何罪的任何未满 16 岁的少年适用死刑，那么这一定是因为基于宪法第八修正案，对这一最低年龄标准有所要求的减轻行为能力的假定。当犯罪时的年龄成为其标准，则理解相关刑罚的实体法背景一定是减轻罪责的概念，而不是无行为能力的概念。

如果认为后一案例，即罗珀诉西蒙斯案，是对未满 18 岁罪犯适用死刑的禁止规定，则宪法第八修正案的限制规则不应该被视为对 19 岁和 20 岁谋杀罪犯适用死刑的赞同。联邦最高法院已经明确表示：法官必须向陪审团作出指示，即少年这一身份可在死刑裁判中予以考虑。此外，汤普森案和罗珀案是关于死刑法学理论的仅有判例。再则，还有阿特金斯诉弗吉尼亚州案中关于精神障碍的问题——在此案中，由于被告人在犯罪时的减轻行为能力而免于因顶级谋杀罪（capital murder）被处以死刑。[1]

通过确立其总体原则，联邦最高法院关于少年杀人犯死刑问题的抗争对刑事法院之少年犯量刑问题有着极其广泛的影响作

① Atkins v. Virginia, 536 U.S. 304 (2002).

用。诸如罗珀案和汤普森案等案件，其被告人已由少年法院放弃管辖，并被刑事法院宣告犯有加重情节的谋杀罪。就限制死刑判决的可能性而言，联邦最高法院已经认识到被告人的少年身份——这一特殊身份伴随着被告人进入刑事法院，并且完全排除刑事法院所管辖的任何少年被当做完全成年者的处遇。被移送至刑事法院的少年就不再年少——此观点不但缺乏理智，而且还是对联邦最高法院权威的挑战。由于死刑的特殊地位，相关原则得以援用宪法第八修正案之法学理念。但是，联邦最高法院对年少之事实因素而非法院之形式的强调，是一项具有普遍适用性的原则。

结　论 p218

探寻少年杀人案件的适当法律标准，其重要意义不仅及于其本身，其还可以为刑事法院对其他类型少年犯的公正刑罚判决提供一个必要的分析范例。当前，鲜有关于刑事法院之严重少年犯罪之刑罚问题的法律分析或观点。本章展示了在杀人案件的刑事实体法律对少年杀人案件的通常情节和发展限制问题进行考量的时候，相关问题所表现出来的多样性与复杂性。

关于少年杀人犯的惯常信条为：一旦作出移送刑事法院的决定，则该案件的重要决定业已完成。然而并非如此。移送裁定应当被视为对一系列事实审查和法律审查的要求，而不是艰难决定的终点。同时，其中的事实审查与法律审查是关于个人暴力犯罪之现代刑法中最为精密、最具疑难且最富争议的问题。

一段时期以来，在刑事法院中确立少年杀人案件之刑罚原则，是美国刑法从未面临的一项挑战。自动移送的增加以及少年暴力犯罪在刑罚政策中的显著地位提醒我们：杀人犯罪法律对策核心原则的缺位，使其困窘状态与日俱增。

索　引

（页码为英文原书页码，请参照正文中的边码使用）